Inhaltsangabe

Dieses Buch ist die Fortsetzung unseres ersten Buches: Kinderwagen- & Tragetouren.

Darin findet ihr weitere, sehr unterschiedliche, kindgerechte Wege in Oberösterreich.
ISBN: 978-3-9502908-3-7

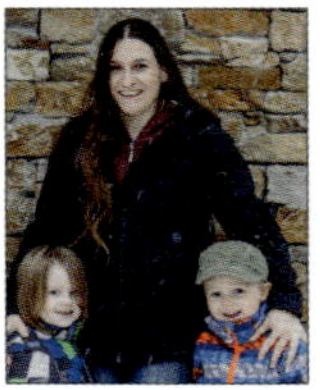

Susanne Kaiser (sk)
wohnt in St. Stefan-Afiesl und arbeitet als Radiologietechnologin in Linz. Mit der Geburt ihrer zwei Söhne stieg die passionierte Bergwanderin und -steigerin auf gemütlichere Wanderungen um. Susanne kennt das Mühlviertel wie die berühmte Westentasche. Kein noch so kleines Steigerl, keine noch so kleine Höhle ist ihr entgangen und nur die schönsten und geeignetsten Wege haben es in dieses Buch geschafft. Sie ist die Hauptautorin des Buches, bei ihr liefen alle Fäden zusammen.

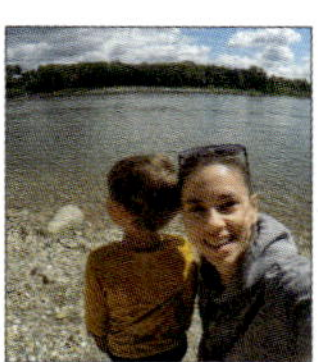

Katrin Eckerstorfer (eck)
ist in Linz aufgewachsen, hat als Kind jedoch viel Zeit im Mühlviertel verbracht. Katrin unterrichtet nicht nur Sport und Englisch, sie ist die leibhaftige Sportskanone. Uns gewöhnlich Sterblichen zieht es bereits beim Zusehen die Gänsehaut, auf wenn sie auf ihrem Blog gowiththeflo.at eisbadend Gesundheits- und Fitnesstipps gibt. Mit ihrem Sohn ist sie gemütlicher unterwegs und hat für dieses Buch vor allem die Ruinen und – erraten – viele Fitnesswege recherchiert.

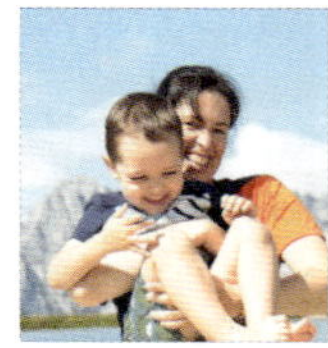

Barbara Rammer (br)
wohnt in Linz und arbeitet als Ingenieurin im Anlagenbau. Ihre familiären Wurzeln hat sie jedoch in der Pyhrn-Priel-Gegend und so wurde sie schon als kleines Kind auf so gut wie jeden Gipfel und zumeist „off the beaten track" mitgeschleppt. Naheliegend, dass sie für dieses Buch die zwei Sonderkapitel verfasst und im Zentralraum ein paar Geheimtipps beigesteuert hat. Von ihr stammt auch das Titelbild, denn als sie auf der Höss war, hat sie kurzerhand dem dort tätigen Berufsfotografen Daniel Hinterramskogler ihre Kamera mit den Worten in die Hand gedrückt: „Geh, moch schnö a poa Foto auch von uns". Das Ergebnis kann sich sehen lassen, finden wir, und beim Fotografen bedanken wir uns sehr herzlich für die spontane Aktion.

Susanne Kaiser
Barbara Rammer
Katrin Eckerstorfer

Abenteuer Natur Oberösterreich: Mühlviertel &Zentralraum

Sonderteil: Almtal, Pyhrn-Priel, Ennstal, Steyrtal, Nationalpark Kalkalpen

Hrsg.: Elisabeth Göllner-Kampel

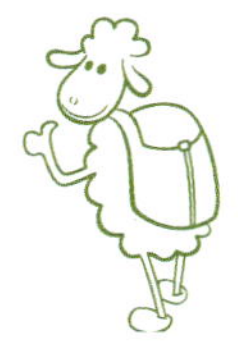

wandaverlag.at

Wir freuen uns über Rückmeldungen, Eindrücke, Hinweise an: www.wandaverlag.at, Mail: office@wandaverlag.at. An die Autorinnen addressierte Mails werden direkt weitergeleitet.

Grafik: Brigitte Haid
Layout: Julia Weinert, Manuel Thomasser, Melanie Eichhorn
Illustrationen: Sabine Köth, Melanie Eichhorn, Julia Weinert, Tsvetelina Lyubenova
Kartografie: Dorota Konieczka
Lektorat: Johanna Weber, www.lektorat-weber.at
Druck: Österreich

ISBN: 978-3-902939-13-5
Abenteuer Natur Oberösterrreich: Mühlviertel & Zentralraum. Sonderteil: Almtal, Pyhrn-Priel, Ennstal, Steyrtal, Nationalpark Kalkalpen. Über 60 spannende Ausflüge, Wanderungen und kleine Gipfeltouren.
Verlag: Wandaverlag, Römerstr. 16, 5081 Anif b. Salzburg, www.wandaverlag.at. 2021

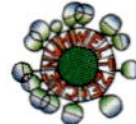

Gedruckt nach der Richtlinie des Österreichischen Umweltzeichens „Druckerzeugnisse“, Buch Theiss GmbH, Nr. 869

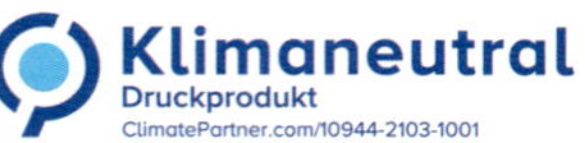

Fotos: von den Autorinnen, anderenfalls lt. Abbildungsverzeichnis im Anhang
Umschlagbild vorne: Tour 61, Höss Alpin Runde, Schafkogelsee, Hinterstoder. Fotograf: Daniel Hinterramskogler
Umschlagbild hinten: Tour 24, Wikingerpfad, Susanne Kaiser

Liebe Leserinnen und Leser,

vielen Dank, dass ihr euch für dieses Buch entschieden habt.

Hinter uns liegen unzählbare Stunden an Recherchen, Schreibtischarbeiten und gemeinsamem Ringen nach den bestmöglichen Beschreibungen. Aber auch unendlich viele schöne Erlebnisse in der Natur, Erholung vom Alltag und Auftanken in der Stille. Denn anders als die Hotspots im Süden Oberösterreichs ist das Mühlviertel eine Oase der Ruhe. Trotzdem bietet es eine unglaubliche Vielfalt an Erlebniswegen, beeindruckenden Landschaften und – viele TalbewohnerInnen wissen es nicht – Sonnenschein oberhalb der Nebelgrenze!

Um trotzdem auch ab und zu kantige Berggipfel zu sehen, haben wir in den Sonderkapiteln noch einige Schmankerl beigesteuert. Und in den Zusatztipps findet ihr weitere Wege, die wir zwar gegangen sind, die es aber aus den verschiedensten Gründen nicht in den Hauptteil geschafft haben. Die Auswahl ist also groß, egal ob nur eine Stunde Zeit ist oder für einen ganzen Ausflugstag. Für jeden Bedarf ist etwas dabei.

Wir hoffen, dass es uns gelungen ist, einen guten Ideengeber für den Familienalltag zu verfassen. Nicht nur fürs Sonnenschein-Sorglos-Wetter, sondern wie das Familienleben halt so ist – auch fürs Regenwetter und für fast jede Wetterlage.

Wir wünschen euch viele schöne Stunden in der Natur, genießt die Zeit!

Eure Autorinnen

Überblickstabelle der Wanderungen

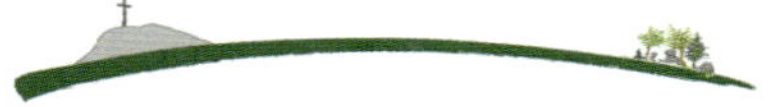

I. **Kleine Gipfeltouren** Mühlviertel und Zentralraum	Char.	Gesamtdauer 2h 4h	Anf.	Seite
1. Teufelsschüsseln	⇄		●	18
2. Stingelfelsen und Hochficht	⇄		●	21
3. Kleine Bärensteinrunde	↺		●	24
4. Breitenstein	↺		●	27
5. Koglerauer Spitz	⇄		●	30
6. Roadlberg	↺		●	33
7. Hoh-Haus am Buchberg	↺		●	36
8. Pfenningberg	↺		●	39
9. Königswiesen	⇄		●	42
10. Kürnbergrundweg	↺		●	45

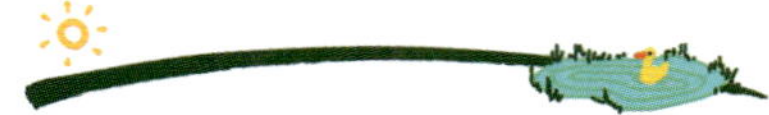

II. **Sommer-Wasser-Badeziele** Mühlviertel und Zentralraum	Char.	Gesamtdauer 2h 4h	Anf.	Seite
11. Sausende Schlucht	↺		●	54
12. Naturerlebnisweg Haslach	↺		●	57
13. Tanner Moor	↺		●	60
14. Bruckmühle, oberes Feldaisttal	↺		●	63
15. Klammleitenschlucht	⇄		●●	66

Höhenmeter	Gesamtlänge km	Schatten				Kindergartenkinder	Volksschulkinder	Ab 10 Jahren	Bus & Bahn
200	3,2	◕	-	-	-	X	X	X	-
250	4-5,2	◕	-	-	-	(X)	X	X	-
160	3,5	◕	-	-	-	(X)	X	X	-
60	4	◕	-	X	X	X	X	(X)	🚌
120	2,4	◕	-	-	-	X	X	X	🚌
80	3	◕	-	X	-	X	X	X	🚌
~200	3-5	◕	-	-	-	X	X	X	🚌
370	9	◕	-	-	-	-	(X)	X	🚌
40	2	◑	-	X	X	X	X	(X)	🚌
200	6,5	◕	-	X	-	(X)	X	X	-

Höhenmeter	Gesamtlänge km	Schatten				Kindergartenkinder	Volksschulkinder	Ab 10 Jahren	Bus & Bahn
150	4,5	◑	X	-	-	(X)	X	X	🚌
-	4	◕	X	X	-	X	X	X	🚌
90	4,5	◕	X	-	-	(X)	X	X	-
40	5	◕	X	-	-	X	X	X	🚌
~200	3,0-7,5	◕	X	-	-	(X)	X	X	-

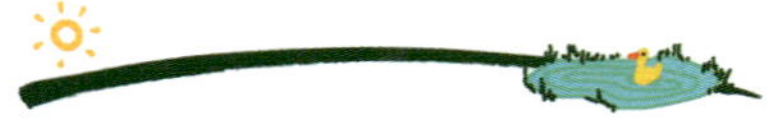

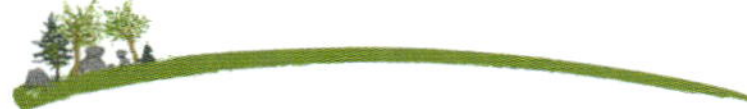

	Höhen-meter	Gesamt-länge km	Schatten				Kinder-garten-kinder	Volks-schul-kinder	Ab 10 Jahren	Bus & Bahn
	140	4	◕	X	-	-	X	X	X	-
	220	7	◕	X	-	-	(X)	X	X	🚌
	-	3,2	◕	X	X	X	X	X	X	🚌

	Höhen-meter	Gesamt-länge km	Schatten				Kinder-garten-kinder	Volks-schul-kinder	Ab 10 Jahren	Bus & Bahn
	180	5,5	◑	X	-	-	-	X	X	🚌
	100	3	◕	X	-	-	X	X	X	🚌
	120	4,7	◔	X	-	-	(X)	X	X	🚌
	170	2	●	-	-	-	-	X	X	🚌
	50	4	◑	-	-	-	(X)	X	X	-
	35-315	1,5-4,6	◑	-	-	-	X	X	X	🚌
	-	4,5	◔	X	-	-	X	X	X	🚌
	-	2,2	◑	-	X	-	X	X	-	-
	130	2,5	◕	X	-	-	X	X	X	🚌
	110	2	◕	X	-	-	X	X	X	-
	116	4	◕	-	X	-	X	X	(X)	🚌
	60	2	◑	-	-	-	X	X	X	-
	230	8	◑	X	-	-	-	X	X	🚌
	200	4	◕	-	-	-	X	X	X	🚌
	155	2,2-7,2	◕	-	X	X	X	X	X	-

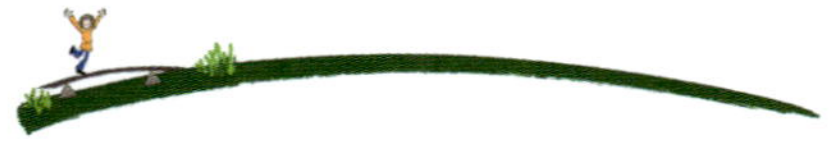

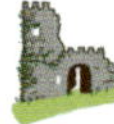

Höhen-meter	Gesamt-länge km	Schatten				Kinder-garten-kinder	Volks-schul-kinder	Ab 10 Jahren	Bus & Bahn
120	3,	◕	X	X	X	X	X	X	-
60	2-4	◕	X	X	X	X	X	X	-
-	-	◑	X	-	-	X	X	X	🚌
90	3	◕	-	X	X	X	X	X	🚌
45	1,6-2,5	◔	-	X	X	X	X	(X)	-
-	-	○	-	-	-	X	X	X	🚌

Höhen-meter	Gesamt-länge km	Schatten				Kinder-garten-kinder	Volks-schul-kinder	Ab 10 Jahren	Bus & Bahn
50	1,5	◕	-	X	X	X	X	X	🚌
50	2,8	◑	-	-	-	X	X	X	🚌
-	1	○	-	X	X	X	X	X	🚌
-	2	○	-	X	X	X	X	X	🚌
-	~0,2	○	-	X	X	X	X	X	🚌
~135	3,2-4,8	◕	-	X	X	X	X	X	-

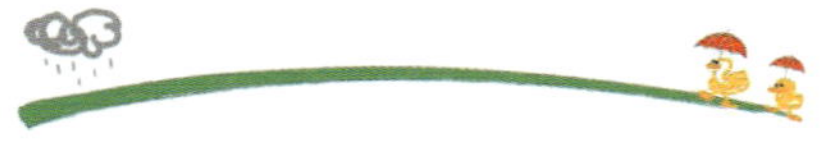

VI. Regnerisches Wetter Mühlviertel und Zentralraum	Char.	Gesamtdauer 2h 4h	Anf.	Seite
46. Erlebnisweg Moorwald	↺		● ●	162
47. Märchenweg Schenkenfelden	↺		● ●	165
48. Opferschalenweg	↺		●	167
49. Sagenweg Unterweitersdorf	↺		●	170
50. Honigschleuderweg Waldhausen	↺		●	173
51. Erlebnisweg Bleicherbach	↺		●	175

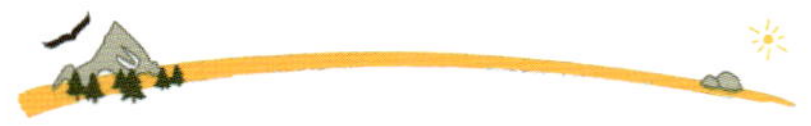

VII. Region Ennstal, Steyrtal und Nationalpark Kalkalpen	Char.	Gesamtdauer 2h 4h	Anf.	Seite
52. Lindaumauer	⇄		●	182
53. Sonnberg	⇄		●	185
54. Klausgraben	⇄		●	188
55. Rinnende Mauer	⇄		●	191
56. Rinnerberger Klamm	⇄		●	194

	Höhen-meter	Gesamt-länge km	Schatten				Kinder-garten-kinder	Volks-schul-kinder	Ab 10 Jahren	Bus & Bahn
	100	4	◕	X	X	-	X	X	X	🚌
	130	2	◕	-	X	X	X	X	X	🚌
	260	4,4	◕	X	X	-	X	X	X	🚌
	140	5,5	◕	-	X	-	(X)	X	(X)	🚌
	75	3	◑	-	X	-	X	X	(X)	🚌
	60	1,8	◑	X	X	X	X	X	(X)	🚌

	Höhen-meter	Gesamt-länge km	Schatten				Kinder-garten-kinder	Volks-schul-kinder	Ab 10 Jahren	Bus & Bahn
	237	3	◑	-	-	-	X	X	X	-
	53	3,2	○	-	-	X	X	X	X	-
	185	4,8	◕	X	-	-	-	(X)	X	🚌
	45	5-6,8	◕	X	-	-	(X)	X	X	🚌
	167	3,2	◕	X	-	-	(X)	X	X	-

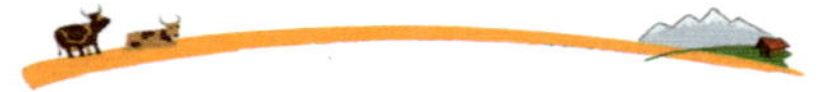

VIII. Almtal und Pyhrn-Priel-Region	Char.	Gesamt-dauer 2h 4h	Anf.	Seite
57. Steyrsbergerreith	⇄	▬	● blau	200
58. Stubwieswipfel	⇄	▬	● rot	203
59. Maisenkögerl	⇄	▬	● rot	206
60. Dr. Vogelgesang Klamm	↺	▬	● rot	209
61. Höss Alpin Runde	↺	▬	● blau	212
62. Ruine Scharnstein	⇄	▬	● blau ● gelb	215

Zeichenerklärung der Überblickstabelle:

Charakteristik (Char.):

↺ Rundweg (RW)

⇄ gleicher Rück- wie Hinweg

Balken für Dauer:

▬ Die Länge der Balken zeigt an, wie lange die Wanderung insgesamt dauert (Hin und retour bzw. gesamter Rundweg). Unter Länge wird die jeweilige Gesamtlänge in Kilometern angegeben. Näheres in der jeweiligen Wegbeschreibung.

Anforderung (Anf.):

- ● (gelb) kinderwagengeeignet
- ● (blau) leicht bis mittel
- ● (rot) mittel
- ● (schwarz) anspruchsvoll

	Höhenmeter	Gesamtlänge km	Schatten				Kindergartenkinder	Volksschulkinder	Ab 10 Jahren	Bus & Bahn
	~230	4,2–7,4	◑	-	-	-	X	X	X	-
	432	6,2	◔	-	-	-	-	X	X	🚌
	169	3	●	-	-	-	-	X	X	-
	308	5,7	◕	X	-	-	(X)	X	X	🚌
	185	4,2	○	-	-	-	(X)	X	X	🚌
	150	1,6–2,4	◕	-	X	X	X	X	X	-

Schatten: Die dunklen Kreise zeigen an, inwieweit der Weg schattig ist.

○ auf der ganzen Route kein Schatten
◔ der Weg liegt nur zu ¼ im Schatten
◑ die Hälfte der Wegstrecke ist schattig
◕ der Großteil der Strecke liegt im Schatten oder auch lichtem Wald
● der gesamte Weg liegt im Schatten

Bus & Bahn

🚌 zeigt an, dass die Anreise mit Öffis möglich ist

Überblick kleine Gipfeltouren

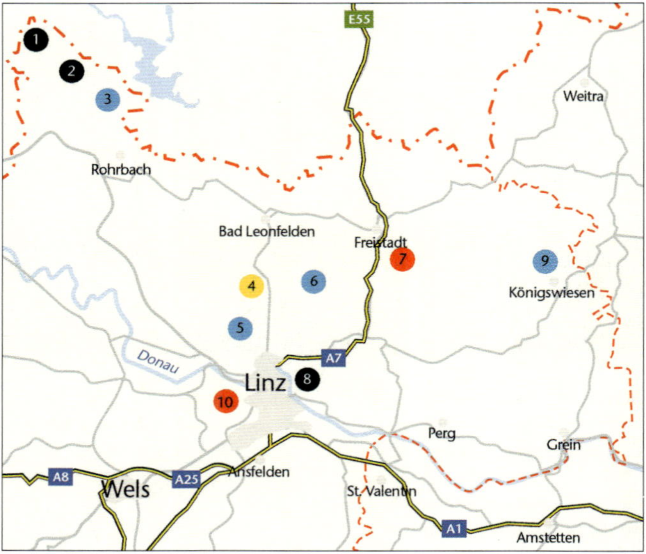

1
2
3
Rohrbach
Weitra
E55
Bad Leonfelden
Freistadt
7
9
Königswiesen
4
6
5
Donau
A7
Linz
8
10
Perg
Grein
A8
Wels
A25
Ansfelden
St. Valentin
A1
Amstetten

- kinderwagen-geeignet
- leicht bis mittel
- mittel
- anspruchsvoll

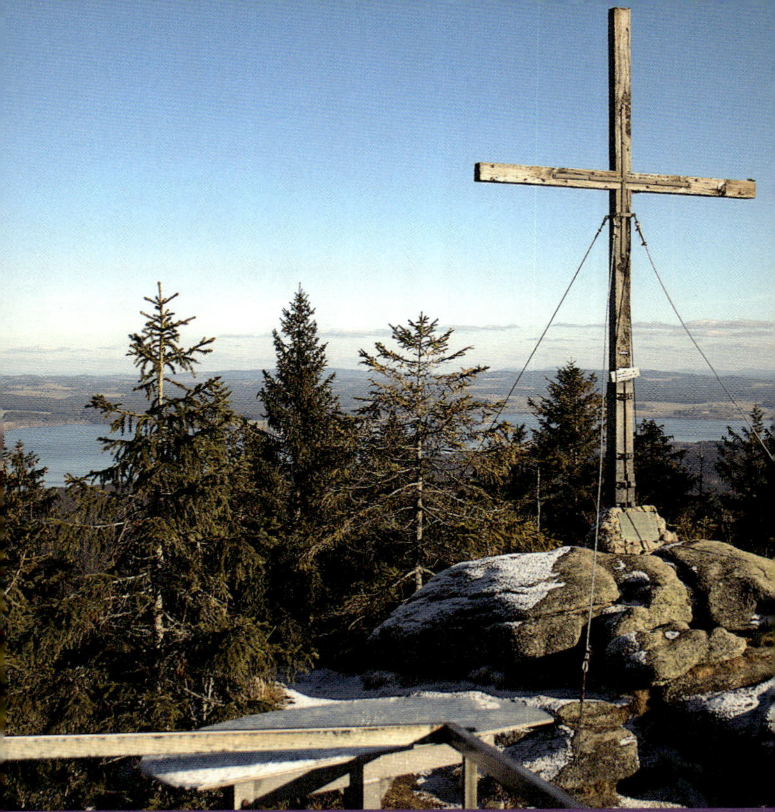

I. Kleine Gipfeltouren

Mühlviertel und Zentralraum

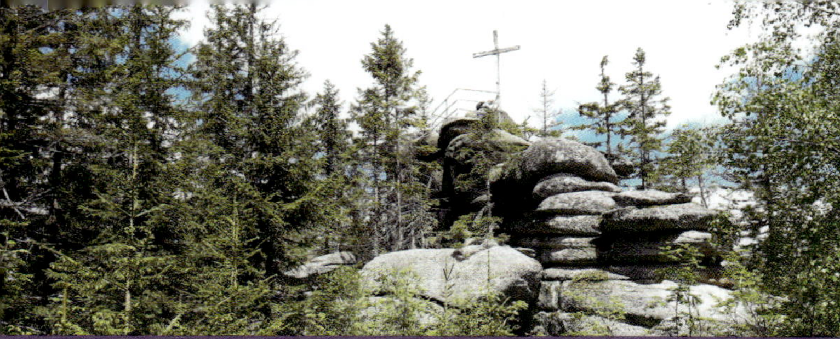

1 Teufelsschüssel (1108 m)

Schwarzenberg am Böhmerwald: ein sagenumwobener Ort sk

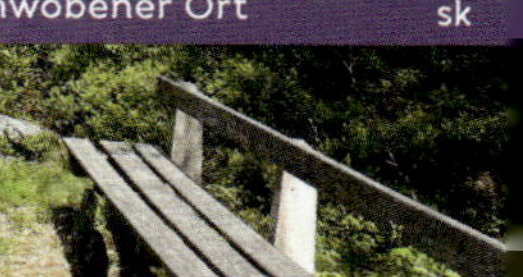

Dieses Ziel zahlt sich auch bei einer längeren Anfahrt aus, weil die Landschaft spektakulär ist. Der Granitfelsen schaut beinahe wie eine Pyramide aus und zusammen mit den mit Wasser gefüllten Schüsseln und den weit über 10 kleinen Höhlen ist das ein wunderbares Tagesausflugsziel. Die Teufelsschüsseln sind Vertiefungen im Fels, die immer mit Wasser gefüllt sind, auch im Hochsommer. Man findet sie vor allem im Gipfelbereich, den man mit Hilfe von mehreren Metallstiegen erklimmt. Auch der Schotterweg ist sehr kurzweilig, weil er von Heidelbeeren in Hülle und Fülle, von kleinen Tümpeln, Bachläufen und vor allem spannenden kleinen Höhlen gesäumt wird. Vom Parkplatz aus kann man sich auf die Suche nach der „Putzniglluckn" und dem „Blockschluf" machen, zwei versteckte Höhlen (siehe Zusatztipps). Mit großen Kindern kann die Wanderung zu der Teufelsschüssel mit den ausgedehnten Gipfeltouren Plöckenstein und Steinernes Meer kombiniert werden, siehe ebenfalls unter Zusatztipps.

Wetter:  Anforderung:  Gesamtdauer: 2 h

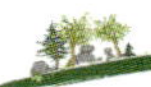

Anforderung:	Schwer; teilweise sehr steil; 200 Hm; mehrere Metallstiegen, die Felsen überbrücken, dazwischen kurze Kraxelstellen; größtenteils jedoch Schotterwege. Eine Variante ist mit geländegängigem Kinderwagen bis zum Rastplatz befahrbar (siehe Wegbeschreibung).
Dauer:	Eine Strecke: 1 h; 1,6 km.
Wetter:	Schönes, auch heißes Wanderwetter, da großteils im Schatten.

Kindergartenkinder:	Für kraxelsichere, gehfreudige Kinder ab ca. 4 Jahren geeignet. Für kleinere Kinder nur mit Trage.
Volksschulkinder:	Sehr gut geeignet.
Ab 10 Jahren:	Perfekt geeignet.

Navi: 4164 Oberschwarzenberg, Wanderparkplatz (48.757472,13.827752).

Anfahrt: A1/A7 Ausfahrt 6 Linz Zentrum , dann immer Richtung Rohrbach, später Richtung Schwarzenberg am Böhmerwald (oder aus Wels über A25, Ausfahrt Wels-Nord Richtung Oberlandshaag). Durch Schwarzenberg und am Ortsende rechts für ca. 3,5 km bergauf nach Oberschwarzenberg. Ab hier geradeaus bis zum P im Wald.

Bus/Bahn: Keine öffentliche Verbindung.

Ausgangspunkt/P: Großer Wanderparkplatz Oberschwarzenberg/Glashütten.

Infos/Gaststätten: *Keine Gaststätte am Weg, daher Proviant mitnehmen. *Geocache „Teufelsschüssel". *Gemeindeamt Schwarzenberg, www.schwarzenberg.co.at.

Wegbeschreibung: Vom Parkplatz zur großen Tafel gehen, dort beginnt der ansteigende Forstweg. Hinweis: Ab hier kann den Wegweisern Richtung „Teufelsschüssel" gefolgt werden. Hier trotzdem eine kurze Beschreibung: Bei der ersten Weggabelung rechts und dann immer geradeaus. (Anmerkung: Die hier beschilderten Wanderungen „Steinernes Meer" und „Plöckenstein" sind bei unseren Zusatztipps angeführt). Bei der nächsten Kreuzung geradeaus wandern und kurz danach links auf den schmalen Wandersteig abbiegen. Wer mit dem

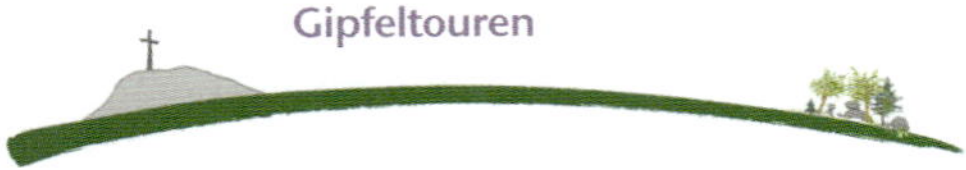

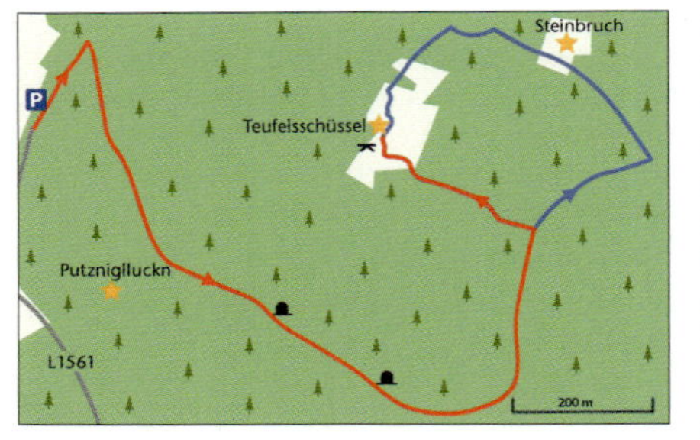

Kinderwagen unterwegs ist, folgt hier weiterhin dem Forstweg, siehe Wegbeschreibung Variante Kinderwagen. Der Pfad schlängelt sich durch die Felsbrocken bis zum Etappenziel Teufelsschüssel mit schönem Rastplatz auf einer Lichtung mit Holzliege, Tisch und Bänken. Zum Gipfelkreuz führen mehrere Metallstiegen steil bergauf. Gleicher Rück- wie Hinweg.

Variante mit Kinderwagen: Mit dem Kinderwagen muss man auf dem Forstweg bleiben bis zu einer großen Wegkreuzung, wo dieser in einen anderen breiteren Schotterweg einmündet. Links bergauf geht's an einem Steinbruch vorbei und bei der nächsten Kreuzung wieder links (Waldweg mit Fahrverbotstafel für Fahrräder). Der Kinderwagen muss ca. 5 Minuten vor dem Rastplatz Teufelsschüssel geparkt werden, ab nun geht's nur mehr zu Fuß weiter.

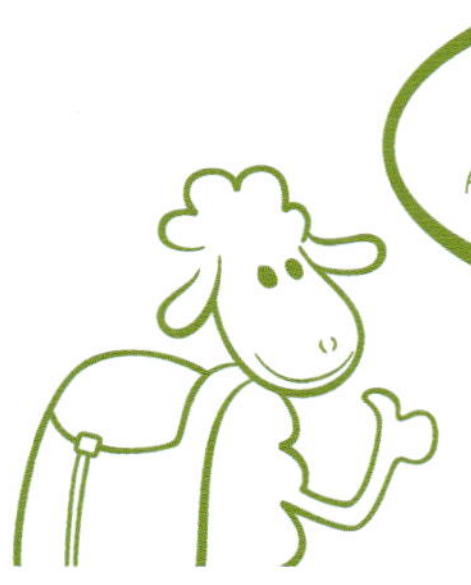

Die Suche nach den Höhlen „Putzniglluckn" und „Blockschluf" ist ein kleines Abenteuer. Die Wegbeschreibung findet ihr unter Zusatztipps.

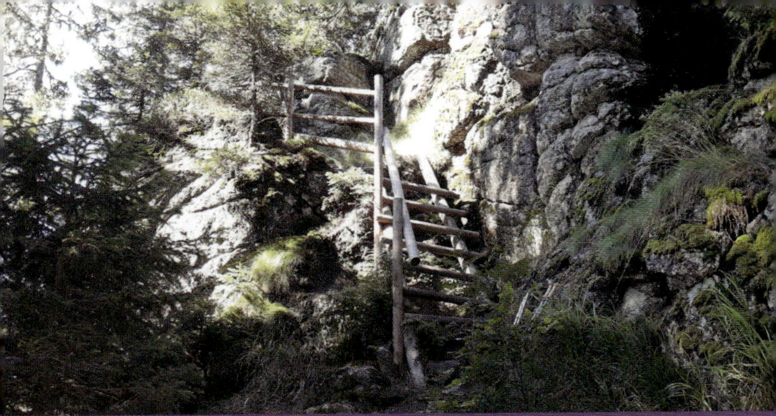

2 Stingelfelsen (1260 m) & Hochficht (1338 m)

Klaffer am Hochficht: Bergwandern auf Mühlviertlerisch sk

Entlang dem „Weg der Steine“ führt der Weg teilweise sehr steil bergauf zum Stingelfelsen. Nach dem ersten Wegdrittel müssen einige kleine, aber nicht tiefe Bachläufe überquert werden. Auf diesem Wegabschnitt ist es nach Regentagen sehr gatschig. Zum Stingelfelsen führen zwei Holzleitern hinauf. Der Gipfel ist ausgesetzt und nicht abgesichert, bitte auf die Kinder gut Acht geben. Beim Gipfelkreuz kann man sich gemütlich auf die Holzliege legen und die herrliche Aussicht genießen. Wer noch genug Kraft in den Beinen hat, kann noch weiter bis zum Hochfichtgipfel wandern. Dieser Gipfel ist nicht ausgesetzt und die Kinder können nach Herzenslust klettern und spielen (auch in der Umgebung). Anmerkung: Der „Kammweg“ ist beinahe beliebig verlängerbar und führt zu weiteren Gipfeln.
Eine weitere Möglichkeit ist der Gipfelge(h)nussweg (siehe Zusatztipps Gipfeltouren).

Wetter: 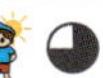 Anforderung:  Gesamtdauer: 2–3 h

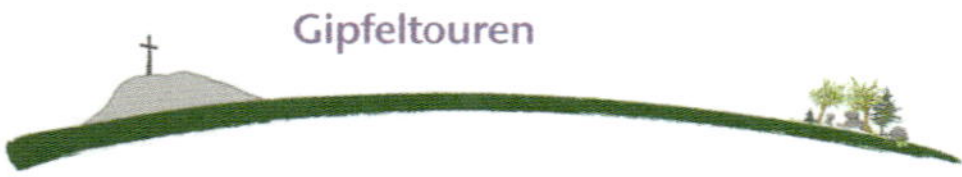

Anforderung:	Schwer; Stingelfelsen 250 Hm, Hochficht 330 Hm; mäßiger, teilweise sehr steiler Anstieg; Wanderwege und -steige.
Dauer:	Eine Strecke: Stingelfelsen 1 h; 2 km, Strecke Stingelfelsen-Hochficht: ½ h; 0,6 km.
Wetter:	Schönes Wanderwetter, bis zum Stingelfelsen auch bei heißem Wetter, da sehr viel Schatten, danach kein Schatten mehr.

Kindergarten-kinder:	Für wanderfreudige, trittsichere Kinder ab ca. 5 Jahren bis zum Stingelfelsen gut geeignet. Komplette Strecke ist noch zu lang. Kleine Kinder in der Trage mitnehmen.
Volksschulkinder:	Super geeignet. Je nach Kondition kürzere oder längere Variante wählen.
Ab 10 Jahren:	Sehr gut geeignet.

Navi: 4161 Ulrichsberg, Holzschlag 8 (48.742621, 13.898148).

Anfahrt: A1/A7 Ausfahrt 6 Linz Zentrum, dann immer Richtung Rohrbach, später Richtung Klaffer am Hochficht (oder aus Wels über A25, Ausfahrt Wels-Nord Richtung Oberlandshaag). In der Ortschaft Salnau (kurz vor Klaffer am Hochficht) zweigt rechts die Straße in Richtung Hochficht ab (beschildert). Direkt bei den Hochficht-Bergbahnen links beim Ticketpoint bergauf auf der Schotterstraße fahren. Die Schotterstraße führt an Parkplätzen vorbei und geht nach ein paar Kurven in eine Forststraße über. Dieser weiter folgen, bis rechts ein Forstweg in Richtung Liftstation abzweigt. Dieser führt direkt zum „Gasthaus zum Überleben".

Bus/Bahn: Keine öffentliche Verbindung.

Ausgangspunkt/P: Parkplatz beim „Gasthaus zum Überleben".

Infos/Gaststätten: *Proviant mitnehmen, da es nur zu Beginn und am Ende des Weges einen Gasthof gibt. *Ghf. zum Überleben, Tel. +43 7281 8801 621, www.stift-schlaegl.at/essen-trinken/gasthaus-zum-ueberleben, Ruhetage: Mo, Di, Mi, (außer an Feiertagen), großer Spielplatz.

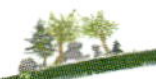

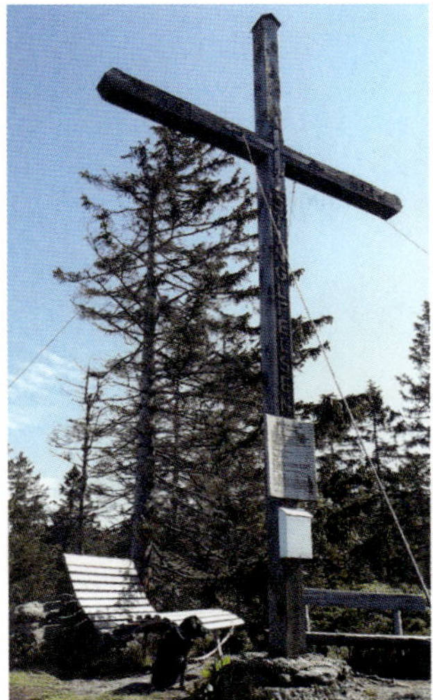

Wegbeschreibung: Vom Parkplatz beim „Gasthaus zum Überleben" geht es bergauf auf dem Nordwaldkammweg (Nr. 105, blauweiße Markierung) und dann rechts entlang des „Wegs der Steine" direkt zum Stingelfelsen. Gleicher Rück- wie Hinweg.

Verlängerung Hochficht: (ca. ½ Std. zusätzlich für eine Strecke) Dem Nordwaldkammweg 105 links bergauf weiter folgen, bis links der Weg in Richtung Hochficht abzweigt (Wegweiser mit Hochficht-Gipfel 600 m). Nun befindet man sich auf dem Gipfelge(h)nussweg (Weg Nr. 27), der direkt zum Hochficht führt. Gleicher Rück- wie Hinweg.

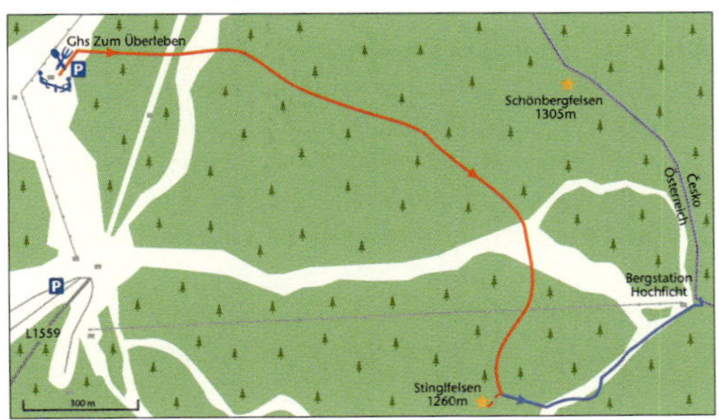

3 Kleine Bärensteinrunde (1077 m)

Aigen-Schlägl: Bärenkräfte sammeln

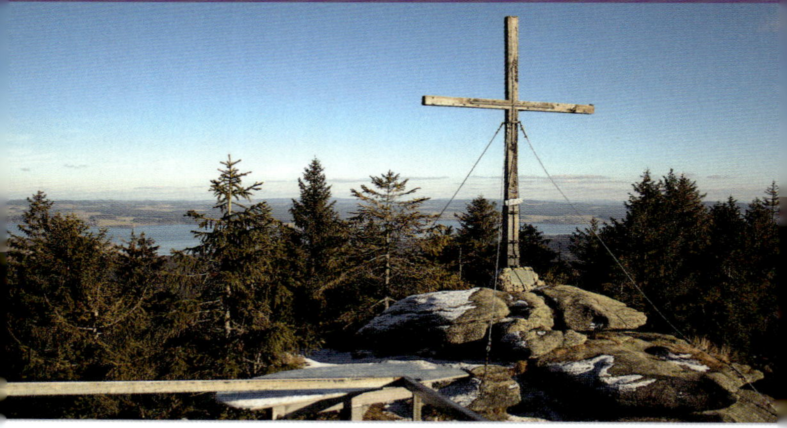

Der Bärenstein ist eine sogenannte Granitfelsenburg, die den Germanen als Kultplatz diente und demnach noch immer Bärenkräfte verleihen soll. Hier gibt es gleich zwei Gipfel, einen Aussichtsgipfel und einen Gipfel mit Gipfelkreuz. Von beiden hat man einen wundervollen Rundblick auf Südböhmen und bei guter Fernsicht bis zu den Gipfeln des Salzkammergutes. Das große Felsplateau unterhalb der Gipfel ist ein super Naturspielplatz mit Rastbänken. Entlang des Weges gibt es kleine und große Felsformationen, die erklommen werden wollen. Da und dort kann man die eine oder andere kleine Höhle entdecken. Aber auch Naschkatzen kommen auf ihre Kosten. Es gibt Heidelbeeren in Hülle und Fülle.

Wetter: 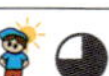 Anforderung:  Gesamtdauer: 1 ½ h

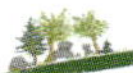

Anforderung:	Leicht; 160 Hm; geringe bis mittlere Steigung; steiniger und stark verwurzelter Waldweg. Steinstufen zum Aussichtsgipfel.
Dauer:	RW: 1 ½ h; 3,5 km.
Wetter:	Schönes Wanderwetter.

Kindergarten-kinder:	Für gehfreudige und kraxelsichere Kinder schon gut geeignet. Im Bereich der beiden Gipfel Acht geben, da kleinere Kinder durch das Metallgeländer nicht gesichert sind.
Volksschulkinder:	Super geeignet. Kommentar unseres Großen: „Der Bärenstein ist einfach cool!".
Ab 10 Jahren:	Super geeignet.

Navi: 4160 Aigen-Schlägl, Grünwald 1.

Anfahrt: Von Wien kommend in Linz bei der Ausfahrt 6 abfahren und über Rohrbach nach Aigen-Schlägl fahren. Die Straße nach Grünwald zweigt beim Feuerwehrzeughaus ab und führt immer geradeaus steil bergauf bis zum Parkplatz auf der rechten Seite. Von Salzburg und Graz kommend fährt man über den Knoten Wels A25 und Eferding in Richtung Rohrbach und Aigen-Schlägl.

Bus/Bahn: Keine öffentliche Verbindung

Ausgangspunkt/P: Parkplatz Grünwald gegenüber Ghf. Panyhaus.

Infos/Gaststätten: *Proviant einpacken, da es nur zu Beginn und am Ende des Rundweges eine Gaststätte gibt. *Ghf. Panyhaus, Tel. 07281 60171, www.boehmerwald.at - Panyhaus, Ruhetage: Mo, Fr, beim Ghf. Spielplatz.

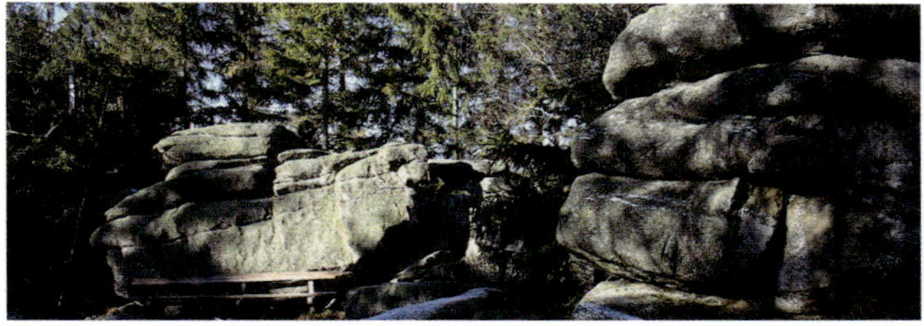

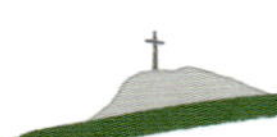

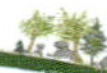

Wegbeschreibung: Leider ist der Rundweg nicht sehr gut beschildert, weshalb hier die Beschreibung etwas komplizierter und umfangreicher ausfällt: Vom Parkplatz aus nach rechts und auf dem Zufahrtsweg geradeaus gehen, bis auf der rechten Seite ein Wiesenweg bergauf in Richtung Wald abzweigt. Der Weg geht rechts vorbei an einem Wasserhochbehälter und quert eine Forststraße. Gleich danach kommt man zu einer Weggabelung. Bei dieser rechts wandern und weiter geradeaus gehen, bis man zum Infoschild unterhalb des Bärensteins kommt. Hier geht es nach links über Steinstufen einige Meter steil bergauf zum Felsplateau. Für den Rückweg beim Infoschild unterhalb der Felsenburg nach links gehen und dem Waldweg bis zur nächsten Kreuzung folgen. Hier wieder links halten und den breiten Forstweg überqueren. Weiter geradeaus wandern und bei der nun folgenden Weggabelung rechts gehen. Ab hier führt der Weg immer geradeaus direkt zum Parkplatz.

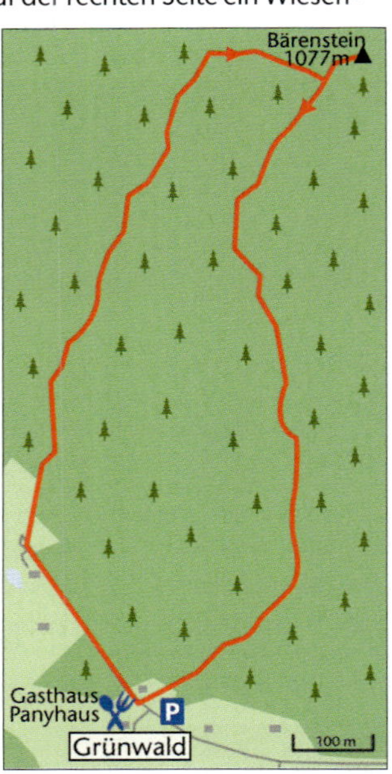

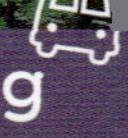

4 Breitenstein und Wasserwichtelweg

Kirchschlag bei Linz: ein märchenhafter Rundweg

sk

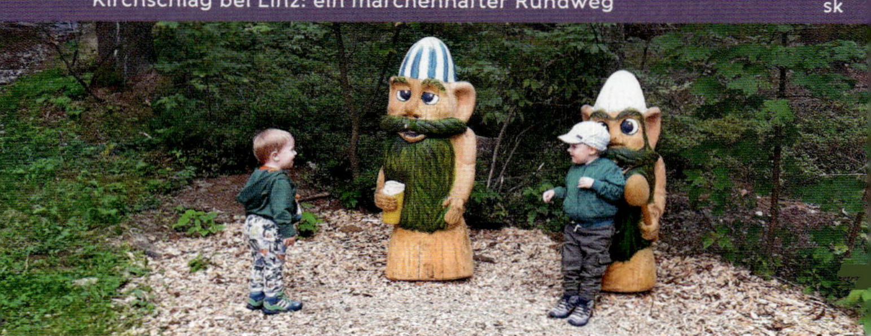

Der Rundweg entstand in Anlehnung an das Märchenbuch „Saymara und der Windgeist", siehe unter Infos. Die kleinen Wasserwichtel weisen den Weg von Spielstation zu Spielstation und sie machen richtig Spaß. So gibt es unter anderem einen Wasserspielplatz, Balancier- und Kletterstationen. Ungefähr bei der Hälfte des Weges kommt man zum Aussichtsturm. Dieser ist wie ein Dornröschenturm gestaltet und kann über eine Stiege im Inneren erklommen werden. Oben gibt's – Fernsichtwetter vorausgesetzt – eine super Aussicht. Unterhalb des Turmes steht das Gipfelkreuz des Breitensteins und daneben befinden sich Rastbänke. Am Ende der Runde kommt man zum Spielplatz und zum Gasthof Waldhäusl. Wer Lust und Laune hat, kann sich noch im gegenüberliegenden Hochseilpark austoben.

Wetter:  Anforderung:  Gesamtdauer: 1 ½ h

Anforderung:	Leicht; 60 Hm; mittlere Steigung; großteils Wald- und Forstwege; kinderwagengeeignet.
Dauer:	RW: 1 ½ h; 4 km; zusätzlich genügend Spielzeit einplanen.
Wetter:	Jedes Wanderwetter, auch bei Nieselwetter. Der Weg ist selbst im Winter ein schönes Ausflugsziel.

Kindergarten-kinder:	Sehr gut geeignet, die Spiel- und Motorikstationen ziehen die Kinder förmlich weiter. Für den Wasserspielplatz Wechselkleidung und für den Spielplatz eventuell Sandspielsachen einpacken.
Volksschulkinder:	Sehr gut geeignet.
Ab 10 Jahren:	Der Wichtelweg ist in diesem Alter meist zu langweilig, Aussichtsturm und Klettergarten sind aber durchaus interessant.

Navi: 4202 Kirchschlag Ortsplatz oder Bogensportzentrum, Am Breitenstein 11.

Anfahrt: A1 Ausfahrt 13 nach Urfahr und dann in Richtung Kirchschlag fahren. Hier zum Gemeindeamt oder weiter zum P Bogensportzentrum noch am Friedhof vorbei (gut beschildert).

Bus/Bahn: Hst. Kirchschlag b. Linz Ortsmitte.

Ausgangspunkt/P: Hinweis: Es gibt hier zwei mögliche Parkplätze, der Eingang zum Wichtelweg liegt genau dazwischen, d.h. es ist egal, von wo aus man startet. Ortsplatz Kirchschlag in der Nähe des Gemeindeamtes oder Parkplatz beim Bogensportzentrum und Hochseilgarten.

Infos/Gaststätten: *Das Märchenbuch gibt es am Eingang zum Rundweg zur freien Entnahme, beim Gemeindeamt Kirchschlag, beim Maurerwirt in Kirchschlag oder man kann es über die Homepage downloaden: www.wasserwichtelweg.com. *Waldhäusl am Breitenstein, Tel. 07215 38332, www.waldhaeuslambreitenstein.jimdofree.com, geöffnet immer ab 12 Uhr, Ruhetage: Di und Mi. *Maurerwirt, Tel. 07215 2663, www.maurerwirt.at, Ruhetage: Mo, Di (außer Feiertag). *Hochseilgarten Kirchschlag, Tel. 07215 3747, www.ralfundwalter.at, dieser Park bietet auch eine Kletterrunde für Kinder ab 3 Jahren an.

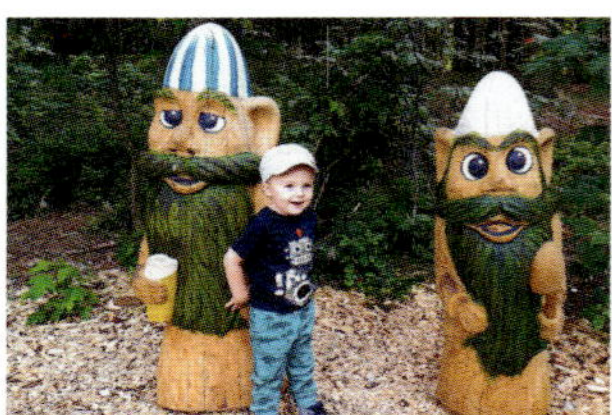

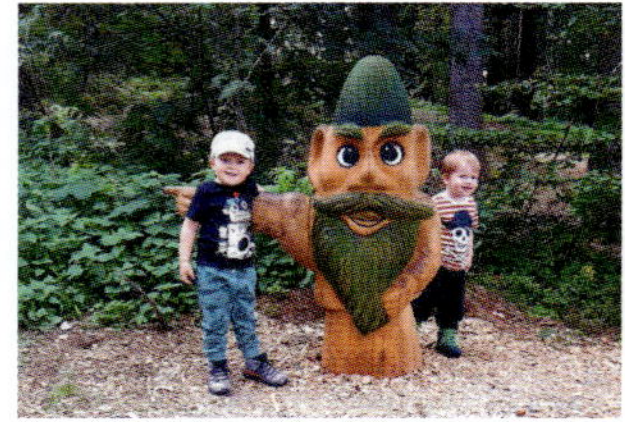

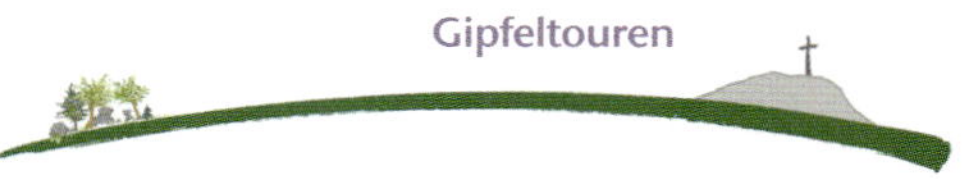

Wegbeschreibung:
Wer am Ortsplatz parkt, geht in Richtung Gemeindeamt und wandert am Zufahrtsweg links davon bergauf vorbei. Kurz nach dem Friedhof sieht man auf der rechten Seite schon den Eingang zum Wasserwichtelweg, wo ein Wichtel begrüßt. Wer beim Bogensportzentrum und dem Hochseilgarten parkt, geht die Zufahrtsstraße bergab retour, bis links der Wanderweg beginnt. Die einen Meter großen Wichtel sind die Wegweiser, denen man ab hier nur mehr zu folgen braucht. Die einzige Stelle, die etwas verwirrend ist, befindet sich beim Aussichtsturm. Hier zuerst den gleichen Weg wieder retour gehen und beim Wegweiserwichtel wieder links in den Rundweg einbiegen.

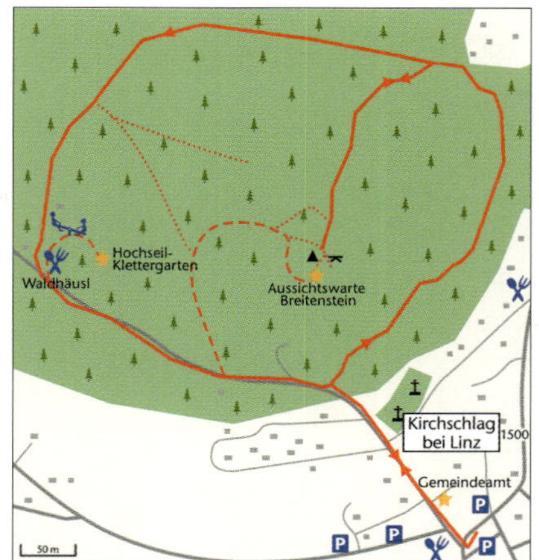

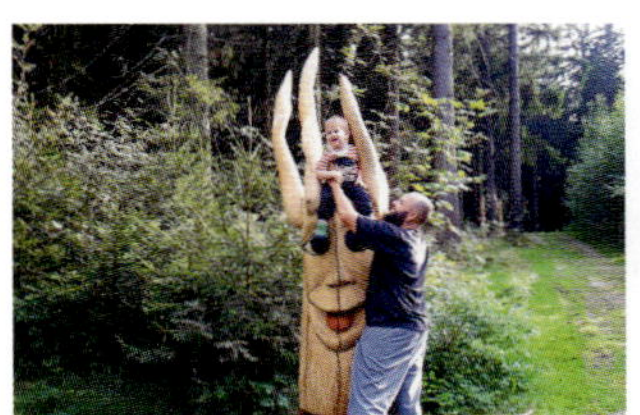

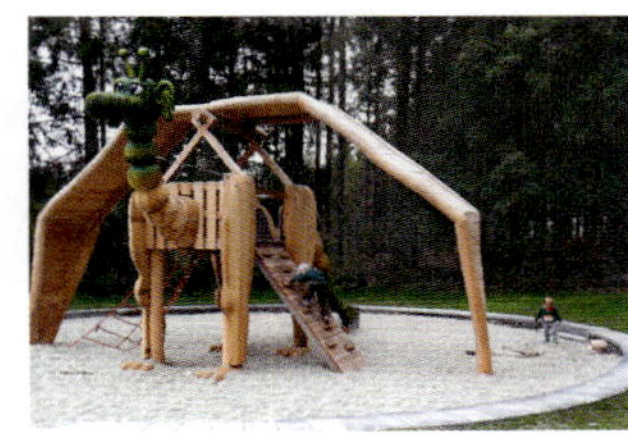

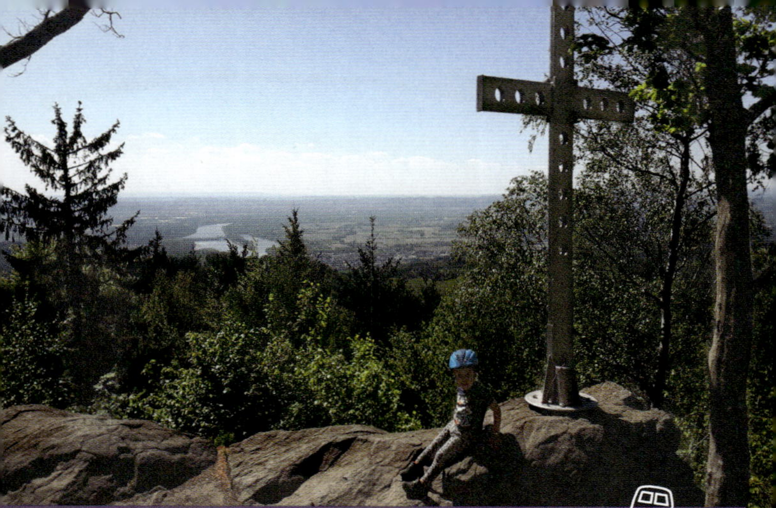

5 Koglerauer Spitz (667 m)

Großamberg: ein Gipfelkreuz als Belohnung

br

Ganz nah bei Linz einen Gipfel erstürmen? Das geht sogar mit ganz kleinen Füßen. Der Koglerauer Spitz liegt zwischen Lichtenberg und Ottensheim und ist mit seinen verwurzelten Waldwegerln eine besonders nette Tour schon für die Kleinsten. Das Ziel belohnt mit einer schönen Aussicht über das Donautal und einem gemütlichen Rastplatz samt Bankerln und Gipfelkreuz.

Wetter: 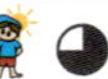 Anforderung:  Gesamtdauer: 1 ½ h

Anforderung: Leicht – mittel; ca. 120 Hm; am Anfang kurz Asphaltstraße (aufpassen auf die Autos!), dann kleine Waldwegerl.

Dauer: Eine Strecke: ¾ h; 1,2 km.

Wetter: Jedes Wanderwetter, bei Nieselregen sind die Wurzeln rutschig.

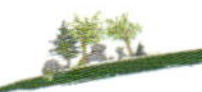
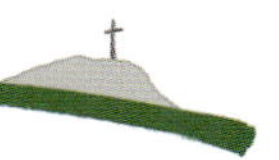

Kindergarten-kinder:	Das versprochene Gipfelkreuz lockt schon die Zwergerl. Die kleinen Wege durch den Wald und die Granitblöcke kurz vor dem Ziel laden zum Erforschen ein.
Volksschulkinder:	Sehr gut geeignet.
Ab 10 Jahren:	Gut geeignet.

Navi: 4040 Großamberg, Nähe Schlagbergstraße 42 (Abzweigung Schlagbergstraße/Am Großamberg).

Anfahrt: Von Linz über den Pöstlingberg auf der Pöstlingbergstraße Richtung Gramastetten fahren. Bei der Bushaltestelle Neulichtenberg Maxl (Linksabbiegestreifen) links in die Schlagbergstraße einbiegen und dem Straßenverlauf folgen: scharfe Linkskurve, kurzes Stück durch den Wald, scharfe Rechtskurve. Kurz danach befinden sich vor der Abzweigung „Am Großamberg" links am Wäldchen einige wenige Parkmöglichkeiten.

Bus/Bahn: Hinweis: Bei Anreise mit Bus steigt man mitten in der Strecke ein. Von der Bushaltestelle Neulichtenberg Maxl geht es durch die Ortschaft auf den Koglerauer Spitz: Zuerst dem Angerer-, dann dem Jagaweg folgen und dann kurz nach der Kreuzung mit Hagenau links in den Wald abbiegen. Ab hier der Beschilderung folgen.

Ausgangspunkt/P: An der Kreuzung Schlagbergstraße/Am Großamberg ist Platz für einige wenige Autos neben der Straße.

Infos/Gaststätten: *Köglerhof, Am Großamberg 7, gemütlicher Mostheuriger mit guten Säften und vielen anderen Produkten aus eigener Erzeugung (z.B. Weidegänse), Biolandwirtschaft, Tel. 07239 5256, www.koeglerhof.at, geöff. Do, Fr ab 17 h & Sa ab 14 h, eigener Hofladen.

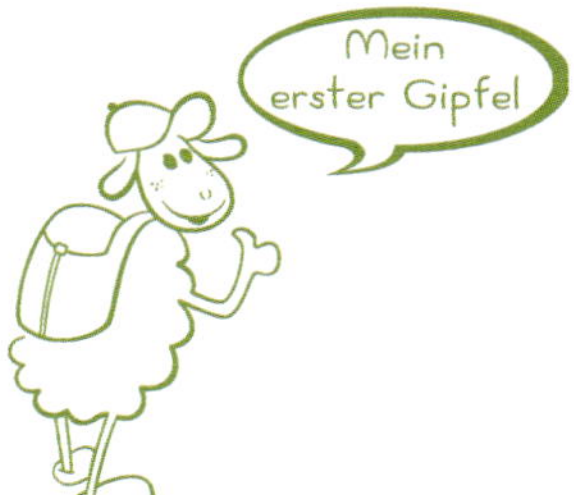

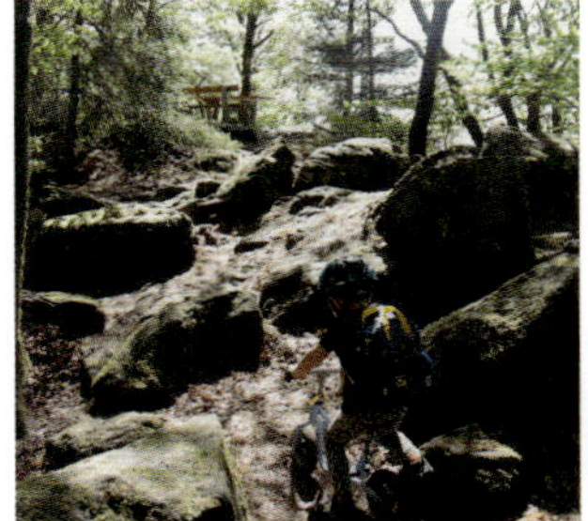

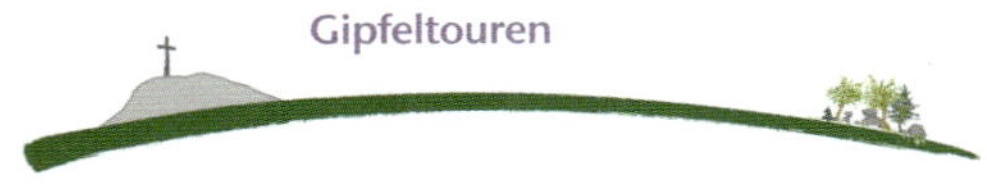

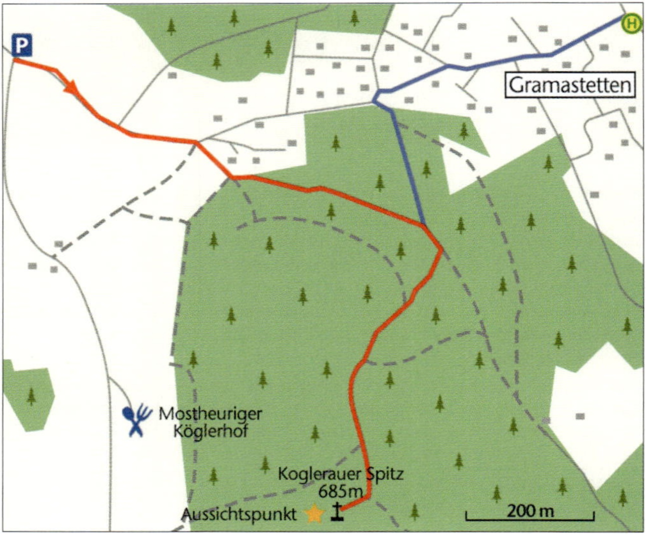

Wegbeschreibung: Der Weg ist immer wieder beschildert mit „Berggipfel Koglerau“ bzw. „Koglerauerspitz“. Am Ausgangspunkt der Straße zurück den kleinen Hügel hinauf Richtung Wald folgen. Bei der Kreuzung rechts in die Sackgasse, vor der kleinen Siedlung in den Feldweg Richtung Waldrand abbiegen und am Waldrand an der Vierer-Kreuzung links in den Wald hinein (nicht am Zaun entlang). Nach einer Weile trifft der Weg auf einen zweiten. Hier geht's rechts über ein verwurzeltes Wegerl steil den Berg hinauf. Nach dem Anstieg tauchen rechts im Wald interessante Granitformationen auf.
Kurz danach geht's rechts Richtung Gipfelkreuz.

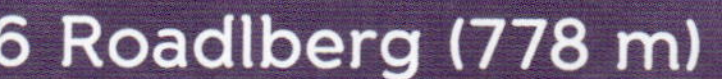

6 Roadlberg (778 m)

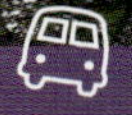

Ottenschlag im Mühlkreis: Ausflug zu den Stoamandln

sk

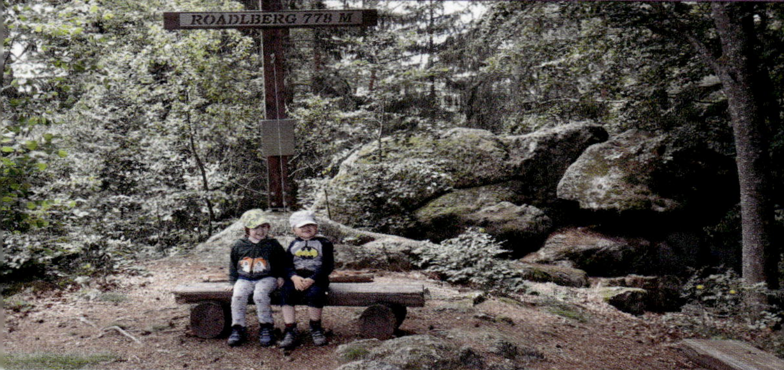

Der Roadlhofrundweg führt entlang des Vogelkundewegs zum leicht erreichbaren Roadlberggipfelkreuz und zum Holzaussichtsturm, von welchem man eine wunderschöne Rundumsicht hat. Überall im Wald und neben dem Wiesenweg trifft man auf zahlreiche Stoamandln. Zusammen mit den großen Felsformationen, die zum Klettern und Spielen perfekt geeignet sind, hat man den Eindruck, dass man durch einen Zauber- oder Märchenwald wandert. Ungefähr bei der Hälfte des Weges gibt es die Möglichkeit, zur „Edelwiese“ und zum Biotop zu verlängern.

Wetter:    Anforderung:  Gesamtdauer: 1 ½ h

Anforderung: Leicht; 80 Hm; leichte bis mittlere Steigung; großteils Wald- und Wiesenwege. Die Runde ist mit geländegängigem Kinderwagen befahrbar (siehe Wegbeschreibung).

Dauer: RW: 1 ½ h; 1,5 km.

Wetter: Schönes Wanderwetter, auch bei Nieselwetter.

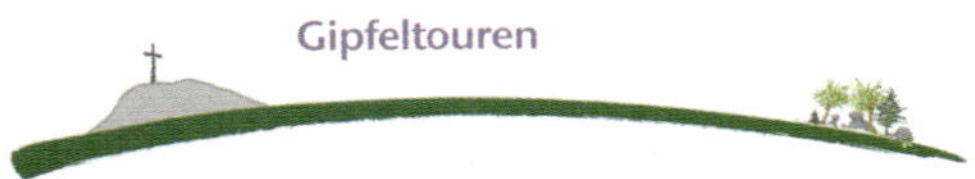

Kindergarten-kinder:	Super geeignet. Perfekt für erste Mountainbike-Erfahrungen. Spielplatz, Ziegen und Wildgatter beim Roadlhof.
Volksschulkinder:	Super geeignet. Siehe oben.
Ab 10 Jahren:	Super geeignet. Siehe oben.

Navi: 4204 Ottenschlag im Mühlkreis, Wintersdorf 17.

Anfahrt: Von A1 auf A7, dann Ausfahrt 22 nehmen und Richtung Gallneukirchen fahren, später auf Reichenauer Straße bis Wintersdorf.

Bus/Bahn: Hst. Wintersdorf Ort, Gehzeit zum Ausgangspunkt ca. 5 Minuten.

Ausgangspunkt/P: Parkplatz hinter dem Roadlhof oder bei Überfüllung gegenüber dem Feuerwehrzeughaus Wintersdorf (gekennzeichnete Wiese, zum Roadlhof ca. 10 Minuten).

Infos/Gaststätten: *Eventuell Proviant mitnehmen, da es nur zu Beginn und am Ende des Weges einen Gasthof gibt. *Roadlhof, Familie Keck, Tel. 07211 8988, www.roadlhof.at, Ruhetage: Mo–Do, Ziegen und Wildgatter, Spielplatz eventuell Sandspielsachen einpacken.

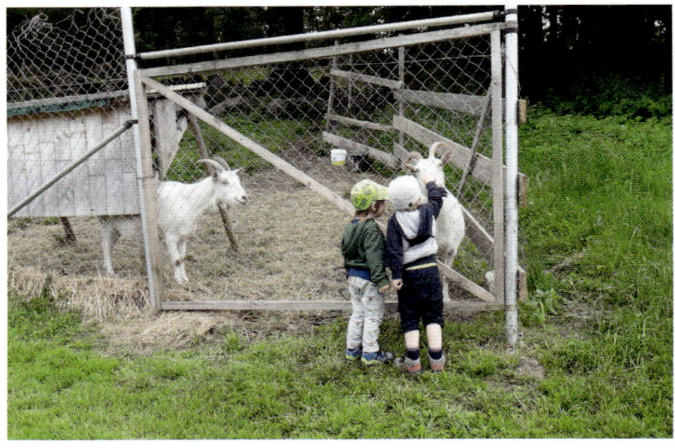

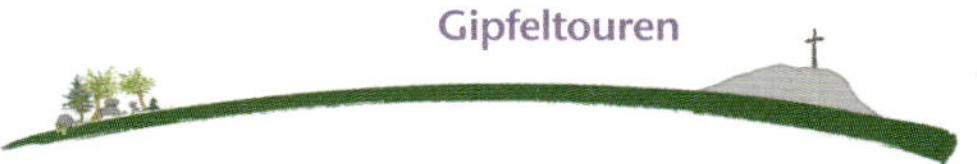

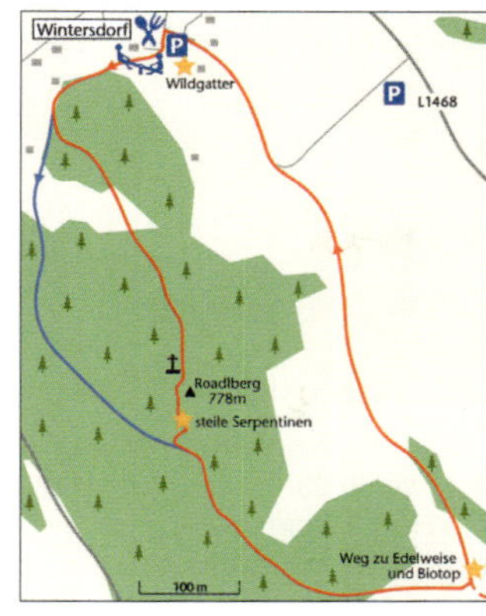

Wegbeschreibung: Vom Parkplatz gegenüber dem Feuerzeughaus geht man zuerst der Schotterstraße entlang. Diese mündet in den Wanderweg, rechts geht's in 5 Minuten zum Roadlhof. Bei der Jausenstation ist auch der Startpunkt, wenn man hinter dem Roadlhof parkt. Von hier aus ist der Weg sehr gut mit „Rund um den Roadlberg" beschildert. Kurz nach dem Roadlhof zweigt links bergauf der Weg zum Aussichtsturm ab (mäßig steil für ca. 10 Min. bergauf) Hinweis: Auf der gegenüberliegenden Seite geht es in Serpentinen steil bergab, dieser Steig mündet wieder in den Rundweg. Wer nicht zum Aussichtsturm und zum Gipfelkreuz gehen will (oder den Kinderwagen dabei hat), bleibt rechts und geht auf dem flachen Roadlhofrundweg weiter. Bei beiden Varianten kommt man dann zu einem markanten Lochstein. Rechts führt ein empfehlenswerter Abstecher (ca. ½ Stunde eine Strecke) zur „Edelwiese" mit keltischem Baumkreis und zum Biotop. Wieder zurück am Rundweg einfach den Schildern folgen.

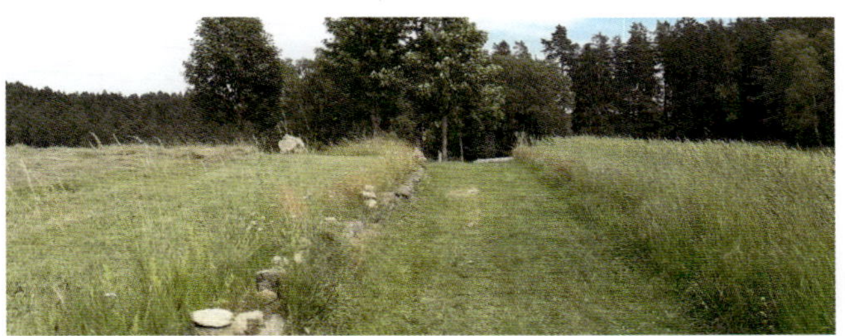

7 Hoh-Haus am Buchberg (813 m)

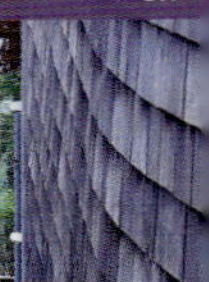

Lasberg: ein außergewöhnlicher Aussichtsturm

sk

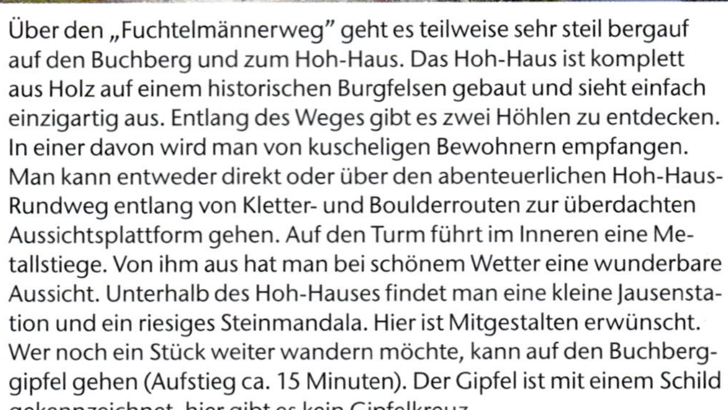

Über den „Fuchtelmännerweg" geht es teilweise sehr steil bergauf auf den Buchberg und zum Hoh-Haus. Das Hoh-Haus ist komplett aus Holz auf einem historischen Burgfelsen gebaut und sieht einfach einzigartig aus. Entlang des Weges gibt es zwei Höhlen zu entdecken. In einer davon wird man von kuscheligen Bewohnern empfangen. Man kann entweder direkt oder über den abenteuerlichen Hoh-Haus-Rundweg entlang von Kletter- und Boulderrouten zur überdachten Aussichtsplattform gehen. Auf den Turm führt im Inneren eine Metallstiege. Von ihm aus hat man bei schönem Wetter eine wunderbare Aussicht. Unterhalb des Hoh-Hauses findet man eine kleine Jausenstation und ein riesiges Steinmandala. Hier ist Mitgestalten erwünscht. Wer noch ein Stück weiter wandern möchte, kann auf den Buchberggipfel gehen (Aufstieg ca. 15 Minuten). Der Gipfel ist mit einem Schild gekennzeichnet, hier gibt es kein Gipfelkreuz.

Wetter: Anforderung: Gesamtdauer: 1 ½–2 ½ h

Anforderung:	Mittel; RW lang 260 Hm, RW kurz 180 Hm; mittlere bis sehr steile Steigung; vorwiegend Wald- und Wiesenwege.
Dauer:	RW lang: 2 ½ h; 5 km. RW kurz: 1 ½ h; 3 km.
Wetter:	Schönes Wanderwetter, auch bei heißem Wetter, Weg liegt großteils im Schatten.

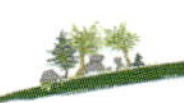
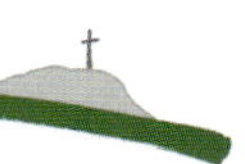

Kindergarten-kinder:	Vor allem kurze Runde sehr gut geeignet. Der Hoh-Haus- Rundweg ist sehr steil und teilweise ausgesetzt. Nicht trittsichere Kinder nicht alleine gehen lassen. Auf dem Felsen beim Hoh-Haus auf die Kinder Acht geben, da keine Sicherungen vorhanden sind, das Hoh-Haus selber ist gut abgesichert.
Volksschulkinder:	Auch lange Runde super geeignet, siehe oben.
Ab 10 Jahren:	Super geeignet.

Navi: Lange Runde: 4291 Lasberg, Feistritztal 4; kurze Runde: gegenüber Grieb 4, 4291 Lasberg.

Anfahrt: Von A1/A7 und auf S10 in Richtung Freistadt. Über Abfahrt Freistadt Süd in Richtung Lasberg. Kurze Runde: Beim Altstoffsammelzentrum vorbeifahren und dem Straßenverlauf folgen, bis rechts die Zufahrtsstraße in Richtung Museum Spiralschmiede abzweigt (beschildert). Der Straße laut Beschilderung bis nach Grieb und zum Ausgangspunkt folgen.

Bus/Bahn: Hst. Lasberg Siegelsdorf West, Gehzeit bis zum Altstoffsammelzentrum ca. 10 Minuten.

Ausgangspunkt/P: Lange Runde: Wandererparkplatz beim Altstoffsammelzentrum, kurze Runde: kleiner Parkplatz neben der Straße.

Infos/Gaststätten: *Tourismuskern Lasberg, Tel. 07947 725513, www.buchberg-hoh-haus.at. *Jausenstation Buchberg-Hütte, Tel. 0664 2308273, 0699 10094351, 0664 6377830, Ruhetage: Mo–Fr, außer Feiertage, jedoch nur bei Schönwetter oder Voranmeldung geöffnet. *Proviant mitnehmen, da es nur zu Beginn und am Ende des Weges im Ort Gaststätten gibt, www.lasberg.at. *WC bei der Buchberghütte, beim Eingang zum Aussichtsturm steht ein Selbstbedienungskühlschrank mit Getränken und Kassa.

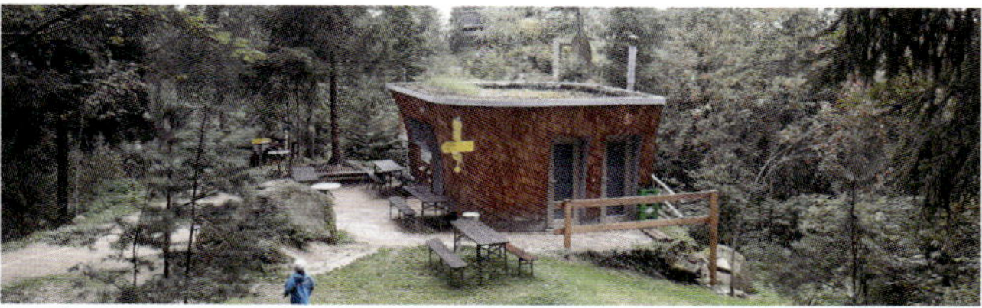

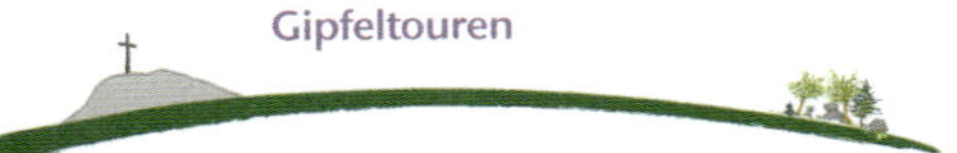

Wegbeschreibung: Lange Runde: Gegenüber dem Parkplatz findet man die ersten Wegweiser (Hoh-Haus am Buchberg über L8 und La3, La8, La10). Diesen bergauf folgen. Bei der Zufahrtsstraße angelangt, geht es ein kurzes Stück rechts bergab, bis der Wanderweg bei den Fuchtelmännern nach links bergauf führt. Kurze Runde: Vom Parkplatz geht man auf der Zufahrtsstraße rechts bergauf, beim Museum Spiralschmiede vorbei und kommt ebenfalls zu vorher beschriebener Weggabelung mit den Fuchtelmännern. Beide Wege führen nun entlang der Markierung (Wegweiser Buchberg La5/9 und La5, La8, La9) direkt zum Hoh-Haus. Für den Rückweg bei der Buchberghütte nach rechts bergab gehen (Wegweiser Schloss Weinberg, Kefermarkt 170, K31). Der Wanderweg mündet in die Zufahrtsstraße in Grieb und somit zum Ausgangspunkt der kurzen Runde. Wer die lange Runde geht, folgt dem Weg La8 bis zur Kreuzung kurz vor dem Museum Spiralschmiede. Hier nach links abbiegen und dem Weg La10 bis zum Ausgangspunkt folgen.

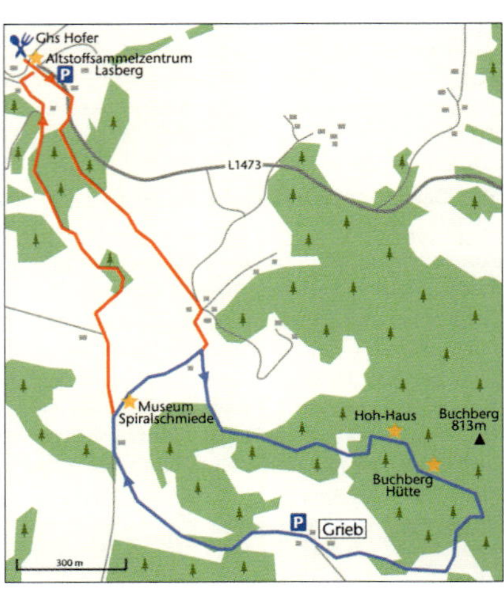

8 Pfenningberg (616 m)

Steyregg: ein kleiner Gipfelsieg

sk

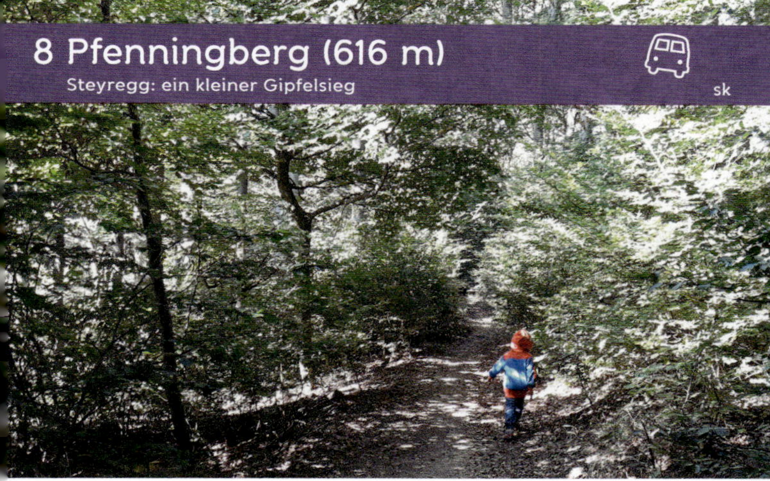

Zugegeben, der Aufstieg vom Parkplatz bis zum Wald über den Kreuzweg ist etwas fad und dauert ca. eine halbe Stunde, dafür ist der restliche Weg spannend und führt an vielen Kletterfelsen und Felsformationen und später an einer Gänseweide vorbei zum Gipfelkreuz. In der Nähe des Gipfels befindet sich ein Schalenstein. Entlang des Rückweges durch den Finstergraben fließt ein Bach, der mit seinen vielen Wasserzugängen zum Spielen und Plantschen einlädt. Vom Gipfelkreuz Pfenningberg kann man noch zum „3 Buchen Kreuz" (Gehzeit ca. 15 Min.) oder bis zum Gasthof Daxleitner (Gehzeit ca. 45 Min.) verlängern (siehe Wegbeschreibung).

Wetter: ☀ ◔ Anforderung: ● Gesamtdauer: 4 h

Anforderung:	Schwer; 370 Hm; mittlere bis sehr steile Steigung; großteils Wald- und Schotterwege.
Dauer:	RW: 4 h; 9 km.
Wetter:	Jedes Wetter, außer bei Starkregen und Sturm.

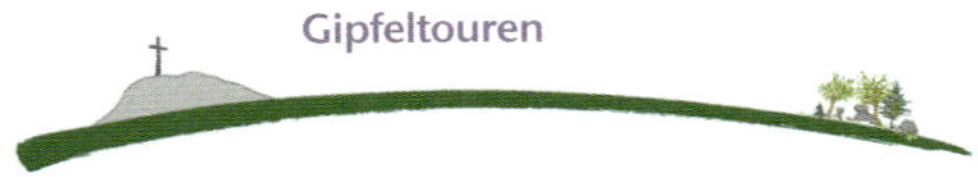

Kindergarten-kinder:	Der Weg ist wahrscheinlich noch zu lang. Für kleine Kinder Trage mitnehmen. Großer Spielplatz in Parkplatznähe, am besten Sandspielsachen und Wechselkleidung mitnehmen.
Volksschulkinder:	Für wandererfahrene Kinder gut geeignet Bei der „Kleinen Farm" können Schafe, Esel und weitere Tiere beobachtet werden.
Ab 10 Jahren:	Super geeignet.

Navi: 4221 Steyregg, Fischergasse 1–3, zwischen Tennisplätzen und Kindergarten (48.284125, 14.370705).

Anfahrt: A1/A7 über Ausfahrt 8 auf B3 nach Steyregg.

Bus/Bahn: Hst. Steyregg Linzer Straße (von der Haltestelle noch ein kurzes Stück nach rechts bis zu den Tennisplätzen).

Ausgangspunkt/P: Große Wanderinfotafel beim Parkplatz.

Infos/Gaststätten: *Proviant mitnehmen, da es nur am Anfang oder Ende des Weges eine Gaststätte gibt. *Gasthaus Daxleitner, Tel. 0732 640140, www.gasthaus-daxleitner.stadtausstellung.at, Ruhetag: Di. *Öffentliches WC beim Parkplatz.

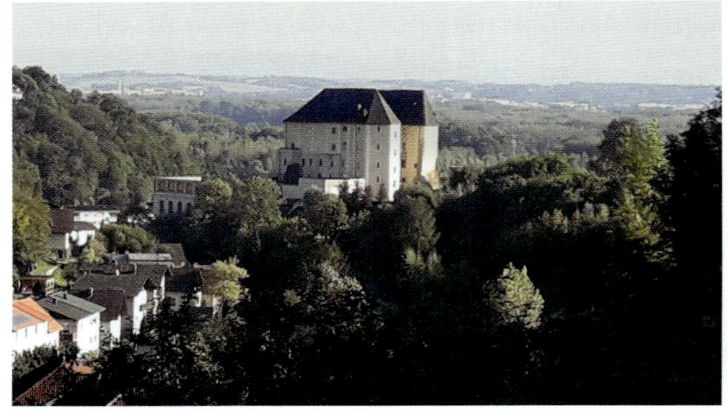

Wegbeschreibung: Der Weg ist sehr gut beschildert, einfach den Schildern mit der Aufschrift „Pfenningberg-Gipfelwanderweg" folgen. Ca. 15 Minuten vor dem steilen letzten Anstieg führt der Weg aus dem Wald hinaus auf einem asphaltierten Weg an einem Bauernhof mit einer großen Gänseweide vorbei. Er zweigt nach links wieder in den Wald ab und bei einem Holzlagerplatz geht es steil bergauf zum Gipfelkreuz. Für den Rückweg zurück bis zur Zufahrtsstraße gehen, nach links und bei der nächsten Kreuzung der Steyregger Runde (Wegweiser) in Richtung Finstergraben (Wegweiser) bergab bis Steyregg folgen. Kurz vor Steyregg kommt man bei der „Kleinen Farm" vorbei.

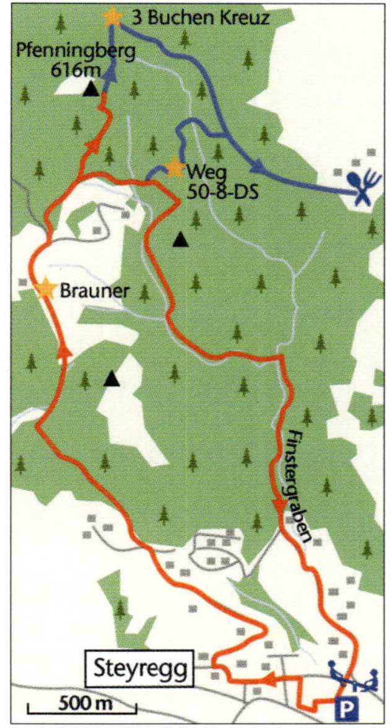

<u>Verlängerung:</u> Rechts vom Gipfelkreuz führt ein Weg zum „3 Buchen Kreuz" (ca. 350 m). Von hier aus gibt es die Möglichkeit, auf dem „3 Buchen Weg" (Wegweiser) bis zum Gasthaus Daxleitner zu wandern. Für den Rückweg vom Gasthaus ein Stück zurück wandern, bis links der Weg „50-8-DS" abzweigt. Dieser mündet in die Steyregger Runde. Der Runde nach links bergab in Richtung Finstergraben folgen.

Hinweis: Wer mit dem Kinderwagen unterwegs ist, findet in unserem Buch „Kinderwagen- und Tragetouren" eine nette Runde ab dem Gasthof Daxleitner.

9 Gipfelkreuz Königswiesen (920m)

Königswiesen: ein kinderleichter Gipfel

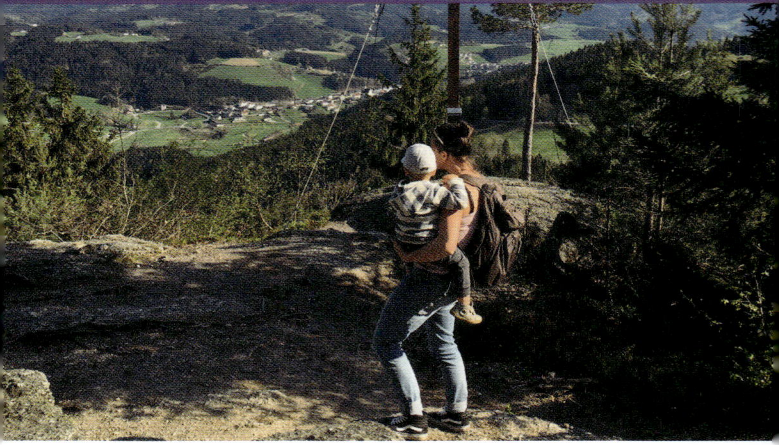

eck

Wer schon mit ganz kleinen Kindern Gipfelerlebnisse sammeln möchte, ist hier gut aufgehoben. Schon nach einem kurzen Aufstieg ist das Ziel erreicht. Der Ausblick reicht bis zum Böhmerwald auf der einen und zum Dachstein auf der anderen Seite und es gibt riesige Granitfelsen, auf denen die Kleinen herumklettern und balancieren können. Deshalb am besten viel Spielzeit für den Ausflug einplanen. Der Gipfel ist die erste oder letzte Station des Johannesweges, der sich über 84 km durch die Mühlviertler Landschaft schlängelt.

Wetter:  Anforderung:  Gesamtdauer: 1 h

Anforderung: Leicht, 40 Hm; mäßiger Anstieg; Waldweg.
Dauer: Eine Strecke: ½ h; 1 km.
Wetter: Bei jedem Wetter geeignet.

Kindergarten-kinder:	Sehr gut geeignet.
Volksschulkinder:	Sehr gut geeignet.
Ab 10 Jahren:	In diesem Alter evtl. schon zu langweilig.

Navi: 4280 Harlingsedt, Harlingsedt 9.

Anfahrt: Auf der A7 Richtung Freistadt, bei Ausfahrt 1 in Richtung Unterweitersdorf fahren, beim zweiten Kreisverkehr die zweite Ausfahrt auf die Königswiesenerstraße/ B124 nehmen. In Bad Zell links auf die Schönauerstraße abbiegen, weiter auf L576, in Unterweißenbach rechts auf die Zufahrt Hinterberg abbiegen, geradeaus auf Hartlingsedt, in der Nähe der T- Kreuzung, bevor es rechts in den Ort Hartlingsedt geht, an geeigneter Stelle, nicht behindernd parken.

Bus/Bahn: Hst. Königswiesen, Buslinie: 340/342.

Ausgangspunkt/P: T-Kreuzung bevor es rechts in den Ort Hartlingsedt geht. Hier steht auch ein Schild, auf dem der Johannesweg nach links gekennzeichnet ist.

Infos/Gaststätten: Keine Gaststätte am Weg, jedoch im Ort Königswiesen.

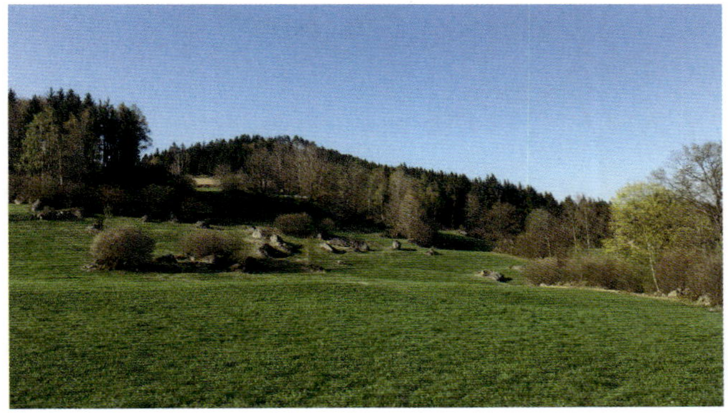

Wegbeschreibung:
Vom Ausgangspunkt den Schildern zum Johannesweg folgen, denn dieser führt direkt am Gipfelkreuz vorbei. Nach ca. 50 Metern nach rechts in den Wald abbiegen. Nun folgt ein kurzer, etwas steilerer Anstieg und schon hat man das Gipfelkreuz erreicht.

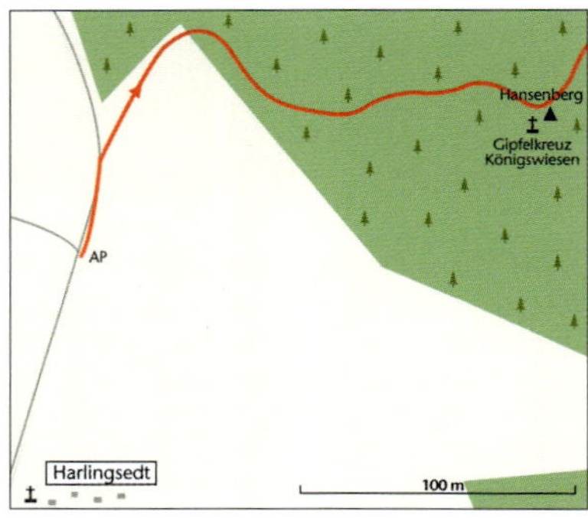

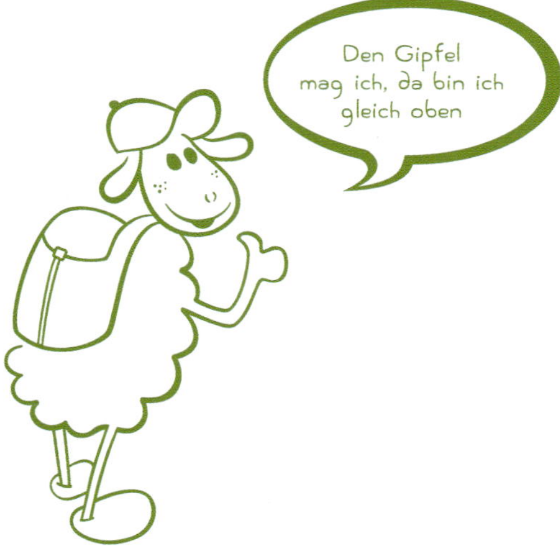

10 Kürnbergrundweg (526 m)

Leonding: auf den Spuren vergangener Zeit

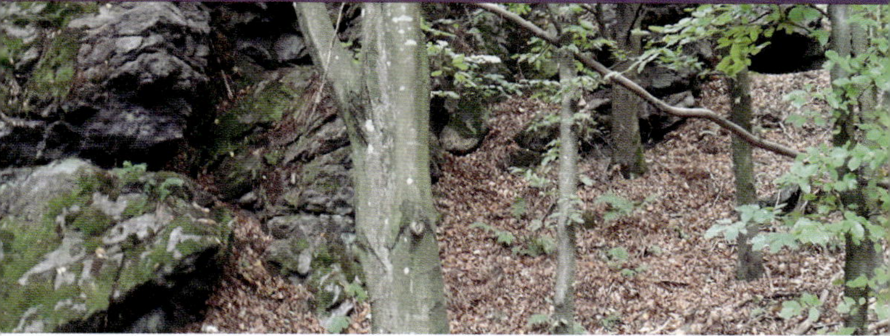

Der Kürnberg ist die höchste Erhebung von Linz-Land und schon seit der Jungsteinzeit besiedelt. Der Weg ist wie eine Zeitreise durch die Geschichte des Kürnbergs, von der Jungsteinzeit bis in die Neuzeit. Auf Infotafeln werden die archäologischen Fundorte und ihre Besonderheiten erklärt. Das Beste daran ist, dass man sehr vieles davon noch heute deutlich erkennen kann. Wie z. B. den Doppelringwall bei der Kürnbergburg. Man vermutet, dass sich hier einst eine Befestigungsanlage aus der Bronzezeit befand, die immer wieder ausgebaut wurde. Je weiter man bergauf in Richtung Gipfelkreuz kommt, umso geheimnisvoller und schöner wirkt der Kürnberger Wald, der ein super Naturspielplatz ist. Unterhalb der Kürnbergburg befindet sich der sagenumwobene Teufelstritt mit zahlreichen Kletterfelsen.

Wetter:   Anforderung:  Gesamtdauer: 3 h

Anforderung:	Mittel; 200 Hm; mittlere bis starke Steigung; vorwiegend Wald- und Schotterwege.
Dauer:	RW: 3 h; 6,5 km.
Wetter:	Jedes Wanderwetter; auch bei leichtem Nieselregen geeignet.

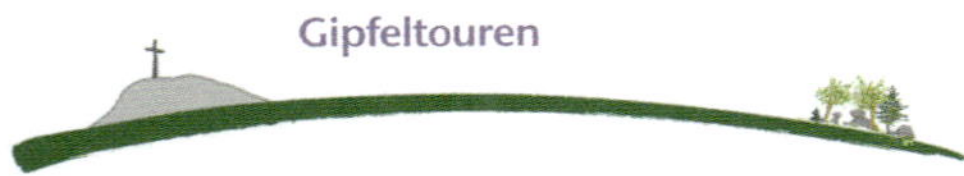

Kindergartenkinder:	Für gehfreudige Kinder super geeignet. Kleinere Kinder in der Trage mitnehmen. Spielplatz in Parkplatznähe und beim großen Pavillon (siehe Wegbeschreibung).
Volksschulkinder:	Perfekt geeignet.
Ab 10 Jahren:	Perfekt geeignet.

Navi: Parkplatz Kürnberg bei der Kreuzung Enzenwinkler Straße/Forsthausstraße (48.285352, 14.231758).

Anfahrt: A1 auf A7 und über die Ausfahrt 6 und die B139 in Richtung Leonding. Von Leonding in Richtung Rufling fahren und über die Schafferstraße und Forststraße bis zum Parkplatz.

Bus/Bahn: Keine direkte öffentliche Verbindung.

Ausgangspunkt/P: Öffentlicher Parkplatz.

Infos/Gaststätten: *Bis auf den Mostheurigen kurz nach Beginn des Weges befindet sich kein Gasthof entlang der Wanderung, daher Proviant mitnehmen. *Schneiderbauer Mostheuriger, Tel. 0664 73612553 oder 0664 73612556, www.schneiderbauer-mostbauer.at, Ruhetage: So bis Fr. *Geocache: „Die uralte Kürnbergburg".

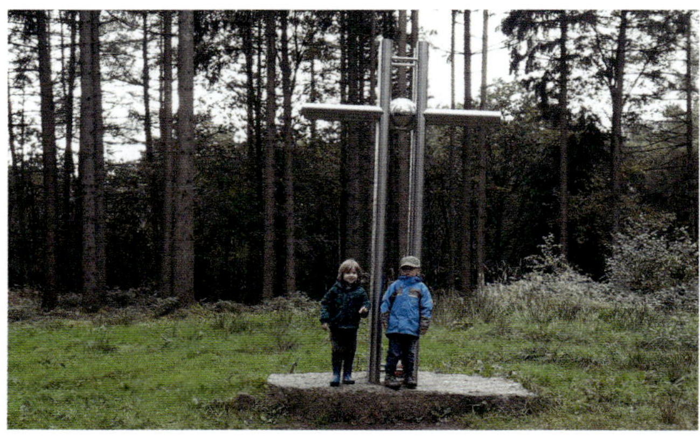

Wegbeschreibung: Leider ist der Rundweg sehr schlecht bis gar nicht gekennzeichnet, darum ist eine genauere Wegbeschreibung notwendig. Vom Parkplatz aus aufwärts in Richtung Häuser und an diesen links vorbei bis zum Spielplatz Kürnbergwald. Am Spielplatz links vorbei, bei der nächsten Kreuzung rechts und bei den folgenden beiden Abzweigungen links halten. Über einen Wiesenweg geht es zum Schneiderbauer. Gleich nach dem Mostheurigen nach rechts bergauf weiter durch den Wald auf einem schmalen Pfad (Schneiderweg). Bei der folgenden Abzweigung links vorbei bis zu einer großen Kreuzung. Hier nach rechts, dann weiter geradeaus (Raingrubweg) und bei der nächsten größeren Kreuzung links bergauf bis zum großen Holzpavillon und Spielplatz (Hauptweg). Am Pavillon links vorbei und dem Wegweiser „Gipfelkreuz" vorbei am Teufelstritt bis zur Kürnbergburg folgen (Gesundheits-Wanderweg). Gleich nach der Kürnbergburg dem steilen Weg rechts bergab retour bis zum großen Pavillon folgen (beschildert mit Gesundheits-Wanderweg). Hier nun nach links und auf dem Hauptweg bergab bis zum Spielplatz Kürnbergwald und retour zum Parkplatz.

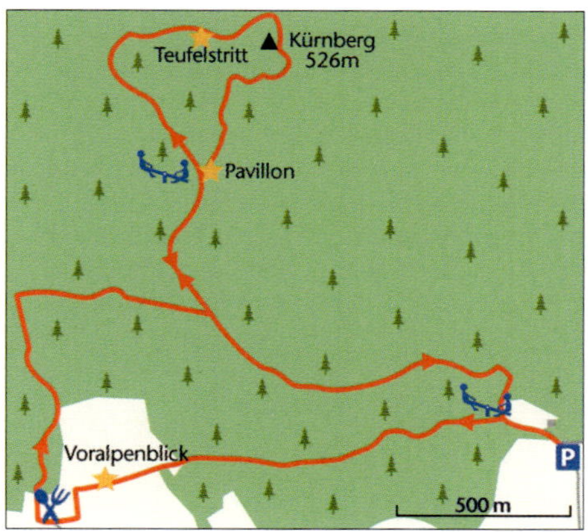

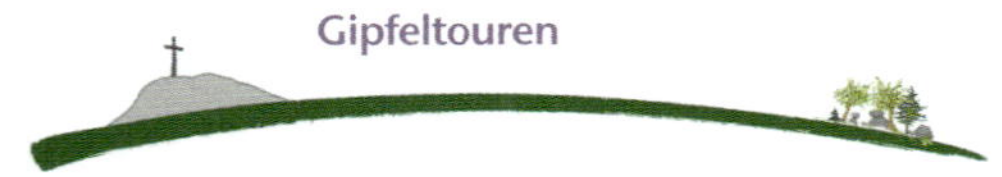

Zusatztipps

.... die es noch zu entdecken gibt.

Schwarzenberg am Böhmerwald:

Die Höhlen „Putzniglluckn" und „Blockschluf"

15 Min. – kombinierbar mit Gipfeltour Teufelsschüssel

Hinweis: Dieser Weg ist NICHT beschildert und erfordert gute Orientierungsfähigkeiten. Ausgangspunkt gleich wie bei Tour 1, Teufelsschüssel. Vom Parkplatz geht man die Zufahrtsstraße zurück, bis zwischen einer Garage und einem kleinen Haus ein Weg links bergauf führt (kurz vor der Abzweigung rechts zum Kunstatelier). Dieser Weg geht in einen Pfad über, führt an einem riesigen Ameisenhügel vorbei und durch hohe Heidelbeersträucher. Nach den Sträuchern sieht man links direkt neben dem Pfad den dreieckigen Eingang des „Blockschlufs". Wer beim „Blockschluf" vorbei noch ein kurzes Stück bergauf geht, entdeckt links oben den markanten Felsen mit den fast bogenförmigen Höhleneingängen der „Putzniglluckn".

Schwarzenberg am Böhmerwald:

Plöckenstein und Steineres Meer

5 h, 9,5 km, 400 Hm

Der Plöckenstein ist mit 1379 m die höchste Erhebung im Mühlviertel. Der Aufstieg beginnt in Oberschwarzenberg und führt über das Steinerne Meer, ein Blockmeer, zum großen Gipfelkreuz. Bei passendem Wetter hat man von hier eine wunderbare Aussicht. Vorbei bei der Teufelsschüssel (siehe kleine Gipfeltouren Teufelsschüssel) geht es zurück zum Parkplatz. Ausgangspunkt ist der Parkplatz in Oberschwarzenberg (gps: 48.756985, 13.827704), ab da ist der Weg gut beschildert. Da direkt an der Grenze zu Deutschland und Tschechien, Reisepass einpacken.

Holzschlag/Hochficht:

Gipfelge(h)nussweg

4 h, 10 km, 350 Hm

Eine ausgedehnte Gipfelrunde entlang der tschechisch/österreichischen Grenze im Hochfichtgebiet. Über das alte Zollhaus führt der Weg wieder zurück zum Parkplatz. Ausgangspunkt ist beim Gasthaus zum Überleben (gps: 48.742275, 13.898553), siehe Gipfeltour Stingelfelsen und Hochficht, die Runde ist gut beschildert.

Kirchberg ob der Donau:

Aussichtsturm am Burgstall

Der Burgstall ist die höchste Erhebung an der Donau in ihrem gesamten Verlauf und hier oben steht ein 25 m hoher Aussichtsturm aus Holz. Die erste Etage in ca. 8 m Höhe erreicht man barrierefrei über eine 90 m lange Holzrampe, die dieselbe Form hat wie die Donau von Aschach bis Schlögen. Wer den Aussichtsturm bis oben erklimmt, wird mit einer super Rundumsicht belohnt. Der Besuch des Turms lässt sich mit der Tour Wikingerpfad (Klassisches Wanderwetter) kombinieren. Ausgangspunkt ist bei der Kirche in Kirchberg ob der Donau (gps: 48.444012, 13.935085), Gehzeit ca. 15 Min, ab da ist der Weg gut beschildert.

St. Leonhard bei Freistadt:

Haiderberg und Herzogreitherfelsen

Panomarablickweg Haiderberg: hin und retour 3 ½ h, 8,5 km, 360 Hm
(Kurze Runde ab Parkplatz 5 km)
Herzogreitherfelsenweg: hin und retour 2 ½ h, 5 km, 85 Hm

Wer in und um St. Leonhard bei Freistadt wandert, dem fallen diese zwei markanten Gipfel ins Auge. Der Haiderberg mit seinem markanten Gipfelkreuz ist der höchste Berg von St. Leonhard und kann über den Panoramablickweg ab dem Gemeindeamt (lange Runde) oder

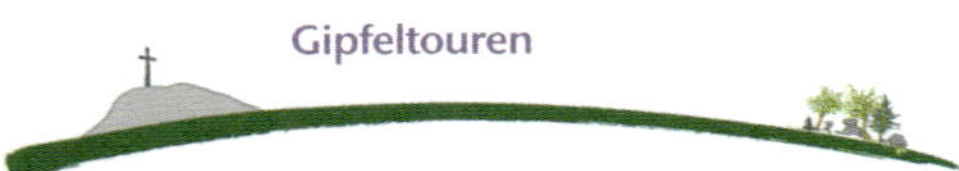

vom Parkplatz bei der Kreuzung Gutauer Bezirksstraße/Maascher Bezirksstraße (gps: 48.446655, 14.689715, kurze Runde) erwandert werden. Beide Wege sind gut ausgeschildert. Am Herzogreitherfelsen stand einst eine Holzburg. Der Gipfel ist über einen nicht ganz ungefährlichen Aufstieg mittels Handlauf und Trittbügel zu erreichen. Beide Gipfel sind ausgesetzt und nicht abgesichert. Hier auf die Kinder sehr gut Acht geben. Mehr Infos auf www.stleonhard.at.

Liebenau:

Sagenweg

5 h, 15 km, 420 Hm

Eine Rundwanderung zu sagenumwobenen Plätzen rund um Liebenau. Der Weg führt auch bei der Jankusmauer und der Fuchsnlucka am Koblbergpass vorbei. Die Jankusmauer ist eine riesige Granitburg, auf der einst eine Holzburg stand. Heute steht auf dem Gipfel ein Kreuz. Direkt beim Koblbergpass, mit 1044 m der höchstgelegene Pass in Oberösterreich, liegt die Fuchsnlucka. Ein Labyrinth aus Höhlen und Felsspalten zum Erforschen und Verstecken. Diese drei Ziele kann man auch direkt mit dem Auto anfahren. Ausgangspunkt für die Wanderung ist das Ortszentrum beim Gemeindeamt, ab da ist der Weg gut beschildert.

Waldhausen im Strudengau:

Aussichtswarte, Schafstein und Einsiedlerhöhle Waldhausen

Aussichtwarte vom Parkplatz: eine Strecke: 45 Min., 1,5 km
Schafstein und Einsiedlerhöhle vom Parkplatz: RW: 1,5 h, 2,5 km, 80 Hm

Vom Parkplatz bis zur Aussichtswarte sind es ca. 1,5 km zu wandern. Wer möchte, kann von hier aus auch den Schafstein und die Einsiedlerhöhle besuchen. Ausgangspunkt ist am Parkplatz in Handberg (gps: 48.274198, 14.970555), ab da ist der Weg gut beschildert.

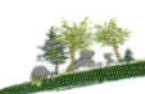

St. Georgen am Walde:

Burgstallmauer mit Teufelsschlucht, Einsiedelmauer

Burgstallweg: RW: 5 h, 12 km, 500 Hm; kurze Strecke: einfach 3,5 km

Die Burgstallmauer ist mit 949 m die höchste Erhebung im Bezirk Perg und Strudengau. Die Sage erzählt, dass in der Burgstallmauer große Schätze versteckt sein sollen. Eine Besonderheit ist die Burgstallschlucht. Das ist ein schmaler Durchgang, der zwischen zwei mächtigen Felsen durchführt. Die Burgstallmauer kann von St. Georgen aus über den Burgstallweg erwandert werden oder von der Jausenstation Gebetsberger (von hier eine Strecke 3,5 km). Ausgangspunkt Burgstallweg ist beim Pavillon in St. Georgen (gps: 48.359735, 14.898296) oder verkürzt bei der Jausenstation Gebetsberger (gps: 48.358801, 14.926630), bei beiden Ausgangspunkten zeigen Schilder den Weg an.

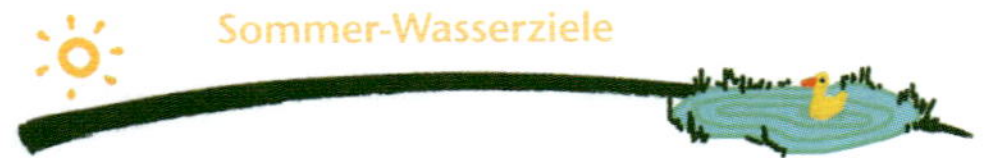

Überblick Wege am Wasser

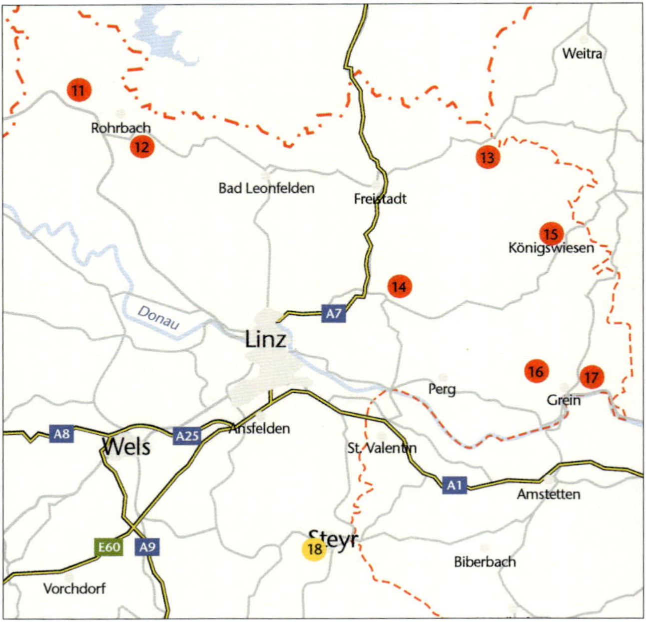

Weitra
11
Rohrbach
12
13
Bad Leonfelden
Freistadt
15
Königswiesen
14
A7
Donau
Linz
16
17
Perg
Grein
A8
Wels
A25
Ansfelden
St. Valentin
A1
Amstetten
E60
A9
Steyr
18
Biberbach
Vorchdorf

kinderwagen-geeignet — leicht bis mittel — mittel — anspruchsvoll

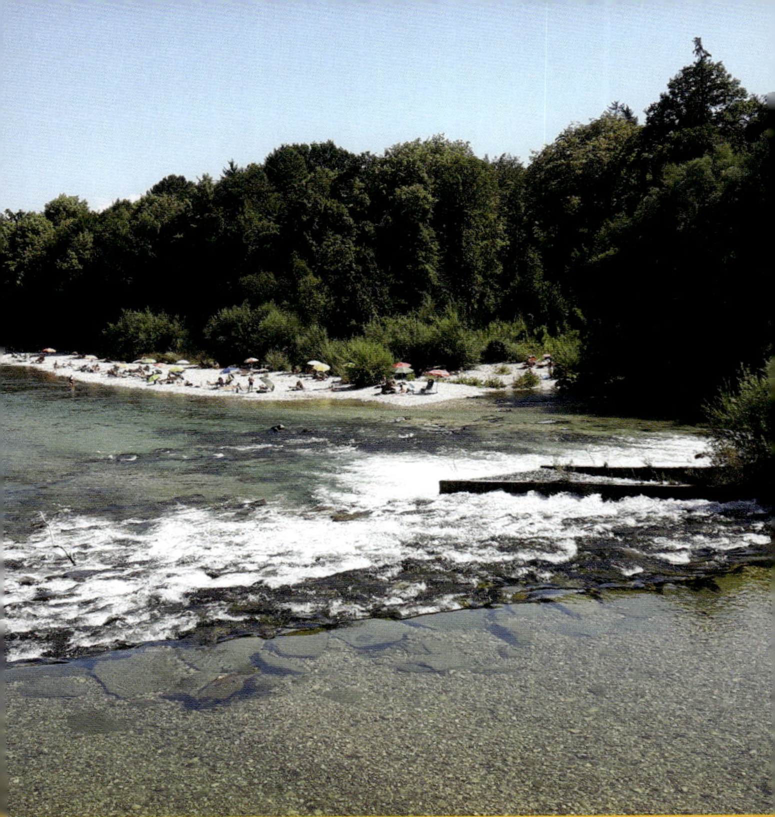

II. Sommer-Wasser-Badeziele

Mühlviertel und Zentralraum

Ein Blick hinter die Kulissen unter: **wandaverlagtoptouren**

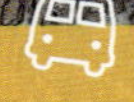

11 Sausende Schlucht

Peilstein im Mühlkreis: kleine Klamm mit Vogelgezwitscher

sk

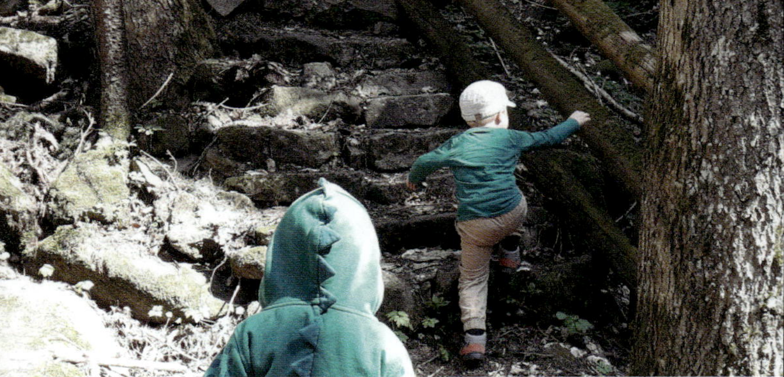

Die Sausende Schlucht ist zwar klein, aber wunderschön und zugleich abenteuerlich. Am Weg durch die Klamm sind interaktive Stationen über Vögel, die dort beobachtet werden können, aufgestellt. Man erfährt Interessantes über die jeweilige Vogelart und hört auf Knopfdruck das zugehörige Gezwitscher. Entlang des Kirchbacher Bachls gibt es immer wieder seichte Stellen, die zum Spielen, Pritscheln und Balancieren einladen. Wer die gesamte Runde geht, kommt noch am Galgenberg, einem Ort mit düsterer Geschichte, vorbei.

Wetter:   ◑ Anforderung:  Gesamtdauer: 1 ½–2 h

Anforderung: Mittel; 150 Hm; mittlere Steigung; in der Klamm felsiger Wandersteig, sonst schöne Wanderwege, das letzte Stück bergab auf Zufahrtsstraße.

Dauer: RW: 1 ½ –2 h; 4,5 km.

Wetter: Schönes Wetter, Badewetter zum Plantschen im Wasser, nicht bei zu heißem Wetter, da es außerhalb der Klamm wenig Schatten gibt.

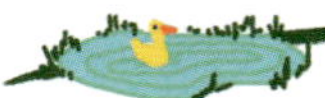

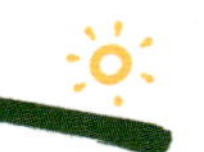

Kindergarten-kinder:	Die gesamte Runde ist eventuell zu lang, deshalb empfehlen wir in diesem Alter nur die Klamm zu besuchen. Die Kinder bitte an abschüssigen Stellen an der Hand führen und für die ganz kleinen Kinder eine Trage mitnehmen. Wechselkleidung nicht vergessen.
Volksschulkinder:	In diesem Alter ist die gesamte Runde gut geeignet, siehe Kindergartenkinder.
Ab 10 Jahren:	Super geeignet.

Navi: 4153 Peilstein, Rinnmühle 10.

Anfahrt: Von der A1 auf die A7 wechseln und über die Ausfahrt 6 zur B127 fahren. Auf dieser weiter bis zur Rinnmühle (kurz nach der Ortschaft Diendorf). Das Gasthaus Hubertushof und der Parkplatz befinden sich direkt auf der rechten Straßenseite.

Bus/Bahn: Hst. Peilstein im Mühlviertel Rinnmühle, ca. 5 min. entlang der Straße retour zum Gasthaus Hubertushof.

Ausgangspunkt/P: Hinter dem Gasthaus Hubertushof gibt es einen Wanderparkplatz. Manche fahren direkt zur Schlucht, dort befinden sich jedoch keine offiziellen Parkplätze.

Infos/Gaststätten: *Gasthaus Hubertushof, Tel. 07287 7231, www.hubertushof-peilstein.at, Ruhetage: Di, Mi, kleiner Spielplatz. *Geocache „Sausende Schlucht". *Bei den Vogelstimmenstationen den Knopf gedrückt halten, damit man das Zwitschern hört.

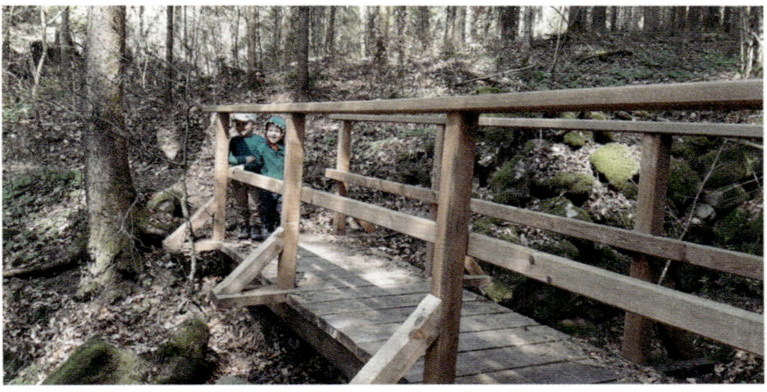

Wegbeschreibung: Der Vogelstimmenweg hat die Wegnummer 38. Der gesamte Rundweg ist sehr gut gekennzeichnet, man braucht nur den Schildern („38 Vogelstimmenweg") folgen. Vom Parkplatz bis zur Schlucht sind es ungefähr 20 Minuten Gehzeit (über asphaltierte Zufahrtsstraße bergauf, dann zweigt links ein Feldweg zum Wald ab), in weiteren ca. 5 Minuten ist man beim Bach unten, dieser begleitet die Wanderung durch die gesamte Schlucht. Fast durchgehend gibt es die Möglichkeit von Wasserzugängen und zum Spielen. Bitte je nach Alter geeignete Stellen suchen. Am Ende der Schlucht steht eine Info-Tafel und es befindet sich ein nettes Rastplatzerl. Der Rückweg ist ein bisschen langweilig über Wiesen und durch den Wald, für größere Kinder ist jedoch evtl. der Galgenberg faszinierend. Dort befindet sich ein Rastplatz mit Bänken und eine Informationstafel zur Geschichte. Mit kleineren Kindern empfehlen wir den gleichen Rück- wie Hinweg.

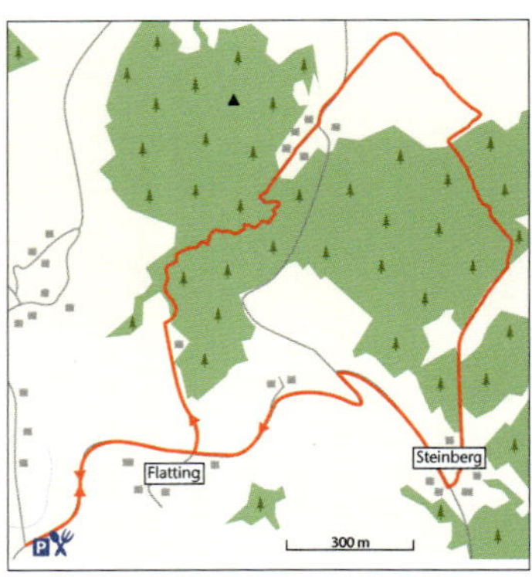

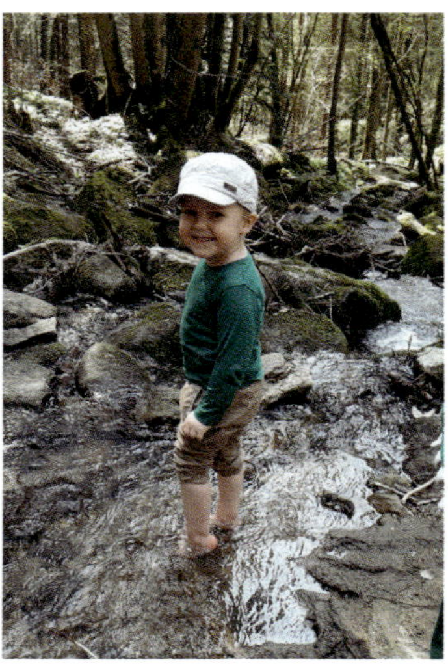

12 Naturerlebnisweg Haslach

Haslach an der Mühl: entlang der „Steinernen Mühl"

sk

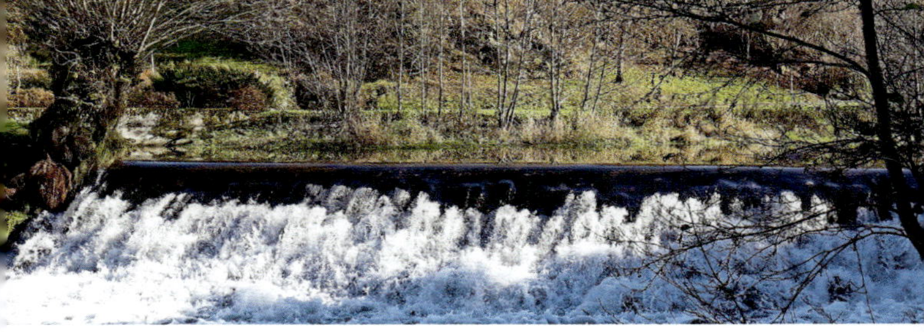

Der Naturerlebnisweg führt entlang der „Steinernen Mühl". Auf Infotafeln gibt's Interessantes über die Tier- und Pflanzenwelt im „Mühltal" und immer wieder laden Wasserzugänge zum Pritscheln und Abkühlen ein. Das ist hier fast ein Geheimtipp zum Baden, daher Picknickdecke und Badesachen nicht vergessen. Einige Stationen laden zum Aktivwerden ein, so gibt es z. B. ein Baumrindenrätsel. KraxlerInnen können sich an zahlreichen kleinen und großen Kletterfelsen austoben. Der größte davon ist der „Urznfelsen" (siehe Wegbeschreibung). Dieser diente nach Überlieferung in Kriegszeiten als Versteck und so manche kleine Höhle kann auch jetzt noch entdeckt werden, was für Kinder sehr spannend ist. Am Ende der Runde kommt man zu einem Spiel- und Badeplatz auf einer Waldlichtung. Hier gibt es auch eine Grillstelle mit Holztisch und Bänken, geradezu perfekt geeignet für's Würstl am Spieß und Stockbrot. Der Rundweg kann mit dem Rundweg „Rätselralley" kombiniert werden (siehe Zusatztipps).

Wetter: 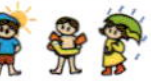  Anforderung:  Gesamtdauer: 1 ½ h

Anforderung: Leicht; leichte Steigungen; 70 % Waldweg.

Dauer: RW: 1,5 h; 4 km.

Wetter: Jedes Wetter, auch bei leichtem Nieselregen, im Sommer super Bademöglichkeiten.

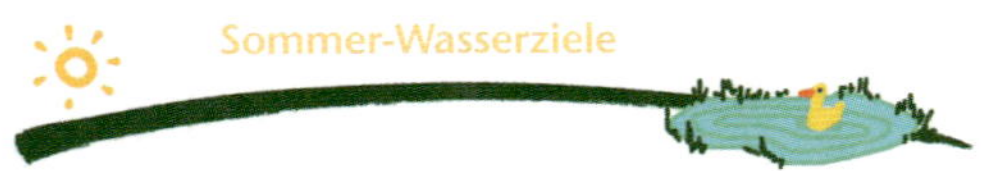

Kindergarten-kinder:	Sehr gut geeignet, für kleinere Kinder eine Trage mitnehmen. Badekleidung (ev. sogar Schwimmflügerl) und für den Spielplatz eventuell Sandspielsachen mitnehmen.
Volksschulkinder:	Sehr gut geeignet, speziell für EntdeckerInnen. Ausrüstung siehe unter Kindergartenkinder.
Ab 10 Jahren:	Sehr gut geeignet, siehe oben.

Navi: 4170 Haslach, Holstein 48, Parkplatz direkt beim Haus.

Anfahrt: Von der A1 kommend über die Ausfahrt 6 zur B127 in Richtung Rohrbach und Haslach an der Mühl. In Haslach beim Friedhof vorbei in Richtung Helfenberg fahren. Beim Autohaus Kneidinger nach rechts ins Siedlungsgebiet (Straßenschild Naturerlebnisweg) abbiegen und bei der nächsten Kreuzung links bergab zum Parkplatz fahren.

Bus/Bahn: Hst. Haslach/Mühl Holstein, ca. 5 min. Gehzeit zum Parkplatz Naturerlebniswanderweg.

Ausgangspunkt/P: Wandererparkplatz.

Infos/Gaststätten: *Marktgemeinde Haslach an der Mühl, Tel. 07289 717500, www.haslach.ooe.gv.at. *Es gibt keine Einkehrmöglichkeiten entlang des Weges, daher Proviant mitnehmen. *Eventuell bei der Gemeinde Haslach vorher nachfragen, ob der Grillplatz wegen Waldbrandgefahr gesperrt ist. *Gasthöfe im Ort. *WC bei der Brücke in der Nähe des Spielplatzes.

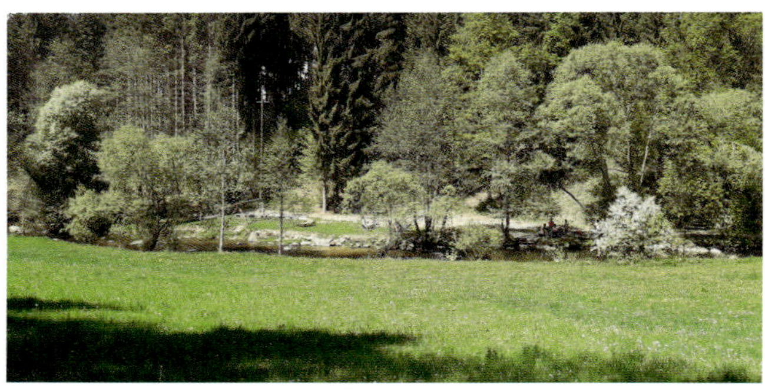

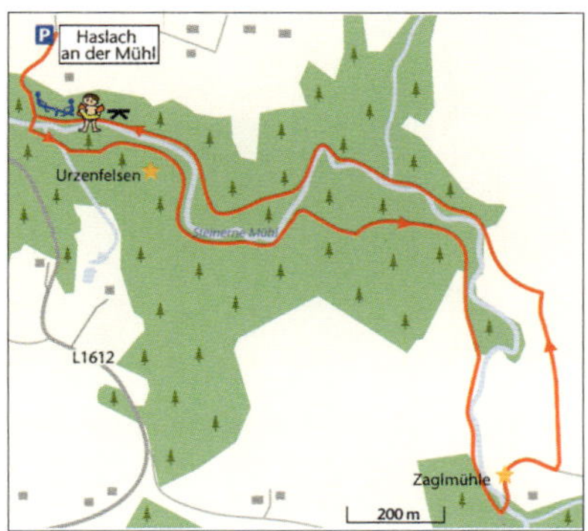

Wegbeschreibung:
Vom Parkplatz nach rechts in Richtung Wald gehen. Am Waldanfang steht eine große Übersichtstafel mit der Wegbeschreibung. Der Weg hat die Nummer 79 und ist gut gekennzeichnet (Wegweiser: „Naturerlebnisweg 79"). Nach dem kleinen Aussichtsturm geht's im Wald nach links. Noch ein paar Meter geradeaus und schon ist auf der rechten Seite der „Urznfelsen" zu sehen. Bei der Brücke angelangt führt der Weg nach links (hier ist kein Wegweiser). Nach der Brücke ist der Weg wieder gut beschildert. Badeplätze gibt es entlang der gesamten Strecke. Beim Grillplatz in Welset-Pühret ist der bekannteste, hier gibt es eine Waldlichtung mit kleiner Liegewiese und der Weg vom Parkplatz bis hierher ist kurz (ca. 5 Minuten).

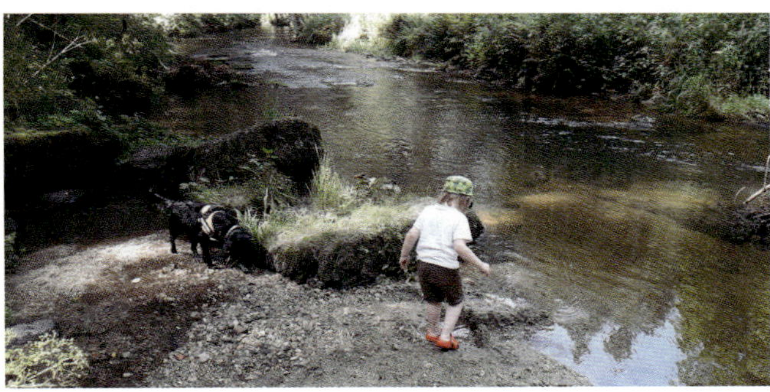

13 Tanner Moor (978 m)

Liebenau: Rundweg durchs geheimnisvolle Hochmoor

sk

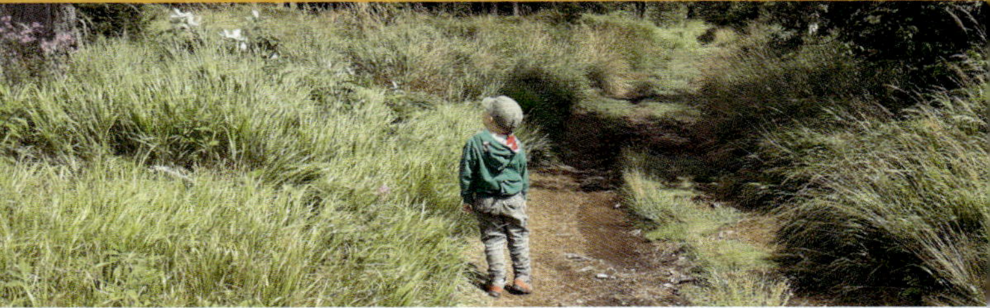

Der Rundweg beginnt beim Rubener Teich und führt über zahlreiche kleine Brücken und vorbei an Unmengen von Heidelbeersträuchern zu einem Holzaussichtsturm. Diesen kann man über eine Leiter erklimmen und hat einen wundervollen Rundumblick über das Hochmoor. Die Leiter auf den Turm ist lang und steil, darum auf die Kinder gut aufpassen. Die Lehrmüller-Mauer ist eine riesige Granitblockburg, auf der einst eine Holzburg stand. Oben gibt's eine super Aussicht. Auch hier bitte gut aufpassen, da es keine Absicherungen gibt. Entlang des gesamten Rundweges finden sich immer wieder Möglichkeiten, in kleinen, dunklen Moorbächen zu plantschen oder ein Moorfußbad zu nehmen. Die Wanderung durchs Tanner Moor lässt sich perfekt mit einem Badetag am Rubener Teich kombinieren. Eine Sage erzählt, dass es im Moor eine versunkene Stadt gibt.

Wetter:  Anforderung:  Gesamtdauer: 2 ½ h

Anforderung: Mittel; 90 Hm; leichte Steigungen, bei der Lehrmüller-Mauer teilweise sehr steil; schmale Wanderwege und Steige. Badesachen nicht vergessen.

Dauer: RW: 2 ½ h; 4,5 km.

Wetter: Schönes Wanderwetter; an heißen Badetagen bitte nicht in der Mittagshitze wandern.

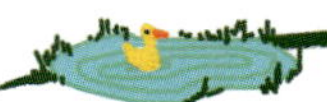

Kindergarten-kinder:	Für wanderfreudige trittsichere Kinder ab ca. 5 Jahren sehr gut geeignet, für kleinere Kinder eine Trage mitnehmen. Der Moorsee ist sehr dunkel, bitte Kinder auch mit Schwimmflügerl gut beaufsichtigen.
Volksschulkinder:	Super geeignet, siehe Kindergartenkinder.
Ab 10 Jahren:	Super geeignet, siehe Kindergartenkinder.

Navi: 4252 Liebenau, Rubener Teich.

Anfahrt: A1/A7, auf S10 in Richtung Freistadt fahren und Abfahrt nach Sandl nehmen. Über Sandl weiter nach Liebenau und ab dort den Wegweisern mit der Aufschrift „Tanner Moor" zum Rubener Teich folgen. Von Wien kommend über die S5 nach Krems an der Donau fahren und von dort über die B37/B38 bis Liebenau weiter.

Bus/Bahn: Keine öffentliche Verbindung.

Ausgangspunkt/P: Parkplatz oberhalb Moortreff.

Infos/Gaststätten: Es gibt nur zu Beginn und am Ende ein Gasthaus, daher Proviant mitnehmen. *Moortreff beim Rubener Teich, Tel. 07953 81250, www.moor-treff.at, Snack- und Getränkeautomat, falls geschlossen, WC und Umkleideraum, Schaukel. *Geocache „Tanner Moor".

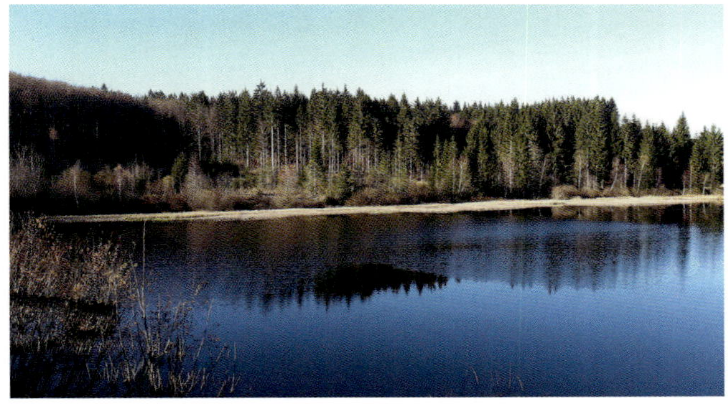

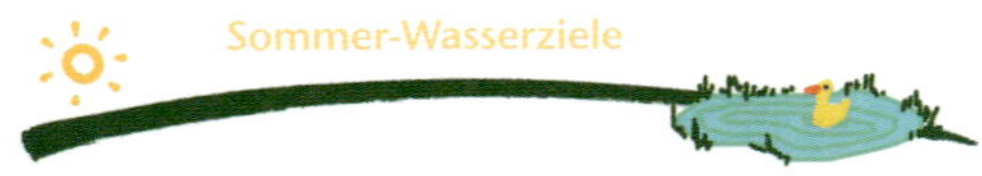

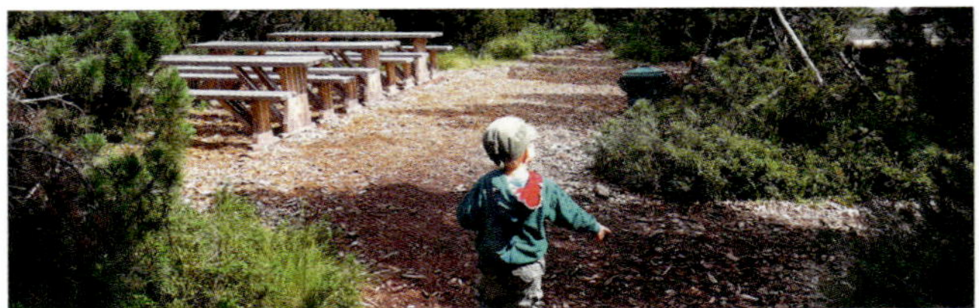

Wegbeschreibung: Vom Parkplatz zur Übersichtstafel kurz nach dem Moortreff gehen. Da der Weg sehr gut gekennzeichnet ist, kann man einfach der Beschilderung mit der Aufschrift „Moorrundweg“ folgen. Gegenüber der Infotafel befindet sich der erste Badeplatz am Teich. Der Teich ist ein dunkler, gar nicht so kleiner Moorsee. Bitte Kinder beim Baden gut beaufsichtigen. Für die Wanderung von der Infotafel über die Brücke gehen (gleich dahinter ist der zweite Badeplatz mit Badesteg) und hier beginnt der Weg durch das Moor. Nach etwas mehr als der Hälfte der Wanderung befindet sich die Lehrmüller-Mauer, ab hier schwenkt der Weg wieder zurück. Das letzte Stückerl ist ein Schotterweg. Entlang des gesamten Weges gibt es immer wieder Moorbacherl, die den See speisen.

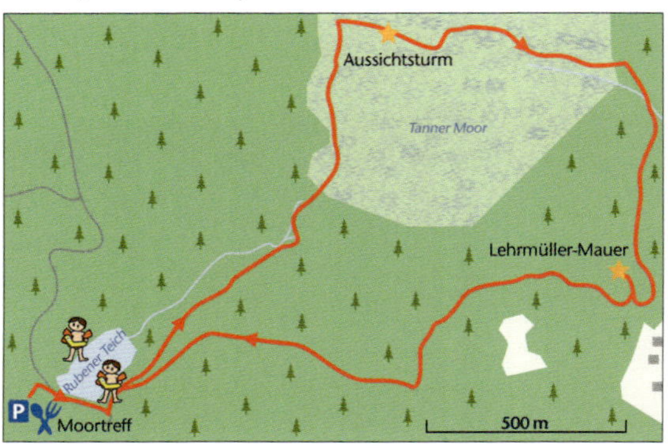

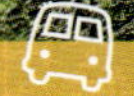

14 Bruckmühle, oberes Feldaisttal

Pregarten: perfekter Wasserspaß für heiße Tage

sk

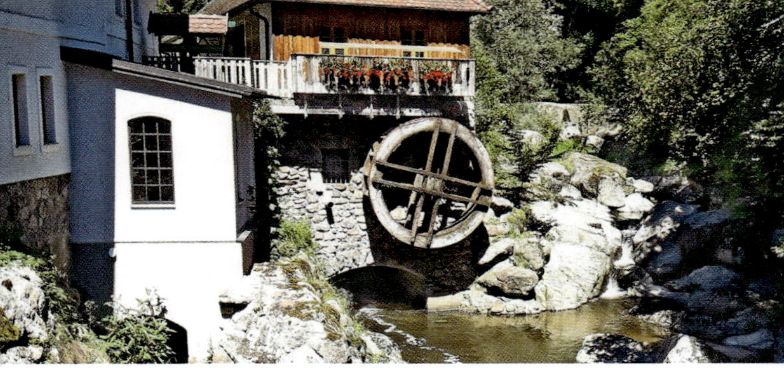

Entlang der Feldaist geht es an einem Biotop mit Schlangenkopfunterstand und einem Pechölstein vorbei zur Kumpfmühle. Diese ist ein Museum und kann besichtigt werden. Direkt beim Fluss gibt es jede Menge Wasserzugänge mit Sandbänken. Neben dem Weg und im Wasser findet man eine super Felsenlandschaft, die KraxlerInnen magisch anzieht. Außerdem gibt es zwei kleine Höhlen zu erkunden. Der Rundweg endet beim Wassererlebnispark am Ufer der Feldaist mit naturnahen Spiel- und Pritschelmöglichkeiten. Damit kleinere Kinder gefahrlos spielen können, ist das Ufer zum Fluss durch einen Zaun abgesichert. Auf der Liegewiese und im Spielbereich kann man den Tag gemütlich ausklingen lassen.

Wetter: 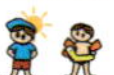  Anforderung:  Gesamtdauer: 2 h

Anforderung: Mittel; 40 Hm; leichte Steigungen; 80 % Waldwege und Wandersteige.

Dauer: RW: 2 h; 5 km.

Wetter: Schönes Badewetter, auch an heißen Tagen, da fast nur im Schatten.

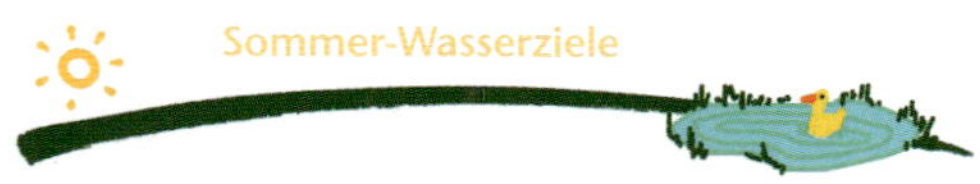

Kindergarten-kinder:	In diesem Alter empfehlen wir den Ausflug nur zum Wassererlebnispark ohne Wanderung. Bade- und eventuell Sandspielsachen einpacken.
Volksschulkinder:	Sehr gut geeignet, viele Spiel- und Turnstationen für verschiedene Altersstufen. Siehe in der allgemeinen Beschreibung.
Ab 10 Jahren:	Sehr gut geeignet, einige Spielstationen sind auch für ältere Kinder interessant.

Navi: 4230 Pregarten, Bahnhofstraße 12, Stadtplatz 12 oder gegenüber Bahnhofstraße 16 vor der Feldaistbrücke.

Anfahrt: Von der A1 kommend über A7 auf Königswiesener Straße fahren und weiter bis Pregarten Bahnhofstraße. Von Wien kann man schon in St. Valentin abfahren und gelangt über die Mauthausener Straße nach Pregarten. Der Weg zur Bruckmühle ist super beschildert.

Bus/Bahn: Linz Hbf. mit S3 nach Pregarten, Hst. Bahnhof Pregarten (Gehzeit bis zum Eingang des Wassererlebnisparks und zur Bruckmühle ca. 15 min.: vom Bahnhof nach links, auf einem schmalen Weg entlang der Bahn, dann über die Eisenbahnbrücke und gleich danach rechts zum Wassererlebnispark und zur Bruckmühle). Mit Bus Hst. Pregarten Stadtplatz (Gehzeit bis zum Eingang des Wassererlebnisparks und zur Bruckmühle ca. 10 Minuten).

Ausgangspunkt/P: Es gibt mehrere Möglichkeiten: Parkplatz bei der Bruckmühle, Parkplatz neben der Feldaistbrücke oder Stadtamtparkplatz.

Infos/Gaststätten: *Es gibt nur am Beginn bzw. Ende ein Gasthaus, daher Proviant mitnehmen. *Ghf. Bruckmühle, Tel. 07236 2570, www.bruckmuehle.at, Ruhetage: Mo und Di. *Kumpfmühle, Tel. 07236 3305, www.kumpfmühle.at, geöffnet von April bis November, Führung nur mit Voranmeldung. *Für die Kugelbahn im Wassererlebnispark gibt es einen Automaten mit großen Holzkugeln, Kosten pro Kugel € 2 Wasser für den Wasserlauf von Mai bis September; bei der Liegewiese gibt es ein WC.

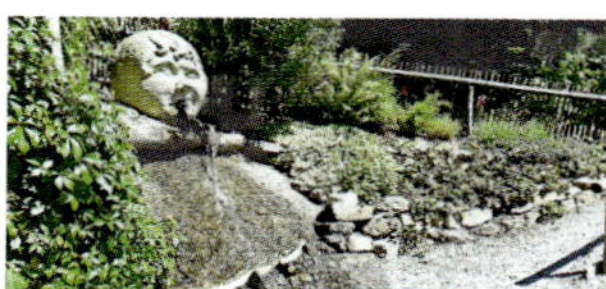

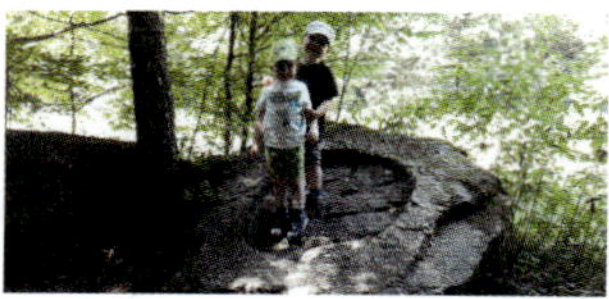

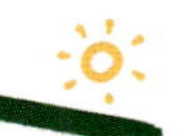

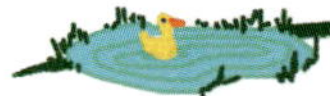

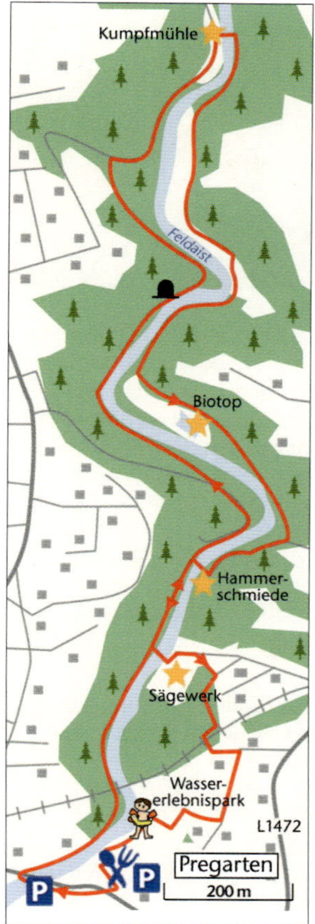

Wegbeschreibung: Vom Parkplatz Stadtplatz geht man rechts ein Stück auf der Zufahrtsstraße Marktleiten, bis links ein schmaler Weg abzweigt. Dieser führt direkt zum Wasserweg und zur Bruckmühle. Wer am Parkplatz neben der Feldaistbrücke parkt, kann gleich von hier starten. Von der Bruckmühle geht man auf der Parkplatzzufahrt zurück zur Bahnhofstraße und hier nach rechts. Vorbei an der Zufahrt zum Parkplatz Feldaistbrücke geht der Weg über die Brücke und gleich danach nach rechts leicht bergab. Ab hier folgt man dem Wegweiser P4 bis zur zweiten Holzbrücke. Diese überqueren, nach links abbiegen und dem Weg P8, 9 bis zur Kumpfmühle folgen. Dort geht's über eine Brücke wieder auf das andere Ufer, dann nach links und weiter am Weg P4. Nach Querung der nächsten Holzbrücke (1. Holzbrücke beim Hinweg) links, zwischen Wohnhaus und Sägewerk vorbei und gleich danach nach rechts dem Wiesenpfad bergauf folgen (den Abzweiger kann man leicht übersehen). Hier befindet sich wieder ein Wegweiser (P 4), der zurück zum Wassererlebnispark führt.

15 Klammleitenschlucht

Königswiesen: vorbei an mystischen Plätzen

sk

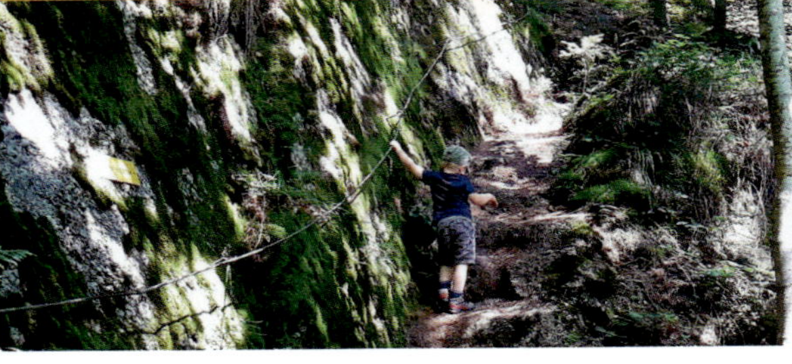

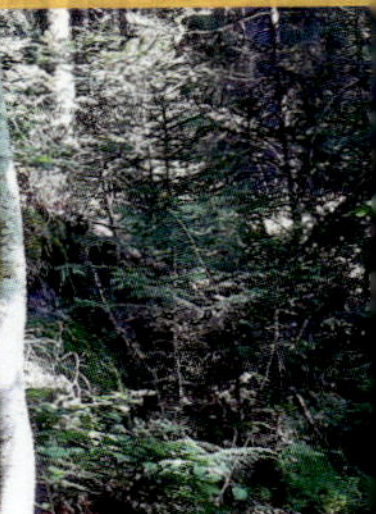

Auf einem schmalen abenteuerlichen Steig entlang des Klammleitenbachs geht's über kleine Brücken, vorbei an sagenumwobenen Plätzen und großen Felsformationen. Der Bach verläuft die erste Wegstrecke meist unterirdisch und ca. ab der Holzschwemme oberirdisch. Nach dem „Gfluder" gibt es wunderschöne Wasserzugänge mit Sandbänken. Die Felsformationen sind ein Paradies zum Klettern und die vielen Höhlen laden zum Entdecken ein. Auf den Kanzlstein führt eine Metallleiter mit Geländer. Ab der Reindlmühle kann eine Verlängerung angehängt werden (Var. 2), hier führt der Rückweg über einen Teil des Johanneswegs.

Wetter: 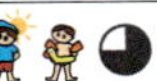 Anforderung: 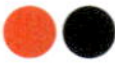 Gesamtdauer: 3–3 ½ h

Anforderung:	Var. 1: Mittel; 150 Hm; mittlere Steigung, kurze Abschnitte sind sehr steil und ausgesetzt; vorwiegend schmale Wandersteige. Var. 2, Verlängerung: Schwer; 250 Hm; mittlere bis steile Steigung; ab Reindlmühle fast nur Wald- und Wiesenwege.
Dauer:	Var. 1: Eine Strecke: 1 ½ h; 3 km. Var. 2 (Verlängerung): RW: 3 ½ h; 7,5 km.
Wetter:	Jedes schöne Wanderwetter.

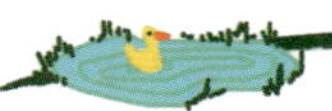

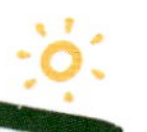

Kindergarten-kinder:	Variante 1 ist für kraxelsichere und gehfreudige Kinder ab ca. 5, ev. 4 Jahren sehr gut geeignet, für kleinere Kinder nur in der Trage. Wechselkleidung nicht vergessen, hier gibt es wieder ausreichend Möglichkeiten, ins Wasser zu fallen.
Volksschulkinder:	Mit weniger gehfreudigen Kindern empfehlen wir die Variante 1. Mit gehfreudigen Kindern ist auch Variante 2 geeignet, wobei die Klammschlucht am meisten Spaß macht.
Ab 10 Jahren:	Perfekt geeignet.

Navi: 4280 Königswiesen, kurz nach der Abzweigung B124 auf den Güterweg Klammleiten, Nähe Ebner Strom GmbH.

Anfahrt: A1/A7, Ausfahrt 1 Unterweitersdorf, weiter auf B124 nach Königswiesen und bis zum Parkplatz bei der Abzweigung des Güterwegs Klammleiten. Von Wien kommend auf A1, dann bei Ausfahrt B 100 abfahren und weiter auf B3 und B119/B119a bis Königswiesen.

Bus/Bahn: Möglich, jedoch lange Gehzeit. Hst. Königswiesen Kirche, ca. 20 Minuten über die Alte Straße und B124 bis zum Ausgangspunkt.

Ausgangspunkt/P: Ausgangspunkt ist am Parkplatz. Manche fahren noch weiter bis zur starken Rechtskurve, bevor rechts der Wanderweg abzweigt, und parken am Straßenrand. Hier sind aber keine offizellen Parkplätze.

Infos/Gaststätten: *Keine Gaststätte entlang des Wegs, deshalb Proviant mitnehmen. *Mehrere Geocaches „Klammleiten". *Wechselkleidung nicht vergessen.

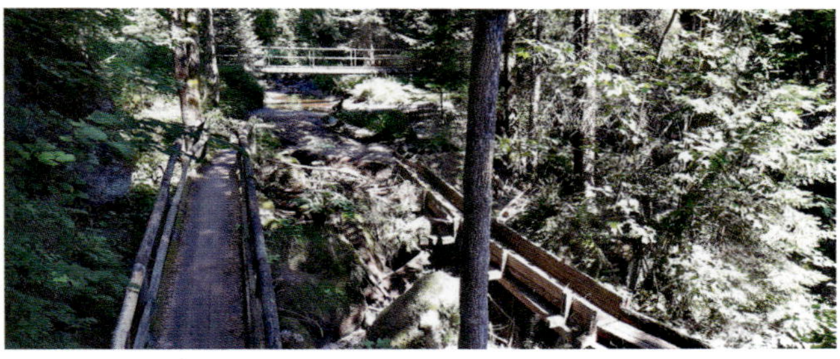

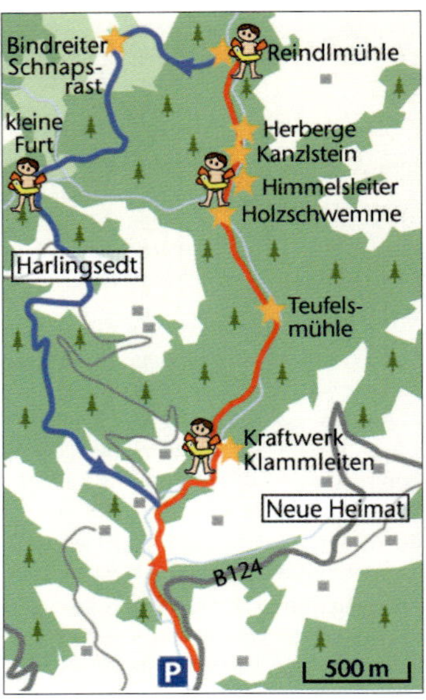

Wegbeschreibung: Vom Parkplatz aus entlang der Zufahrtsstraße beim Kraftwerk Ebner vorbei. Immer geradeaus, bis nach einer starken Rechtskurve kurz vor einer Brücke der Wanderweg in Richtung Wasserkraftwerk abzweigt. Links vom Kraftwerk neben dem Bach beginnt der eigentliche Weg. Der Beschilderung mit der Aufschrift „Klammleiten-Rundweg 07" durch die Klammschlucht bis zur Reindlmühle folgen.

Variante 1: Umkehrpunkt ist die Reindlmühle, gleicher Rück- wie Hinweg.

Variante 2: Bei der Reindlmühle links dem Haid-Hirschalm-Rundweg 8 zur Schnapsrast Bindreiter. Hier geht der Weg links weiter. Nach Überqueren eines Bachs kommt man zu einer Weggabelung. Hier wieder nach links zur kleinen Furt abbiegen (Reitwegmarkierung) und dem Wanderweg bergauf folgen. Bei der Zufahrtsstraße angelangt, geht es auf dem Johannesweg links bergab zurück zum Ausgangspunkt.

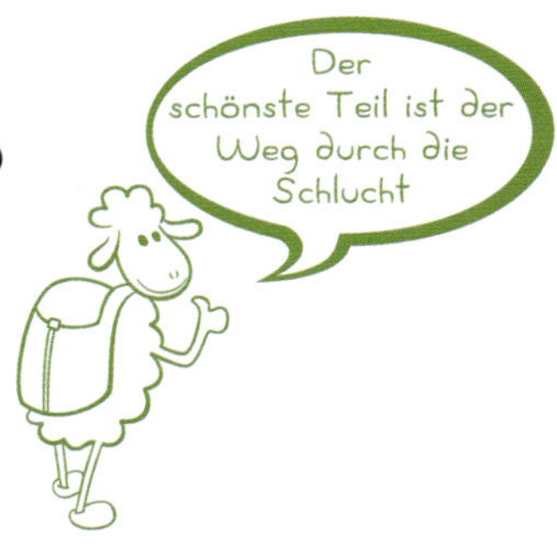

16 Wolfsschlucht

Bad Kreuzen: eine ehemalige „Heilklamm“

sk

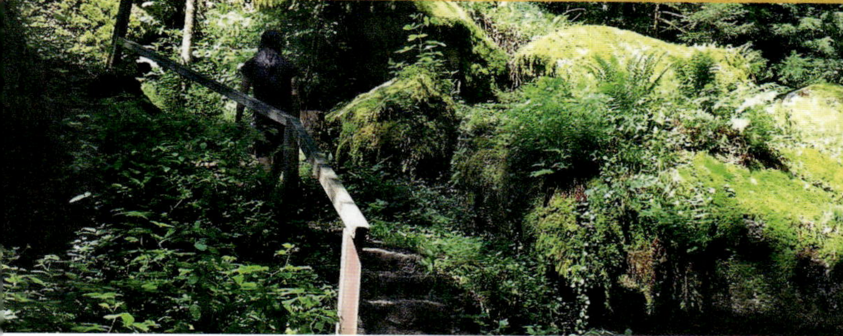

Die Wolfsschlucht war einst eine Kaltwasserkuranstalt. Die Infotafeln geben einen Einblick in frühere Zeiten und an einem der zahlreichen Wasserzugänge kann die Kuranwendung gleich ausprobiert werden. Außerdem gibt es hier unzählige Felsen, die unbedingt erklettert werden wollen. Wenn es an den vorangegangenen Tagen geregnet hat, kann man in der Schlucht einige schöne Wasserfälle sehen. Dann ist aber das Plantschen aufgrund der starken Strömung eingeschränkt. Ungefähr bei der Hälfte des Weges zweigt ein Weg zur Burg Kreuzen ab (Gehzeit ca. 15 Min.). Leider kann nur der Burgturm besichtigt werden. Dieser ist von der Burgschenke aus zugänglich und oben gibt's eine wunderschöne Aussicht.

Wetter: 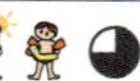 Anforderung:  Gesamtdauer: 2 h

Anforderung: Mittel; 140 Hm; mittlere Steigung, die Steiganlage in der Klamm ist sehr steil, ansonsten Waldwege, von der Speckalm bis zum Parkplatz Zufahrtsstraße (Gehzeit ca. 20 Minuten).

Dauer: RW: 2 h; 4 km.

Wetter: Schönes Wanderwetter; auch bei heißem Wetter.

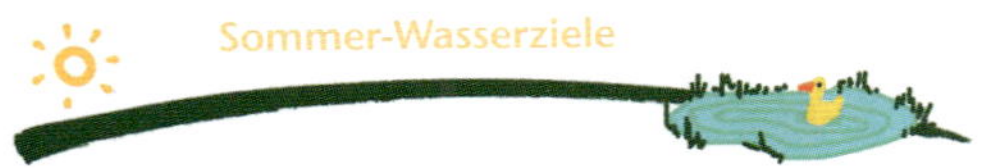

Kindergarten-kinder:	Für gehfreudige und trittsichere Kinder ab 4 Jahren sehr gut geeignet. Für kleinere Kinder Trage notwendig. Bitte Wechselkleidung nicht vergessen.
Volksschulkinder:	Perfekt geeignet.
Ab 10 Jahren:	Perfekt geeignet.

Navi: 4362 Bad Kreuzen, bei der Zufahrt zur Speckalm gleich links nach der Abzweigung von der Landesstraße.

Anfahrt: A1 über Ausfahrt 123 auf Greinerwaldstraße und rechts auf Zufahrtsstraße Speckalm. Von Wien kommend bereits Ausfahrt 100 nehmen und über B25 zur Greinerwaldstraße). Parkplatz 1 befindet sich auf der linken Seite nach der Abzweigung zur Speckalmzufahrt (großes Schild am Straßenrand).

Bus/Bahn: Keine direkte öffentliche Verbindung.

Ausgangspunkt/P: Parkplatz 1 beim Klammeingang, Parkplatz 2 ca. auf der Hälfte der Zufahrtsstraße zur Speckalm oder Parkplatz 3 bei der Speckalm.

Infos/Gaststätten: *Tourismusverein Gsund leben – Willkommen in Bad Kreuzen, Tel. 0681 20583484, www.gsundleben.at, www.wolfsschlucht.at. *Speckalm, Familie Gaßner, Tel. 07266 6261, www.speckalm.at, Ruhetage: Mo, Di, Mi, großer Spielplatz und Streichelzoo, Wanderkühlschrank außerhalb der Öffnungszeiten, vorab Tisch reservieren (auch online möglich) da an schönen Tagen sehr viel los ist. *Eintritt für Burgturm € 1,50 für Erwachsene, Kinder frei, bei Konsumation in der Burgschenke generell freier Eintritt.

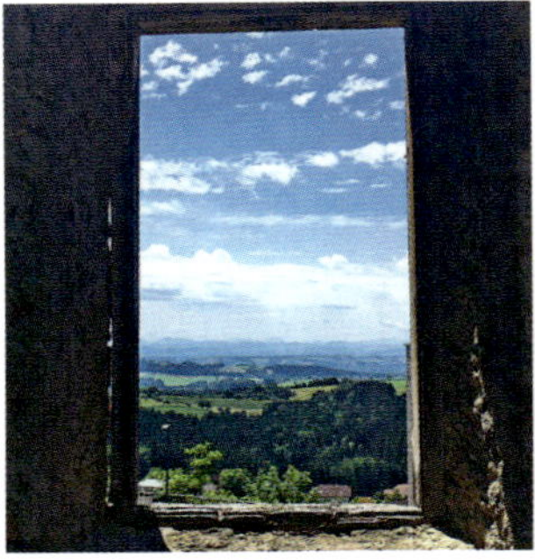

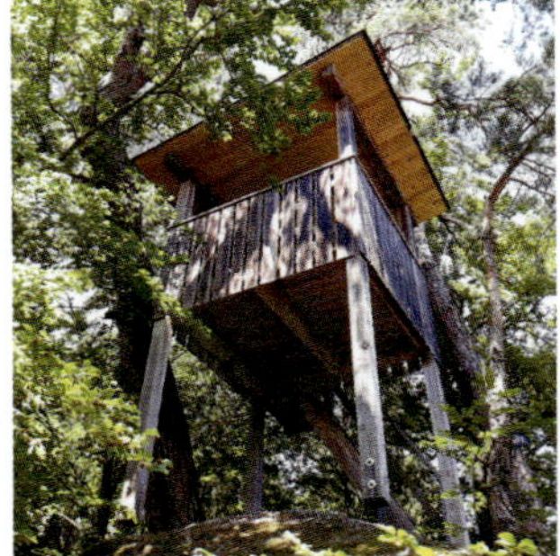

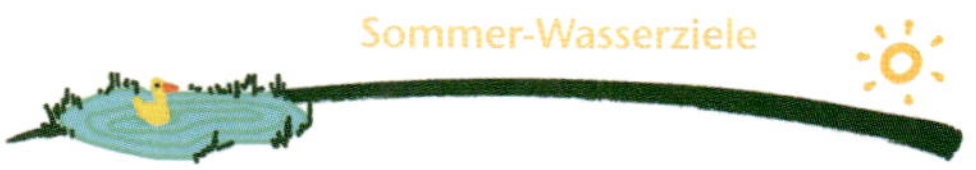

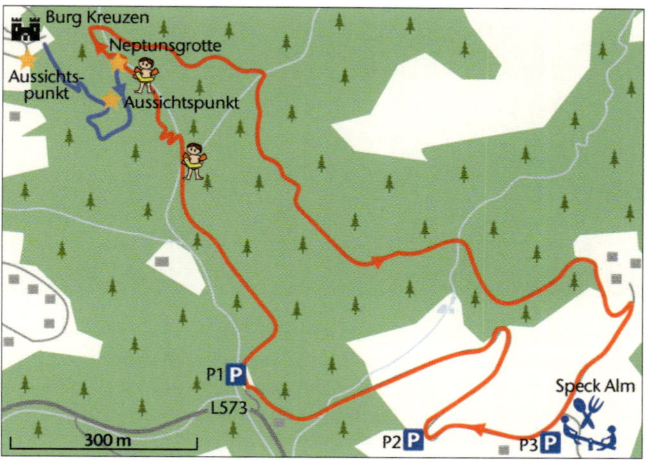

Wegbeschreibung: Von Parkplatz 3 und Parkplatz 2 die Zufahrtsstraße bergab bis zum Parkplatz 1 gehen. Von hier nach rechts ein kurzes Stück bergauf und dann nach links abzweigen. Von nun an dem gut beschilderten Weg Nr. 5a folgen. Super Wasserzugänge befinden sich im unteren Teil bei der „Greiner Dusche" und beim „Wiener Wellenbad", aber auch entlang der Schlucht gibt es immer wieder Möglichkeiten zum Wasser zu gelangen. Bei der „Neptunsgrotte" verläuft der schönere Weg nach rechts über die Brücke. Diesem Weg weiter folgen, bis man zur „Herzogsquelle" kommt. Ab hier verlässt man auch die Schlucht und es gibt keine Wasserzugänge mehr. Wer die Burg Kreuzen besuchen möchte, muss hier nach links gehen und dem Weg 5a bis zur Burg folgen. Nach dem Burgbesuch den gleichen Weg wieder zur „Herzogsquelle" zurück wandern. Ansonsten nach rechts und dem Weg „Speckalm Rundwanderung" bis zur Speckalm folgen. Von der Speckalm aus geht es links entlang der Zufahrtsstraße bergab zu den Parkplätzen 1 und 2.

17 Stillensteinklamm

Sankt Nikola an der Donau: Zu sagenumwobenen Orten

sk

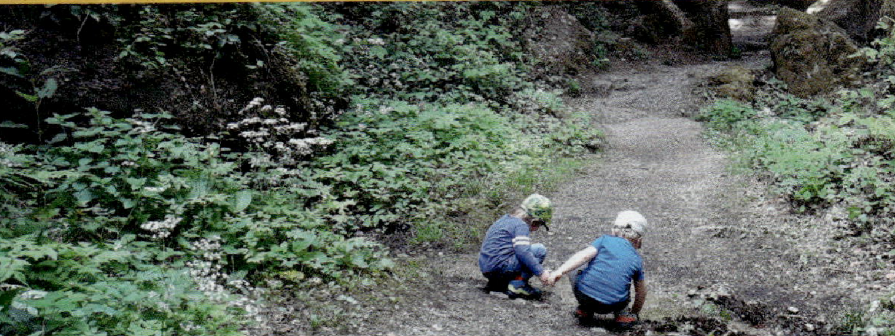

Entlang des Gießenbachs führen schmale Wege und ein Steig durch die abenteuerliche Schlucht. Die Steige sind sehr gut abgesichert und für Kinder gut begehbar. Am Weg gibt es kleinere Höhlen zu entdecken und immer wieder Wasserzugänge zum Plantschen (vor allem bei den Rastplätzen). Kinder, die gerne kraxeln und klettern, können sich hier so richtig austoben. Die Höhepunkte sind die „Steinerne Stube" beim Wasserfall und der „Stille Stein", ein ganz besonderer Rastplatz (anhand der Sage über diesen Stein wurde vor einigen Jahren das unterirdische Höhlensystem unter dem „Stillen Stein" entdeckt.) Man kann nach der Klamm noch bis zum Stausee oder zum Gasthaus Aumühle weiter wandern (siehe Wegbeschreibung).

Wetter: 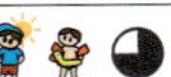 Anforderung:  Gesamtdauer: 3 h

Anforderung:	Mittel; 220 Hm, mittlere bis steile Steigungen; Wandersteige und Waldwege, der Rückweg zum Teil auf Schotterwegen (Achtung: Das letzte Drittel ist sehr steil und rutschig).
Dauer:	RW: 3 h; 7 km.
Wetter:	Schönes, auch sehr heißes Wanderwetter, da der Rundweg sehr schattig ist.

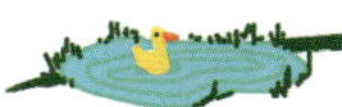

Kindergarten-kinder:	Für Kinder ab ca. 4 Jahren super geeignet. Für kleinere Kinder Trage mitnehmen. Wechselkleidung mitnehmen.
Volksschulkinder:	Perfekt geeignet.
Ab 10 Jahren:	Perfekt geeignet.

Navi: 4381 Sankt Nikola an der Donau, Struden 37.

Anfahrt: A1, Ausfahrt 123 in Richtung Struden, der Parkplatz befindet sich zwischen Struden und Grein gleich neben der Bundesstraße unterhalb der Eisenbahnbrücke. Von Wien kommend auf der A1 Ausfahrt 100 nehmen und über die B3 in Richtung Struden fahren.

Bus/Bahn: Hst. Grein Gießenbachbrücke, von hier nach links der Zufahrtsstraße unter der Eisenbahnbrücke durch bis zur Gießenbachmühle folgen (Gehzeit ca. 5 Minuten).

Ausgangspunkt/P: Parkplatz bei der Gießenbachmühle.

Infos/Gaststätten: *Jausenstation Gießenbachmühle, Tel. 0664 5792669, Saisonbetrieb von April bis Oktober, Ruhetag: Mo. *Gasthof Aumühle, Tel. 07268 8130, www.aumuehle.at.

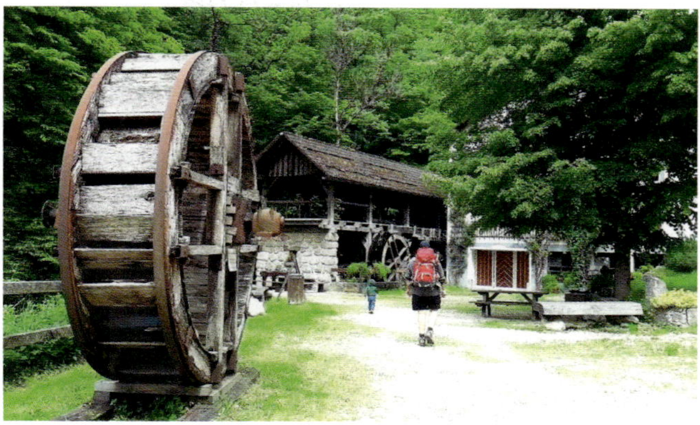

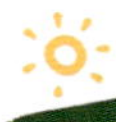

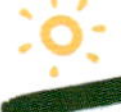

Wegbeschreibung: Vom Parkplatz in Richtung Jausenstation Gießenbachmühle gehen. Hier startet der gut beschilderte Weg Nr. 9, der durch die Klamm führt. Diesem einfach folgen. Von der Gießenbachmühle bis zum „Stillen Stein" gibt es immer wieder Wasserzugänge, wobei sich die schönsten bei den Rastplätzen befinden. Ein Stück nach dem „Stillen Stein" die kleine Brücke über den Gießenbach überqueren. Ab hier gibt es bis zur Gießenbachmühle keine Wasserzugänge mehr. Über einige Stufen führt der Weg bergauf bis zu einer Weggabelung. Nach rechts geht es noch weiter zum Stausee (ca. 15 Min.) oder bis zum Gasthaus Aumühle (ca. 45 Min.), nach links geht es entlang des Weges Nr. 9a zurück zur Gießenbachmühle und dem Parkplatz.

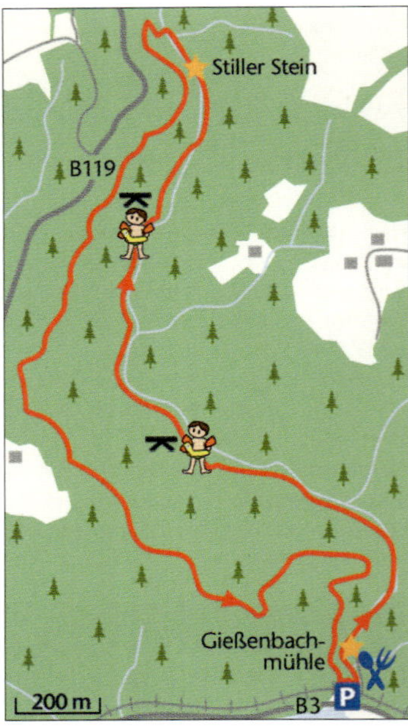

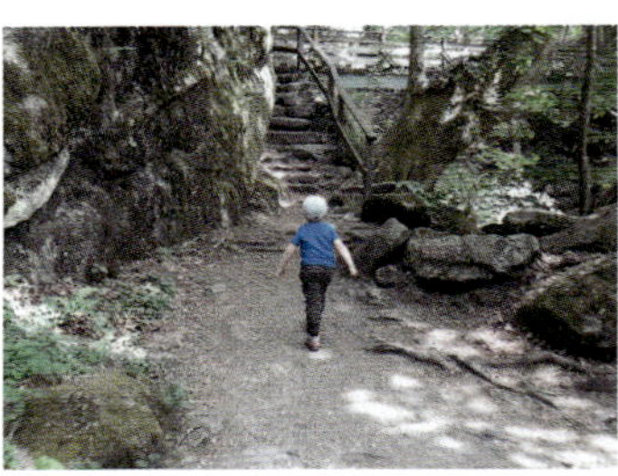

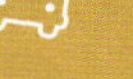

18 Unterhimmler Au

Steyr: naturbelassener Auwald

br

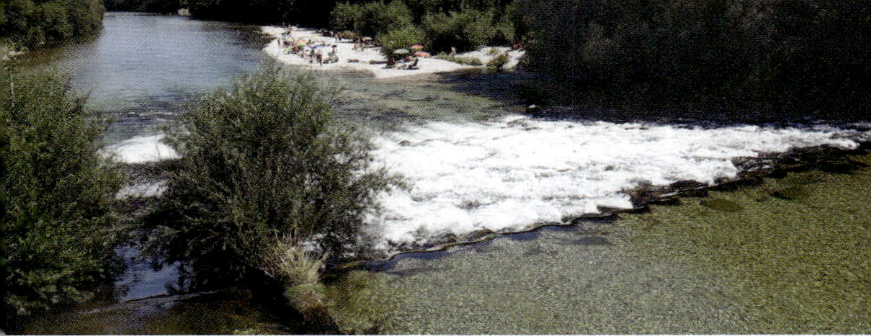

Im Naturschutzgebiet Unterhimmler Au führt die Wanderung auf großteils kinderwagentauglichen Wegen durch einen sehr naturbelassenen Auwald. Parallel dazu können die Kinder aber auch viele kleine Wegerl erkunden, verschiedene Tiere beobachten und an der Steyr spielen. Die Schotterbänke sind bei den Einheimischen sehr beliebt und laden zum Spielen und Pritscheln ein. Tipp: Picknickdecke und Jause mitnehmen für's Outdoor-Mittagessen. Unser Lieblingsstrand ist bei der Kruglwehr am Ende des Weges. Hier gibt es reichlich Platz, es geht schön flach ins Wasser und gleich daneben ist ein kleines Lokal für's Eis. Es ist aber auch FKK erlaubt. Wer das nicht mag, findet auch flussabwärts schöne Stellen.

Wetter:  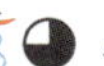 Anforderung: Gesamtdauer: 1 ½ h 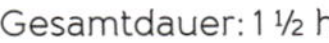

Anforderung: Leicht; eben; breite, meist kinderwagentaugliche Wald- und Schotterwege, parallel dazu viele kleine Wegerl zum Erforschen.

Dauer: RW: 1 ½ h; 3,2 km.

Wetter: Zu jeder Jahreszeit spannend. Nach starkem Regen oft gatschig.

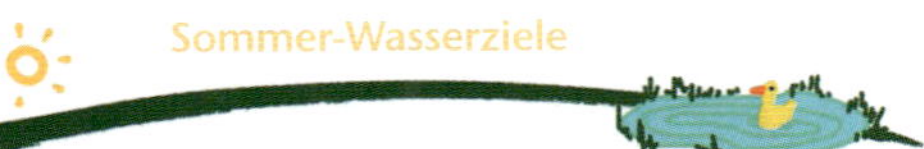

Kindergarten-kinder:	Sehr gut geeignet. Enten, Schwäne und andere Tiere zu beobachten. Im Sommer fährt am Wochenende die Steyrtalbahn durch die Au.
Volksschulkinder:	Sehr gut geeignet.
Ab 10 Jahren:	In diesem Alter evtl. schon zu langweilig.

Navi: 4400 Steyr, Nähe Drahtzieherstraße 1 (gps: 48.041704, 14.394794).

Anfahrt: Ab Steyr auf der B122 Richtung Sattledt fahren. Bei einer ampelgeregelten Kreuzung links Richtung Zentrum bzw. Steyrtal Museumsbahn abbiegen und den Berg hinunterfahren. Nach der kleinen Brücke am unteren Ende des Bergs rechts in die Wehrgrabengasse fahren. Immer weiter geradeaus bis zur „St. Anna-Brücke" und danach gleich links in die Fabrikstraße abbiegen. Es geht nun immer rechts der Steyr entlang bis zur „Schwarzen Brücke" (breite Holzbohlenbrücke). Diese überqueren und danach links auf dem großen Parkplatz parken.

Bus/Bahn: Stadtbus Linie 2b, Hst. Arbeiterheim (10 min Wegverlängerung).

Ausgangspunkt/P: Parkplatz Unterhimmler Au (bei der „Schwarzen Brücke").

Infos/Gaststätten: *STRAND[bar], Imbisslokal mit nettem Gastgarten, Tel. 0699 18051306, Apr. bis Sept. bei Schönwetter tägl. ab 10 h geöffnet, www.strandbar.business.site. *Steyrtal-Museumsbahn, Dampflok-Fahrten entlang der Steyr bis Grünburg, Fahrplan unter: www.oegeg.at/schmalspur-steyrtalbahn, Durchfahrt in Unterhimmel ca. 5–10 min nach Abfahrt von Steyr Lokalbahnhof. *TVB Steyr & Nationalpark Kalkalpen Region: Tel. 07252 53229-40, www.nationalparkregion.com.

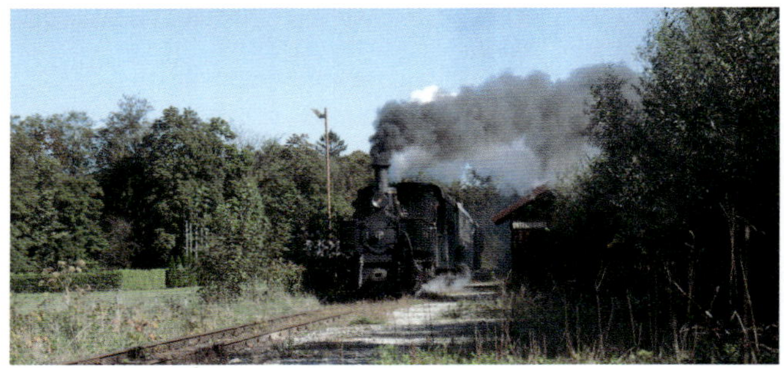

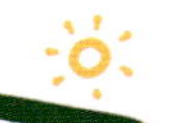

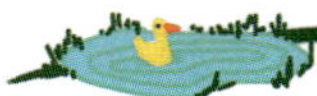

Wegbeschreibung: Vom Parkplatz zurück zur Brücke und links auf den breiten Schotterweg gehen. Nach etwa 100 m rechts über eine Brücke auf die Insel und dort links weitergehen, bis am Ende der Insel wieder eine Brücke links zurück ans andere Ufer führt. Nach dieser Brücke geht es rechts weiter. Beim „Naturschutzgebiet"-Schild führt der Weg wieder rechts in den Wald (alternativ kann man auch links am Waldrand entlanggehen). Hier kommt man bald darauf rechts zu guten Zugängen zur großen Schotterbank bei der Kruglwehr. Zum kleinen Lokal geht es geradeaus weiter, links über eine kleine Brücke und dann auf den Asphaltstraßen rechts. Für den Rückweg zurück durch den Wald gehen. Statt wieder über die Brücke zurück auf die Insel, kann man auch geradeaus weitergehen und bei der ersten Gelegenheit links abbiegen. Auch hier sind wieder schöne Schotterbänke.

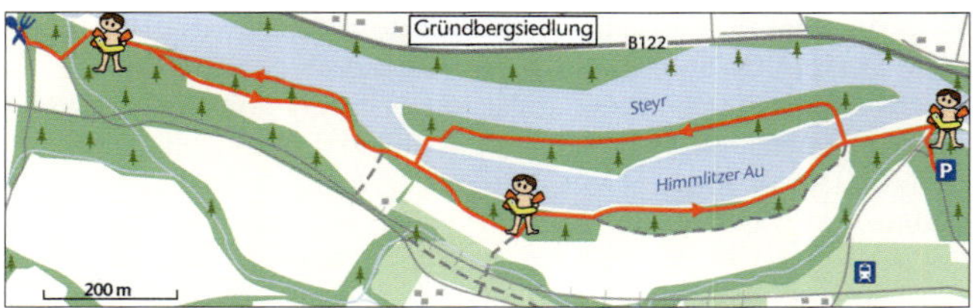

Anschließend entweder auf dem breiten Weg rechts am Waldrand entlanggehen oder links auf dem schmalen Wegerl die Wildnis erforschen. Am Ende führen alle Wege wieder zusammen und geradeaus zurück zum Parkplatz.

Die Steyrtalbahn beobachtet man am besten, indem man vom Parkplatz aus ca. 100 m auf der Asphaltstraße bis zur Haltestelle „Unterhimmel" geht. Aber auch unterwegs sieht man gelegentlich zum Bahndamm.

Zusatztipps

.... die es noch zu entdecken gibt.

Haslach an der Mühl:

Rätselrally

2 h, 4 km, 30 Hm

Die Rätselrally ist ein Teil des Haslacher Rundumweges und verläuft zur Hälfte entlang der Steinernen und Großen Mühl. Um die Rätsel zu knacken, benötigt man ein Handy mit der App „Actionbound". Die Rätselrally umfasst drei Themengebiete in drei Schwierigkeitsstufen, aus welchen eines ausgewählt und mittels QR-Code aktiviert wird. Die Fragen werden nach einiger Zeit wieder geändert. Ausgangspunkt ist bei Station 1 beim Textilen Zentrum Haslach (gps: 48.575642, 14.037565), ab da ist der Weg gut beschildert. Diese Wanderung lässt sich super mit der Tour Naturerlebnisweg oder mit einem Badenachmittag in Haslach kombinieren.

Saxen:

Klamschlucht

1 h, 2 km, 80 Hm

Entlang des Klambaches geht es vorbei am Drachenloch, dem Rabenstein und der steinernen Tür zur Burg Clam hinauf. Ein kurzes Stück nach dem Klameingang zweigt rechts ein Weg zur Aussichtsplattform ab. Die Klamschlucht ist zwar nicht die Längste, aber sehr schön mit vielen Wasserzugängen. Ausgangspunkt ist in Au/Saxen, der Weg ist beschildert.

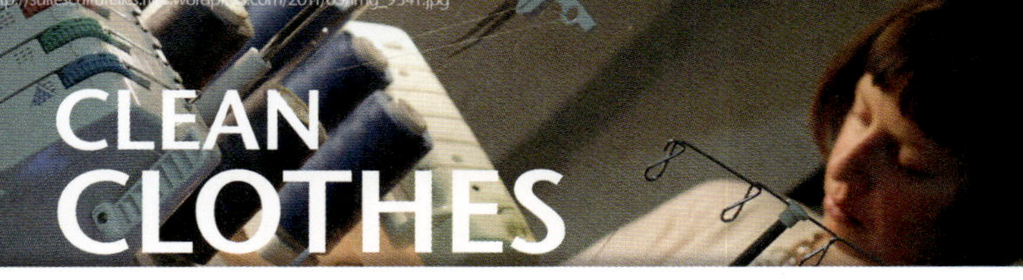

KAMPAGNE FÜR „SAUBERE“ KLEIDUNG WELTWEIT

Der Großteil unserer Kleidung wird in Lateinamerika, Asien und Afrika hergestellt. Die normale Arbeitszeit beträgt zwischen 14 und 17 Stunden täglich, sieben Tage die Woche! Die sklavenähnlichen Bedingungen der ArbeiterInnen erinnern an die Bedingungen in Europa im 19. Jahrhundert. Nur, dass diesmal Reich & Arm nicht mehr im selben Land, sondern 10.000 Kilometer entfernt voneinander leben. In den Fabriken hängen oft Markenhemden und Billighemden nebeneinander. Ein teures Markenhemd sagt keinesfalls aus, dass die Arbeitsbedingungen bei der Hestellung besser waren.

Die Clean Clothes-Kampagne, die von hunderten Organisationen und Arbeiter-Innenvereinigungen rund um die Welt getragen wird, setzt sich für die Rechte der ArbeiterInnen und eine Verbesserung der Arbeitsbedingungen in der internationalen Bekleidungs- und Sportartikelindustrie ein.

Wer bekommt die 100,– Euro für meine Sportschuhe?

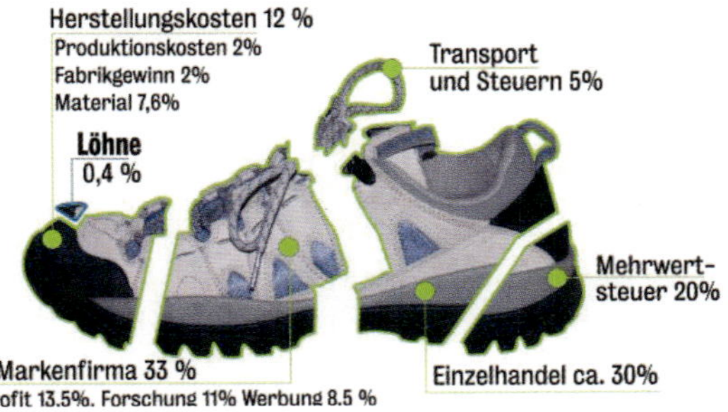

SCHREIBEN SIE UNS ODER RUFEN SIE UNS AN!

Abonnieren Sie kostenlos den Rundbrief der Clean Clothes-Kampagne und informieren Sie sich über Herstellungsweisen – z.B. was hinter Markenartikel-Herstellern steckt:

CH: www.cleanclothes.ch D: www.sauberekleidung.de Ö: www.cleanclothes.at

Überblick klassisches Wanderwetter

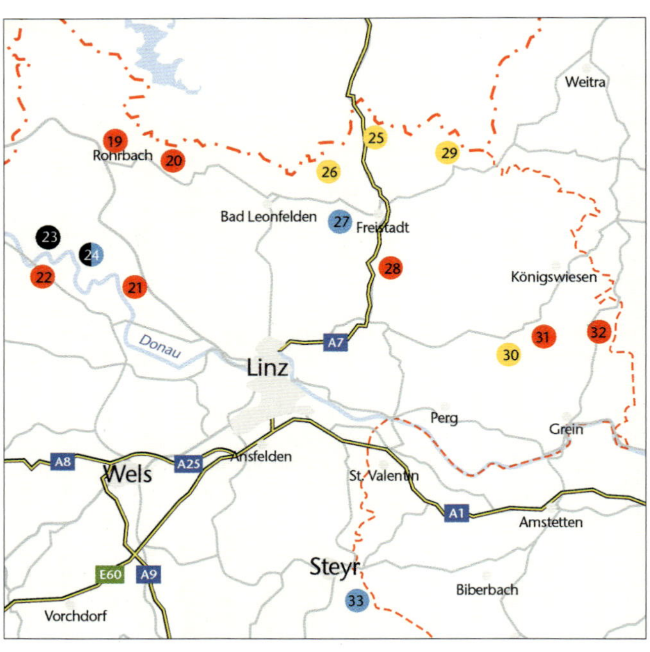

kinderwagen-geeignet · leicht bis mittel · mittel · anspruchsvoll

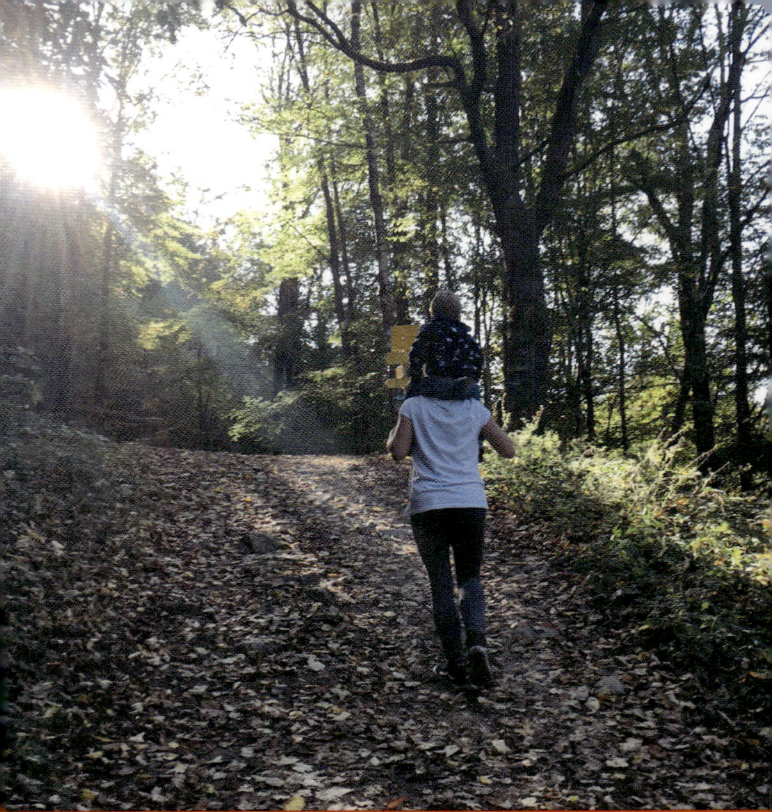

III. Klassisches Wanderwetter

Mühlviertel und Zentralraum

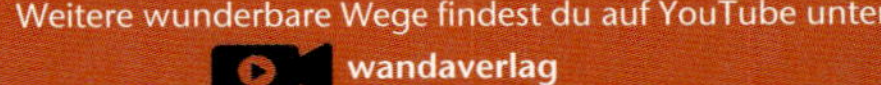

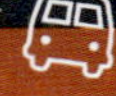

19 Weg Sinnenreich

Rohrbach-Berg: ein Weg für alle Sinne

sk

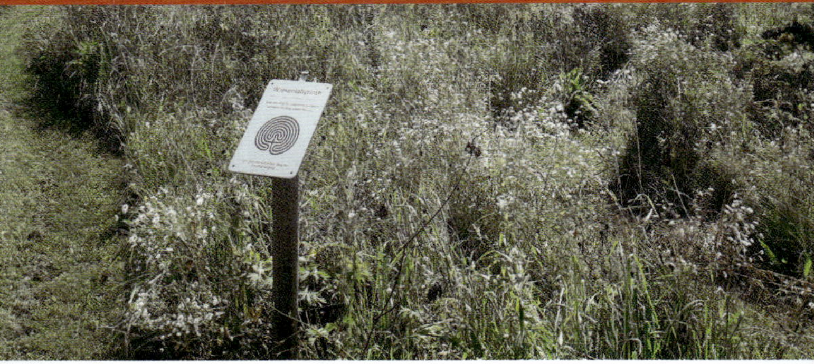

Bei diesem Weg dreht sich alles um die Sinne. Die Info-, Aktiv- und Spielstationen sind liebevoll und interessant gestaltet. Hier lernt man nicht nur die Sinne näher kennen, sondern erfährt auch, wozu man sie braucht, warum sie wichtig sind und wie sie uns täuschen können. Es gibt z.B. ein Wiesenlabyrinth, einen Barfußweg, eine Hörstation, eine Station für Sinnestäuschungen u.v.m. Ein Stück des Weges folgt einem seichten Bach mit genügend Wasserzugängen zum Spielen. Ein super Rastplatz mit Feuerstelle lädt zum Rasten mit Würstel am Spieß ein. Auf der Homepage (siehe Infos) gibt es ein Bilderrätsel zum Download. Wer es löst, bekommt im Museum „Villa Sinnenreich" eine Urkunde.

Wetter:   ◑ Anforderung:  Gesamtdauer: 2 ½ h

Anforderung:	Mittel; 180 Hm; leichte bis mittlere Steigung; asphaltierte Zufahrtsstraßen, Wald- und Wiesenwege.
Dauer:	RW: 2 ½ h; 5,5 km.
Wetter:	Schönes, nicht zu heißes Wanderwetter.

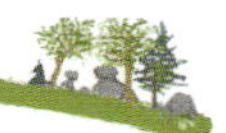

Kindergarten-kinder:	In diesem Alter ist der Weg noch zu lang. Kleinere Kinder in der Trage mitnehmen. Wechselkleidung einpacken. Öffentlicher Spielplatz im Park bei der Villa Sinnenreich, ev. Sandspielsachen einpacken.
Volksschulkinder:	Perfekt geeignet, die Stationen sind extrem nett gestaltet. Auch für den Schulunterricht eine interessante Ergänzung, so gibt es z.B. eine archimedische Schraube oder eine Summstation.
Ab 10 Jahren:	Perfekt geeignet.

Navi: 4150 Rohrbach, Bahnhofstraße 19, Villa Sinnenreich.

Anfahrt: A1/A7 über Ausfahrt 6 auf B127 bis nach Rohrbach. Der Parkplatz befindet sich direkt bei der Villa Sinnenreich.

Bus/Bahn: Bus: Hst. Rohrbach-Berg Stadtplatz. Ca. 15 min Gehzeit zur Villa Sinnenreich. Von der Haltestelle am Stadtplatz nach rechts immer geradeaus auf der Bahnhofstraße, gegenüber dem Friedhof befindet sich die Villa Sinnenreich. Bahn: Hst. Rohrbach-Berg Bahnhof. Vom Bahnhof aus nach links in Richtung Rohrbach Zentrum entlang der Bahnhofstraße bis zur Villa Sinnenreich gehen (Gehzeit ca. 15 min).

Ausgangspunkt/P: Park und Spielplatz bei der Villa Sinnenreich.

Infos/Gaststätten: *Villa Sinnenreich, Tel. 07289 2245820, www.villa-sinnenreich.at, hier bekommt man auch Infos zu Eintrittspreisen und Öffnungszeiten des Museums. *Die Wanderkarte inkl. Gewinnspiel gibt es auf der Homepage zum Download. *Keine Gasthöfe entlang des Rundweges, daher genug Proviant einpacken. *Wer die Feuerstelle benutzen will, vorher nachfragen, ob sie nicht wegen Waldbrandgefahr gesperrt ist.

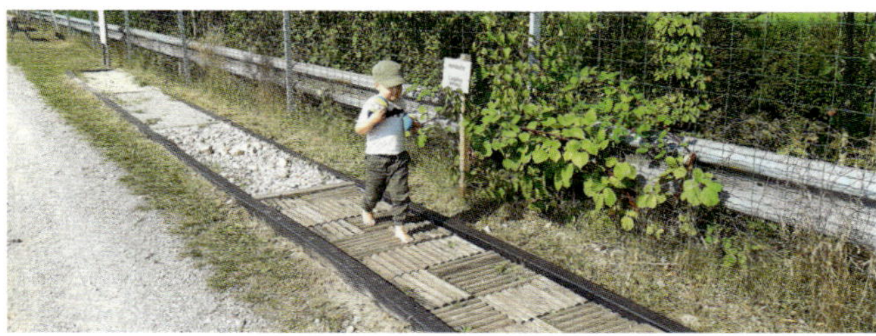

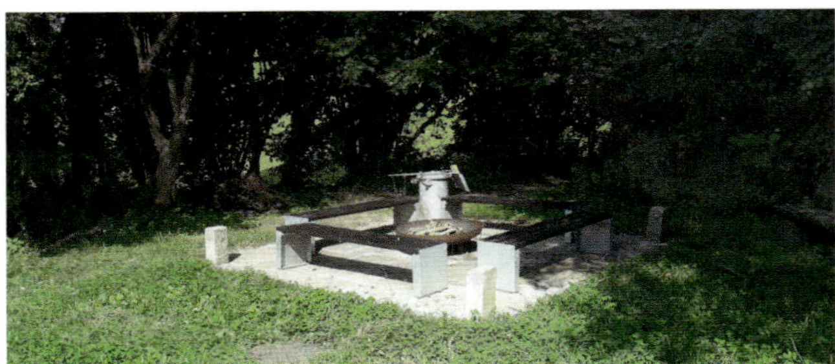

Wegbeschreibung: Der Rundweg hat die Nummer 58 und ist sehr gut beschildert. Im Prinzip braucht man nur den gelben Wegweisern „Weg- 58 Sinnenreich" zu folgen.
Ungefähr nach der Hälfte der Strecke, kurz nach der Station „Ein Zebra im Mühlviertel" verläuft der Weg ein Stück entlang eines Baches mit vielen Plantsch- und Spielmöglichkeiten. Die Stationen sind sehr abwechslungsreich und man muss/darf selber aktiv werden und ausprobieren.

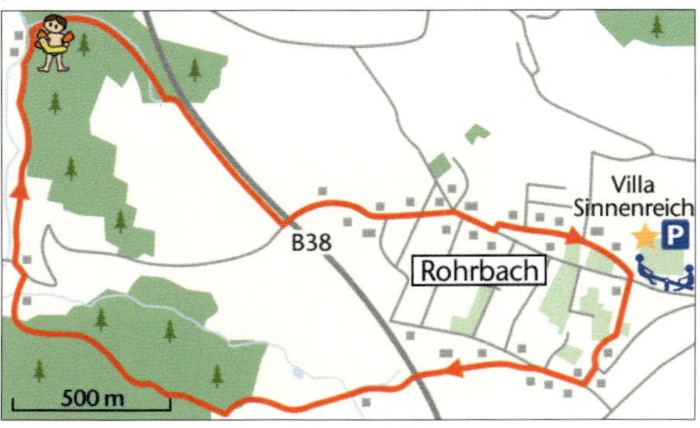

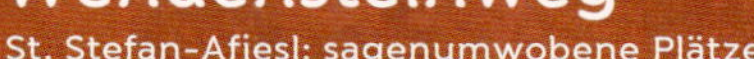

20 Wendensteinweg

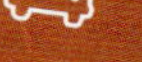

St. Stefan-Afiesl: sagenumwobene Plätze

sk

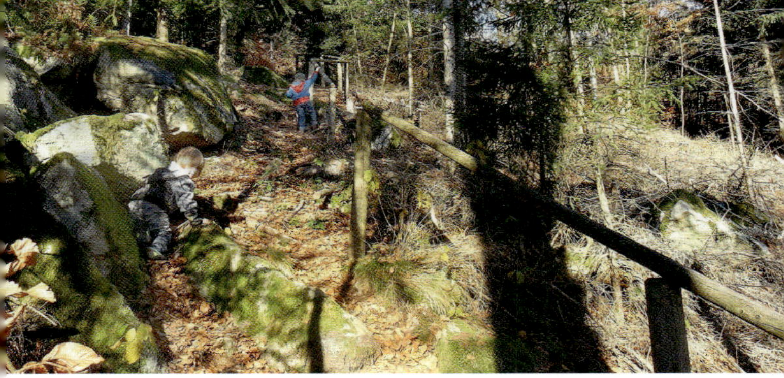

Der Wendensteinweg führt an sagenumwobenen Plätzen rund um St. Stefan-Afiesl vorbei. Bei jedem dieser Naturdenkmäler kann man die Besonderheiten und die dazugehörige Erzählung nach- oder vorlesen. Am Fuß des Wendensteins gibt es eine kleine Höhle zu entdecken und oberhalb des Wendensteins einen versteckten Rastplatz mit einer wunderschönen Aussicht (siehe Wegbeschreibung). Ab der Hälfte des Weges beginnt ein abenteuerlicher Abschnitt zwischen Felsen steil bergauf. Immer wieder sind kleine Höhlen und Felsspalten zum Durchschlüpfen neben dem Weg zu entdecken. Zum Ende der Strecke geht's für ca. 10 Minuten entlang eines seichten Bacherls – ein perfekter Spielbereich zum Pritscheln.

Wetter:     Anforderung:    Gesamtdauer: 1 ½ h

---

Anforderung:	Mittel; 100 Hm; mittlere bis sehr steile Steigung, bei nassem Untergrund rutschig.
Dauer:	RW: 1 ½ h; 3 km.
Wetter:	Schönes, trockenes Wanderwetter.

Kindergarten-kinder:	Für gehfreudige und trittsichere Kinder ab ca. 4 Jahren super geeignet. Für kleinere Kinder Trage mitnehmen. Öffentlicher Spielplatz und Beachvolleyballfeld beim Stefansplatzerl, ev. Sandspielsachen einpacken. Streichelzoo „Goaswoad" in der Nähe des Parkplatzes. Wechselkleidung zum Plantschen nicht vergessen.
Volksschulkinder:	Sehr gut geeignet.
Ab 10 Jahren:	Sehr gut geeignet.

Navi: 4170 St. Stefan-Afiesl, Parkplatz beim Stefansplatzerl, 48.569290,14.101633.

Anfahrt: A1 auf A7 und über Ausfahrt 13 und B126 in Richtung Bad Leonfelden und St. Stefan am Walde. Der Parkplatz befindet sich direkt neben dem Stefansplatzerl.

Bus/Bahn: Hst. St. Stefan-Afiesl.

Ausgangspunkt/P: Wandererbankerl oberhalb des Parkplatzes.

Infos/Gaststätten: Eventuell Proviant einpacken, da sich nur zu Beginn und am Ende des Rundweges eine Gaststätte befindet. *Stefansplatzerl, www.stefansplatzerl.at, Tel. 07216 4407. *Geocaches „Stefanstritt", „Der Schatz am schönen Platz".

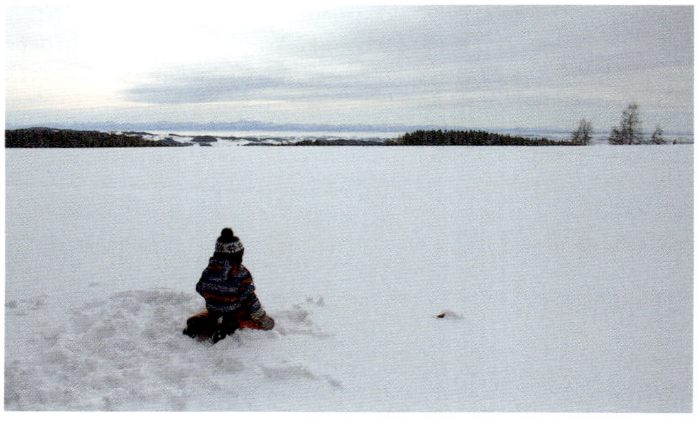

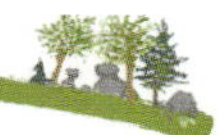

Wegbeschreibung: Vom Parkplatz ein kurzes Stück bergauf in Richtung Zufahrtsstraße und zum Wandererbankerl. Ab hier startet der gut markierte Weg. Den gelben Wegweisern mit der Aufschrift „Wendensteinweg" folgen. Der Weg zum geheimen Rastplatz ist nicht markiert und fordert etwas Orientierung. Oberhalb des Wendensteins führt der schmale Pfad an einem kleinen Rastplatz vorbei und mündet bei einem Wegweiser in einen Waldweg. Zum Rastplatz hier nach links bergauf gehen – wer den normalen Weg weitergehen will, zweigt hier nach rechts ab. Bei einem dichten Waldabschnitt zweigt links ein schmaler Pfad ab und führt zwischen den Bäumen hindurch leicht bergauf zu einer kleinen Lichtung. Hier wieder nach links und dem Pfad bis zum Aussichtsplatz folgen. Gleichen Weg wieder zurück zum Wendensteinweg gehen. Kurz vor dem Ende des Rundweges führt der Weg entlang eines seichten Bachs.

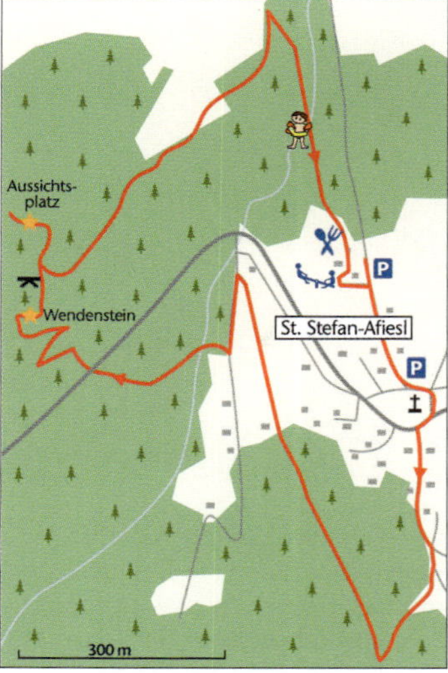

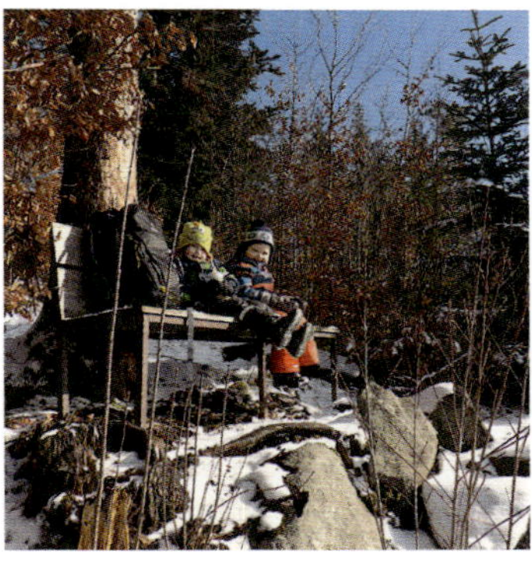

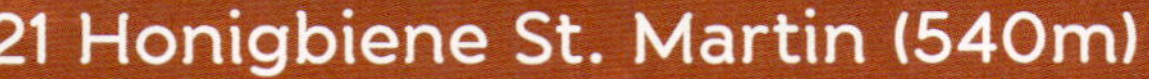

21 Honigbiene St. Martin (540m)

St. Martin im Mühlkreis: in der Welt der Bienen

sk

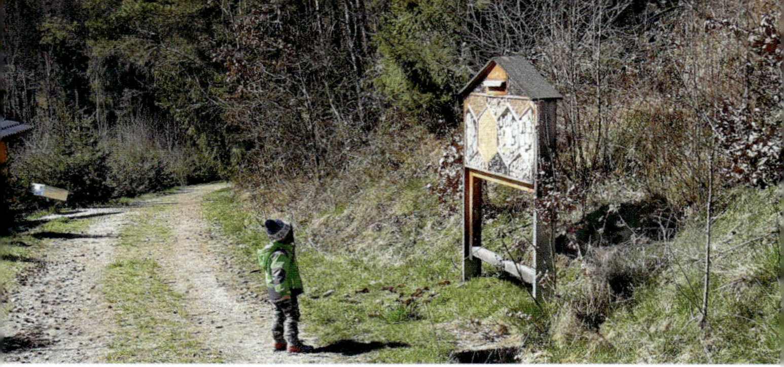

Das Bienenmaskottchen Carni führt auf anschauliche und interessante Weise durch die Welt der Honigbienen und zeigt, was diese machen, warum sie so wichtig sind und wie man sie schützen kann. Schaubienenstöcke in der Schau-Bienenhütte und im Infohaus bieten die Möglichkeiten, den Insekten bei der Arbeit zuzusehen. Der Weg führt im Wald für ca. 20 Minuten an einem kleinen seichten Bacherl entlang, das zum Spielen einlädt. Am Premserhübel befindet sich ein super Panoramaplatz mit Bänken in Bienenwabenform zum Rasten. Unterhalb des Aussichtsplatzes führt der Weg an einem Reiterhof mit mehreren Koppeln vorbei.

Wetter: 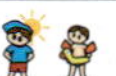  Anforderung:  Gesamtdauer: 2 h

Anforderung:	Mittel; 120 Hm; leichte bis mittlere Steigung; Ca. 1/4 Waldwege, ansonsten Schotterwege sowie Zufahrtsstraßen.
Dauer:	RW: 2 h; 4,7 km.
Wetter:	Jedes, nicht zu heißes Wanderwetter.

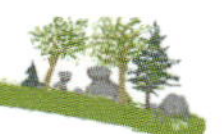

Kindergartenkinder:	Für sehr gehfreudige Kinder geeignet, für kleinere Kinder ist eine Trage notwendig. Großer Spielplatz neben der Sparkasse, ev. Sandspielsachen mitnehmen und Wechselkleidung – das Bacherl lädt zum Spielen und Hineinfallen ein ;).
Volksschulkinder:	Sehr gut geeignet.
Ab 10 Jahren:	Sehr gut geeignet.

Navi: 4113 St. Martin im Mühlkreis, großer Parkplatz neben der St. Martiner Bezirksstraße in Richtung Zentrum (48.415845, 14.040336).

Anfahrt: A8/A25 über Eferding und Aschach nach St. Martin im Mühlkreis. Von Wien über die A1/A7 und B127 nach St. Martin im Mühlkreis. Der große Parkplatz befindet sich direkt an der St. Martiner Bezirksstraße.

Bus/Bahn: Hst. St. Martin im Mühlkreis Marktplatz. Von der Haltestelle in Richtung Landshaager Straße gehen, am Spar-Markt vorbei und bei der Sparkasse rechts in die Schulstraße einbiegen. Weiter geradeaus bis zum Ausgangspunkt.

Ausgangspunkt/P: Infostation bei der Neuen Mittelschule St. Martin im Mühlkreis.

Infos/Gaststätten: *Keine Gaststätten entlang des Weges, daher Proviant mitnehmen. *Marktgemeinde St. Martin im Mühlkreis, Tel. 07232 2105, www.tourismus.sankt-martin.at. *Infohaus und Schaubienenhütte sind eigentlich immer öffentlich zugänglich, ansonsten sicherheitshalber beim Gemeindeamt nachfragen. *Geocache: „Bienenhütte St. Martin“. *Gaststätten im Ort, siehe Homepage der Gemeinde.

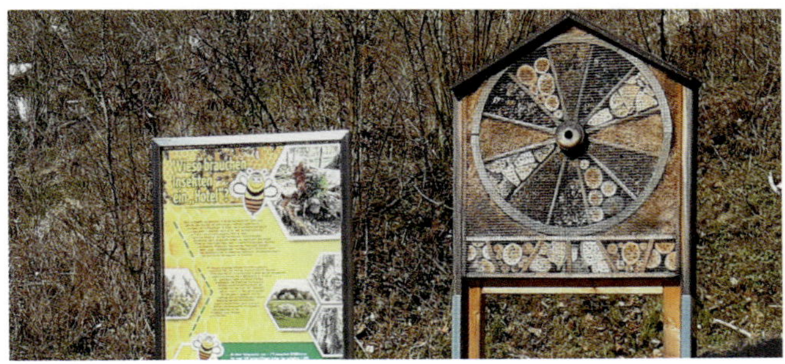

Wegbeschreibung: Vom Parkplatz nach rechts bergauf in Richtung Ortszentrum gehen. Bei der Kreuzung links zur Sparkasse und hier nach rechts in die Schulstraße einbiegen. Kurz nach dem Spielplatz befindet sich die Neue Mittelschule und das erste Infoschild. Ab hier beginnt der gut gekennzeichnete Rundweg und ab hier sieht man auch schon das Infohaus mit der Riesenbiene auf dem Dach. Einfach den Wegweisern „Geheimnisvolle Honigbiene 52" folgen. Kurz nach der Schaubienenhütte beginnt der Wald und das Bacherl begleitet den Weg solange man sich im Wald befindet. Bevor man zum Reiterhof kommt, zweigt links der Weg zum Panoramaplatz am Premserhübel ab (Gehzeit ca. 5 Minuten). Die Stationen sind sehr interessant gestaltet. So wird eine Vorrichtung zum Bienenwachs Schmelzen gezeigt, es gibt ein Insektenhotel in Bienenwabenform u.v.m.

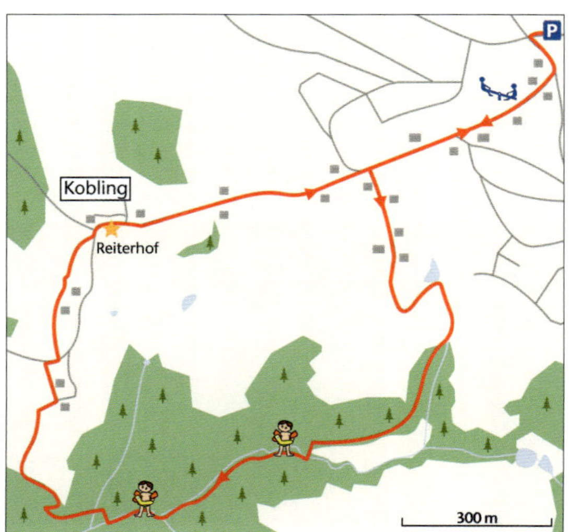

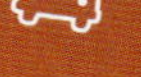

22 Schlögener Schlinge (460 m)

Haibach ob der Donau: außergewöhnliches Ausflugsziel

eck

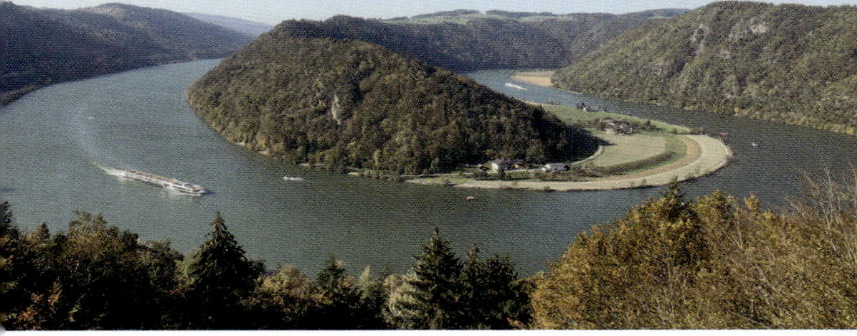

Kurze, knackige Wanderung, bei der man dann mit dem sensationellen Ausblick auf die Schlögener Schlinge belohnt wird. Der Weg ist steil, aber nicht allzu lange. Den Kindern macht diese Strecke meistens Spaß. Der Blick über die Baumwipfel auf die Schlögener Schlinge ist atemberaubend. Tipp: am besten die Schönwetterwochenendtage meiden, da dann meist extrem viel los ist. Ganz in der Nähe wurden die Mauerreste eines römischen Badehauses ausgegraben und überdacht. Ein Besuch ist unbedingt empfehlenswert.

Wetter: ● Anforderung: ● Gesamtdauer: 1 h

Anforderung:	Mittel bis schwierig; 170 Hm; steil, Waldweg.
Dauer:	Eine Strecke: ½ h, 1 km.
Wetter:	Trockenes Wanderwetter.

Kindergartenkinder:	Nicht gut geeignet, da der Weg steil ist. Durch Tragen können die steilsten Stücke überwunden werden.
Volksschulkinder:	Super geeignet. Besonders auch der Besuch des Badehauses. Hier wird Geschichte lebendig.
Ab 10 Jahren:	Super geeignet, siehe Volksschulkinder.

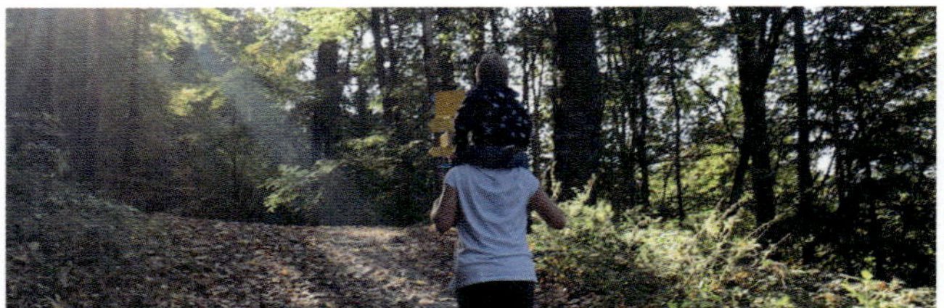

Navi: 4083 Haibach, Schlögen 2.

Anfahrt: Von Linz nach Urfahr fahren und dann weiter auf der B127 nach Ottensheim, hier links auf die B131 abbiegen und auf dieser bis nach Hartkirchen fahren. Rechts abbiegen und weiter auf der B130 bis zum Parkplatz Hotel Donauschlinge.

Bus/Bahn: Busline 670, Hst. Schlögen Abzw. Inzell. Bei dieser Wanderung ist auch eine Anreise per Donauschiff von Linz aus möglich. Anlegestelle Schlögen. Die Anlegestelle befindet sich direkt beim Hotel Donauschlinge.

Ausgangspunkt/P: Parkplatz beim Hotel Donauschlinge.

Infos/Gaststätten: *Hotel Donauschlinge, schöne Terrasse und großer Spielplatz, Tel. 07279 8212, www.donauschlinge.at, kein Ruhetag (Hinweis: bei Drucklegung Weiterführung noch nicht geregelt).

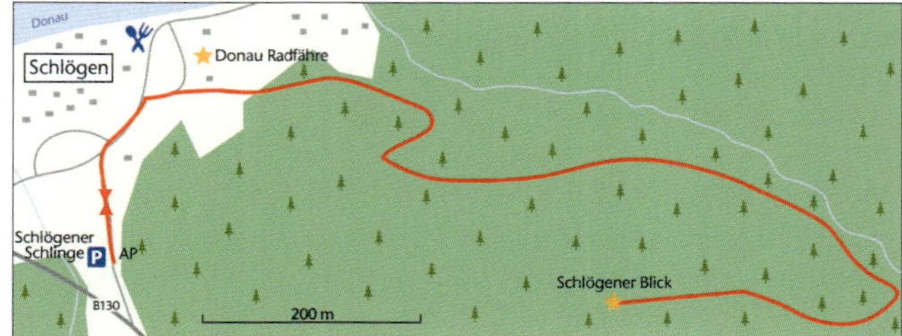

Wegbeschreibung: Vom Ausgangspunkt führt ein steiler, gut beschilderter Waldweg aufwärts. Nach ca. 700 Metern Anstieg scharf rechts auf einen flachen Weg abbiegen, der direkt zur Aussichtsplattform führt. Links vom Hotel Donauschlinge führt ein gut beschilderter Weg zum Badehaus.

23 Naturlehrweg Donauschlinge

Grafenau: Abenteuer entlang der Donau

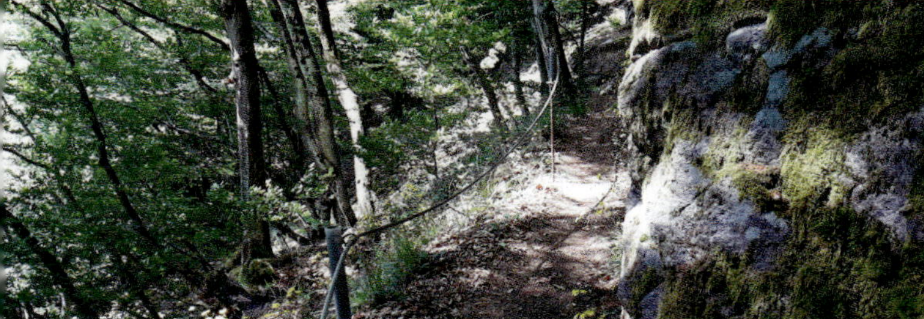

Dieser Weg ist herausragend und richtig abenteuerlich (Zitat unserer Kinder). Es geht durchgehend oberhalb der Donauschlinge entlang, immer mit Blick auf den Fluss. Die Metallstiegen und seilversicherten Stellen des felsigen Uferbereichs sind für Kinder besonders aufregend und der Blick zur Donau hinab ist schon einzigartig. Wissbegierige erfahren noch Interessantes über das Naturjuwel. Da und dort gibt es eine kleine Höhle direkt am Wegrand zu entdecken. Ab und zu quert ein kleiner Bachlauf den Weg. Die Rückfahrt auf der Donau mit dem Donaubus (Längsfähre) ist ein abschließender Höhepunkt des Ausflugs. Verlängerung mit größeren Kindern: In der Nähe der Anlegestelle des Donaubusses führt ein Stichweg zur Raubritterburg Haichenbach hinauf (super Aussicht). Die Wegbeschreibung findet ihr unter den Zusatztipps im Kapitel Ruinen.

Wetter:  ◐ Anforderung:  Gesamtgehzeit: 2 h

Anforderung:	Schwierig; 50 Hm; vorwiegend schmale, steile, steinige Pfade, steil abfallendes Ufer, teilweise mit Seilen gesichert, hier ist Trittsicherheit erforderlich.
Dauer:	Eine Strecke: 2 h; 4 km.
Wetter:	Schönes trockenes Wetter.

Kindergarten-kinder:	Für trittsichere, gehfreudige Kinder gut geeignet. Kleinere Kinder in der Trage mitnehmen.
Volksschulkinder:	Perfekt geeignet.
Ab 10 Jahren:	Perfekt geeignet. Wir empfehlen mit Kindern in diesem Alter noch zur Raubritterburg hinaufzusteigen. Vom Aussichtsturm gibt es einen einzigartigen Rundumblick.

Navi: 4131 Niederkappel, Grafenau, beim Schranken am Ende der Zufahrtsstraße.

Anfahrt: Auf der A8 über Ausfahrt 17 auf B137 in Richtung Oberlandshaag. Auf der Falkenstein Landesstraße bis nach Obermühl. Von Wien kommend von der A1 auf die A7 und über Ausfahrt 6 auf B127 und Obermühl. Von Obermühl geht es rechts auf einer sehr schmalen Zufahrtsstraße (ist auch ein Donauradweg) in Richtung Grafenau. An Grafenau vorbeifahren, bis die Zufahrtsstraße bei einem Schranken aufhört. Hier befinden sich auch die Parkplätze auf der rechten Straßenseite.

Bus/Bahn: Keine öffentliche Verbindung.

Ausgangspunkt/P: Parkplatz

Infos/Gaststätten: *Jausenstation Familie Pumberger „Zur Fährfrau", Tel. 07285 6317, www.radfaehre.at, von 1. 4. bis 26. 10. täglich geöffnet (ausschließlich Gastgartenbetrieb). *Donaubus, Tel. 0699 11152578, www.donaubus.at, Fährzeiten: Mai/Juni/September 10.00–18.00 Uhr, Juli/August 9:30–19.00 Uhr, Einzelticket Erw. € 5,50, Kinder von 3–4 J. € 3,00 (aktuelleTicketpreise findet man auf der Homepage); Fähre fährt nach Bedarf (Gegensprechanlage bei den Anlegestellen).

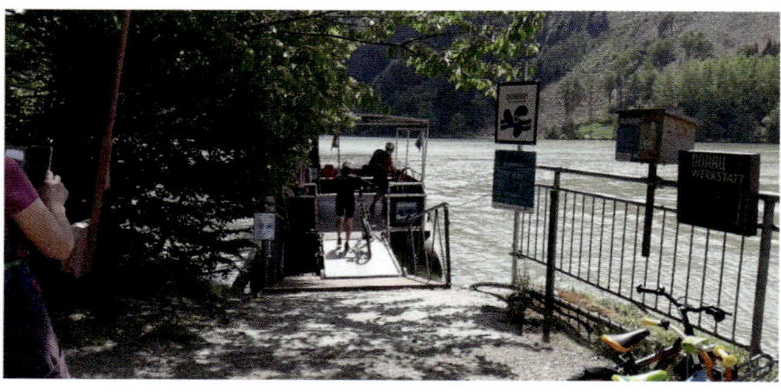

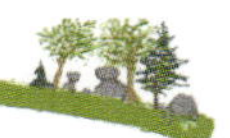

Wegbeschreibung:

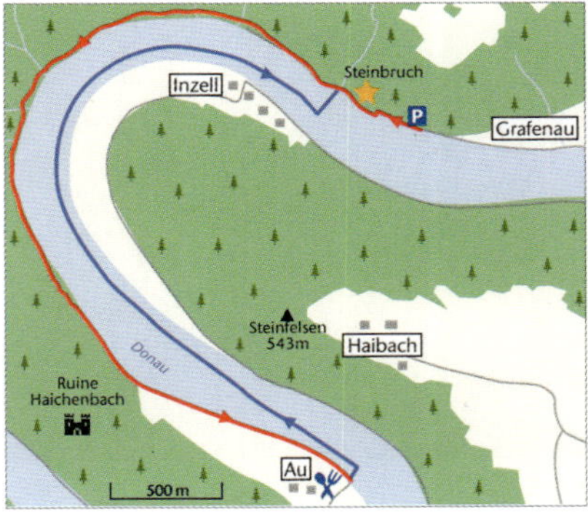

Wegbeschreibung: Vom Parkplatz aus nach rechts in Richtung Schranken gehen. Am Beginn des Naturlehrpfades befindet sich eine Übersichtstafel mit dem Wegverlauf und den einzelnen Stationen. Ab hier kann man den Wegweisern „Naturlehrpfad" folgen. Der Weg ist sehr abenteuerlich und führt über teilweise seilversicherte Passagen und Metallstiegen entlang des felsendurchsetzten Ufers nach Au. In Au zweigt rechts der Weg zur Jausenstation und zum steilen Weg zur Ruine Haichenbach ab (Wegweiser). Gehzeit eine Strecke ca. 45 Min.

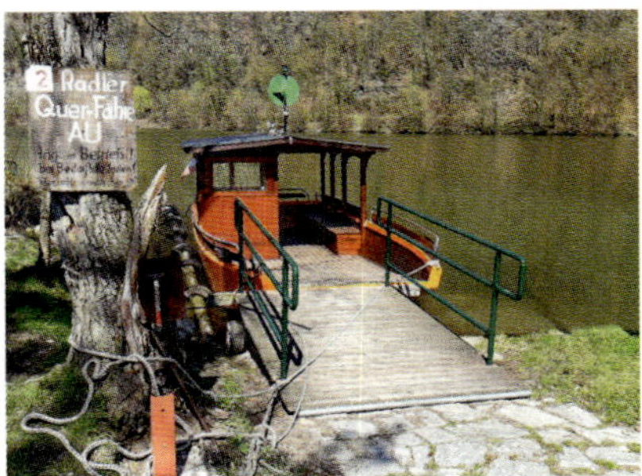

Rückfahrt mit dem Donaubus.

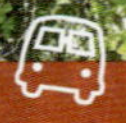

24 Wikingerpfad (613 m)

Kirchberg ob der Donau: bei den Donauwikingern

sk

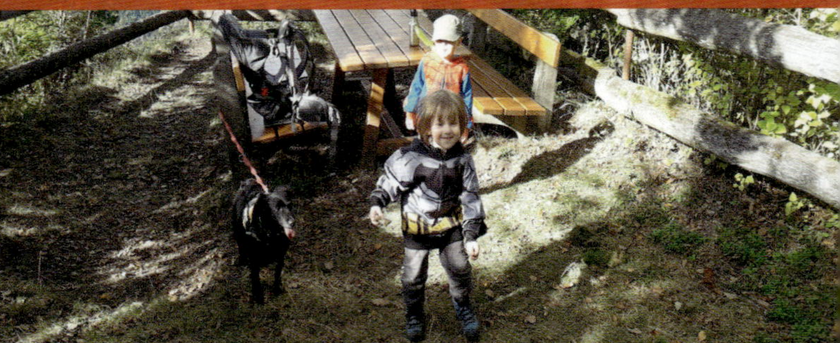

Der Wikingerpfad führt über den Donaublick am großen Burgstall auf steinigen Wegen bergab bis nach Obermühl an der Donau. Beim Donaublick stand einst eine Höhenburg. Teile der Futtermauern (Stützmauern), Burgwälle und -gräben sind noch sichtbar. Heute befindet sich hier ein Aussichtsplatz mit super Ausblick ins Donautal. Versteckt unter diesem Aussichtsplatz liegt die Burgstallhöhle oder Räuberschluf (Zugang siehe Wegbeschreibung). Kurz nach der Teufelssteingrotte (Felsengrotte) geht es entweder in Richtung Obermühl weiter oder zurück nach Kirchberg. Für die richtige Wikingerstimmung entlang des Weges sorgen Wikingergeschichten und ein großes Wikingerschiff beim Aussichtsturm. Den Wanderweg kann man in drei unterschiedlichen Varianten und Längen gehen.

Wetter:  ◐ Anforderung:  Gesamtdauer: 1–3 h

Anforderung: Var. 1: Leicht; 35 Hm; mittlere Steigung; Wiesenwege. Var. 2 und 3: Schwierig; mittlere Runde 110 Hm, lange Runde 315 Hm; mittlere bis sehr steile Steigung; schmale, steile, steinige Pfade, Wald- und Wiesenwege.

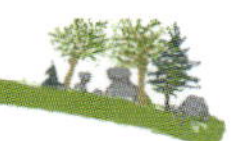

Dauer:	Var. 1-RW (kurz): 1 h; 1,5 km; Var. 2-RW: 2 h; 3,3 km; Var. 3-RW (lang): 3 h; 4,6 km.
Wetter:	Schönes Wanderwetter. Bei der kurzen Variante (1) ist wenig Schatten, bei der langen viel und bei Var. 2 ca. die Hälfte im Schatten.

Kindergarten-kinder:	Für kleinere Kinder empfehlen wir die kurze Runde (Var. 1), man kommt am Räuberschluf (Höhle) vorbei und zum Schluss zum Aussichtsturm. Ab ca. 5 Jahren ist die mittlere Variante (Var. 2) empfehlenswert, das ist ein spannender, steiler Weg zum Kraxeln. Ein richtiger Abenteuerweg. Für kleinere Kinder am besten eine Kraxe mitnehmen.
Volksschulkinder:	In diesem Alter empfehlen wir Var. 2 und Var. 3. Bei Variante 3 kommt man in Obermühl zum Donauufer und zum Hafen.
Ab 10 Jahren:	Siehe Volksschulkinder, perfekt geeignet.

Navi: 4131 Kirchberg ob der Donau, bei der Kirche (48.444067, 13.935175).

Anfahrt: Von A1 über Ausfahrt 195 auf A8. Bei der Ausfahrt 17 abfahren und auf der B137 in Richtung Eferding. Nach St. Martin im Mühlkreis zweigt links die L1519 ab, dieser bis Kirchberg ob der Donau folgen. Von Wien kommend von der A1 auf die A7 abfahren und über die Ausfahrt 6 in Richtung B127. Auf der B127 weiter, bis links in einem Kreisverkehr die Straße in Richtung St. Martin im Mühlkreis und Kirchberg ob der Donau abzweigt. Parkplätze befinden sich im Ort direkt bei der Kirche.

Bus/Bahn: Hst. Kirchberg ob der Donau Volksschule, Gehzeit bis zum Ausgangspunkt ca. 15 Minuten (von der Volksschule auf der Hauptstraße nach links und immer geradeaus bis ins Ortszentrum und zur Kirche).

Ausgangspunkt/P: Öffentlicher Parkplatz.

Infos/Gaststätten: *Eventuell Proviant einpacken, da es nur zu Beginn oder am Ende des Weges in Kirchberg und Obermühl Gasthöfe gibt, siehe www.kirchberg-donau.at. *Donau Wikinger, Tel. 0664 1531093, www.donau-wikinger.at.

Wegbeschreibung: Die Beschilderung des Rundweges ist sehr gut. Einfach den gelben Wegweisern mit dem Wikingerhelm und der Aufschrift „Wikingerpfad" folgen. Für Variante 1 zweigt kurz nach dem Donaublick am kleinen Burgstall der Weg nach rechts in Richtung Aussichtsturm und Kirchberg ab (Wegweiser). Für Var. 2 und 3 dem Weg nach links bergab folgen. Nach der gut erkennbaren Teufelssteingrotte kommt man zu einer Kreuzung, wo es entweder nach rechts bergauf zurück nach Kirchberg geht (Var. 2 Wegweiser Wikingerpfad Rundweg Kirchberg-Kirchberg) oder links bergab nach Obermühl (Var. 3 Wegweiser Wikingerpfad Obermühl). Zugang zum Räuberschluf: Beim oberen (rechten) Gipfelzustieg unterhalb der Stufen nach rechts bergab in den Wald und leicht nach links um den Felsen gehen, bis man unterhalb eines markant vorspringenden Felsensporns einen Höhleneingang sieht. Dieser ist über einen Pfad erreichbar und kann leicht über drei Trittbügel erklettert werden. Für den zweiten Höhleneingang beim unteren (linken) Gipfelaufgang unterhalb der Stufen nach links entlang des Felsens gehen, bis man auf der rechten Seite die Trittbügel sieht. Dieser Höhleneingang ist nur über ausgesetzte Kletterei erreichbar (Schwierigkeit A/B) und nicht ungefährlich.

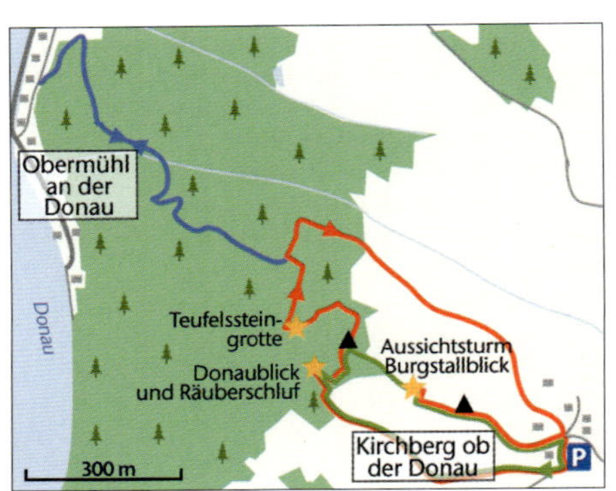

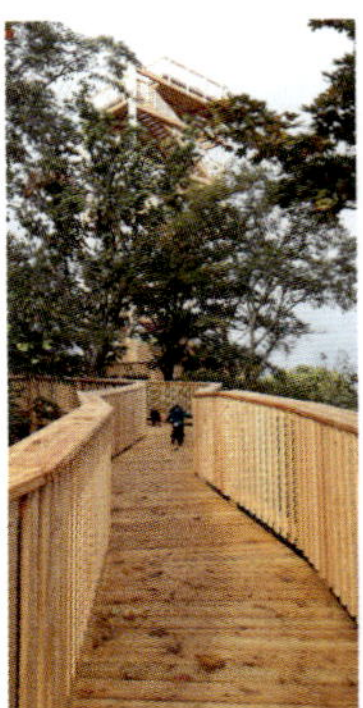

25 Töpferweg

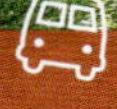

Leopoldschlag: kreative Talente wecken

sk

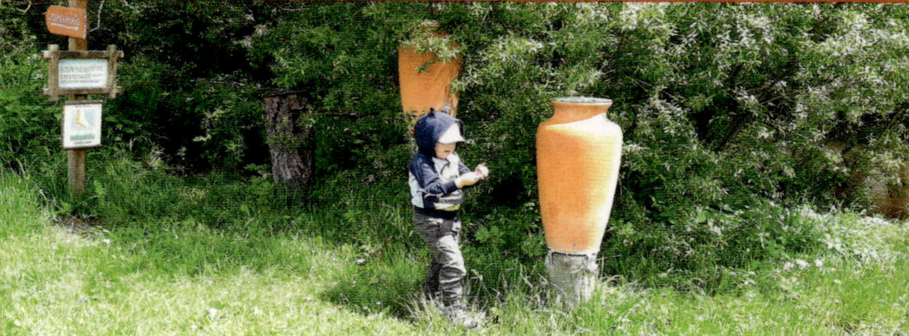

Bei diesem Rundweg dreht sich alles um das Töpfern. Es wird erklärt, woher die Rohstoffe kommen, wie sie hergestellt werden, wie das Töpfern und Brennen geht und vieles mehr. Man findet hier aber nicht nur Infoschilder. Bei den Stationen darf man selber kreativ und aktiv werden und die Aufgaben machen extrem viel Spaß. Es gibt riesige Tonvasen zum Bemalen, eine Lehmgrube und Töpferscheibe im Wald zum Töpfern, ein großes Tonscherbenpuzzle und einiges mehr. Der Weg führt ein Stück entlang der Maltsch und an einer Wasserbüffelweide vorbei. Hinweis für TierliebhaberInnen: Die Wasserbüffel sind nur im Sommer auf dieser Weide, siehe Infos. Bei der ersten Station „Brennofen" gibt es eine Feuerstelle. Hier kann man es sich bei Würstel am Spieß und Stockbrot gemütlich machen.

Wetter:  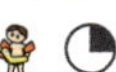 Anforderung:  Gesamtdauer: 2 h

---

Anforderung:	Leicht; minimale Steigung; vorwiegend Wiesenwege. Der Weg ist kinderwagentauglich.
Dauer:	RW: 2 h; 4,5 km.
Wetter:	Schönes, nicht zu heißes Wetter, fast kein Schatten.

Kindergarten-kinder:	Für gehfreudige Kinder super geeignet. Zum Bemalen der Tonvasen am besten Kreide mitnehmen und evtl. einen kleinen Kübel, damit man die bemalten Vasen mit Wasser aus der Maltsch wieder reinigen kann. Transportbehälter für das selbst getöpferte Kunstwerk nicht vergessen. Wenn möglich Spielfiguren für das große „Mensch ärgere dich nicht"-Spiel einpacken. Wechselkleidung nicht vergessen.
Volksschulkinder:	Super geeignet. Siehe oben.
Ab 10 Jahren:	Super geeignet. Siehe oben.

Navi: 4262 Leopoldschlag, Ortsplatz.

Anfahrt: Über A1 und A7 auf S10 und B310 nach Leopoldschlag. Von Wien kommend auf der S5 und B37a nach Leopoldschlag. Hinweis: Schon bei der Anfahrt sieht man einen riesigen „Goiserer"-Wanderschuh auf der linken Seite, mit dem Auto fährt man jedoch noch zum Parkplatz direkt am Marktplatz (beschildert) weiter.

Bus/Bahn: Hst. Markt Leopoldschlag Schule. Der Wanderschuh befindet sich neben der Haltestelle.

Ausgangspunkt/P: Der offizielle Ausgangspunkt ist der Wanderschuh und hier befindet sich auch die Bushaltestelle. Wer jedoch mit dem Auto anfährt, geht vom Parkplatz zurück zur Anfahrtsstraße und dort nach rechts in Richtung Gemeindeamt.

Infos/Gaststätten: *Eventuell Proviant einpacken, da es nur am Ende und zu Beginn des Rundweges Gasthöfe gibt. *Marktgemeindeamt Leopoldschlag, Tel. 07949 8255, www.leopoldschlag.ooe.gv.at. *Natura 2000 Infozentrum am Grünen Band Europa, Tel. 07949 20576 oder 0664 5143548, www.naturschutzbund-ooe.at. *Mühlviertler Keramikwerkstätte Hafnerhaus, Tel. 07949 825515, www.hafnerhaus.at. *Die Wasserbüffel sind jedes Jahr ab Ende Mai oder Anfang Juni auf der Weide. Auskunft bekommt man beim Marktgemeindeamt oder Natura 2000.

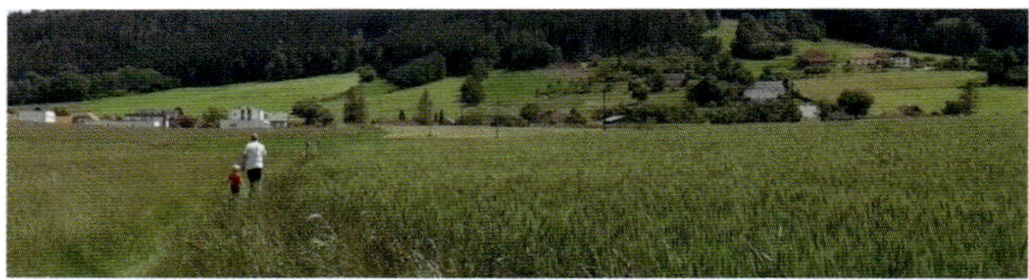

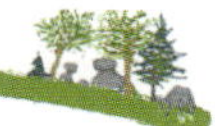

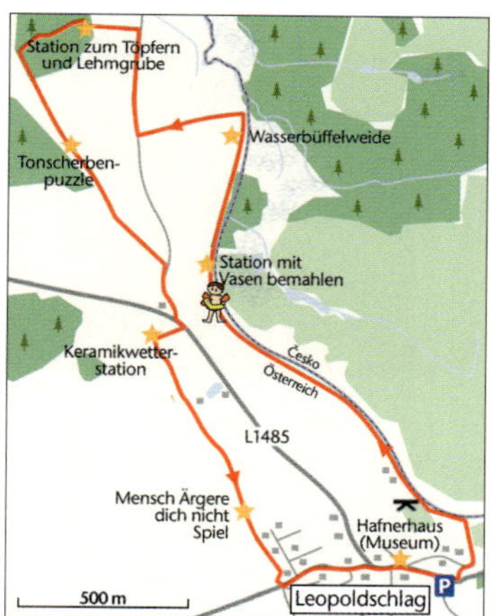

Wegbeschreibung: Direkt gegenüber dem Gemeindeamt zweigt nach links die Wassergasse ab. Hier befinden sich bereits die ersten Tonschilder und im Prinzip kann man ab nun diesen Tonschildern folgen. Hier trotzdem noch eine kurze Beschreibung: Bei der gleich darauf folgenden Kreuzung nach rechts, am Sport- und Tennisplatz vorbei und zur Maltsch, dem Grenzfluss nach Tschechien. Bei der Maltsch zweigt der Weg nach links ab, kurz danach befindet sich die erste Station mit Grillplatz und Brennofen. Nun immer der Maltsch entlang, vorbei an verschiedenen Stationen, zur Wasserbüffelweide. Um das Gehege herum und dann weiter zu einem asphaltierten Zufahrtsweg. Hinweis für alle, deren Kinder gerne pritscheln: Ab hier gibt es dann keine Wasserzugänge mehr. Der weitere Weg führt rechts den Zufahrtsweg entlang und zweigt danach links in Richtung Wald ab. Dort befindet sich die Lehmgrube mit Töpferscheibe und überdachtem Rastplatz. Nach dem kleinen Schotterweg geht's nach links zu einer Tonscherben-Station. Hier kann eine Vase selbst zusammengebaut werden. Später über die Landesstraße und zu einer großen Wetterstation mit Töpferkugeln und zurück zum Ausgangspunkt.

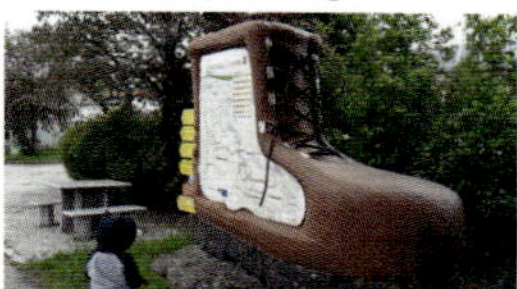

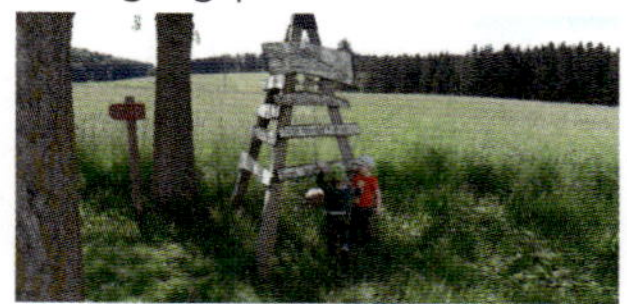

26 Chakra-Wanderweg

Rainbach im Mühlkreis: Energien wecken

sk

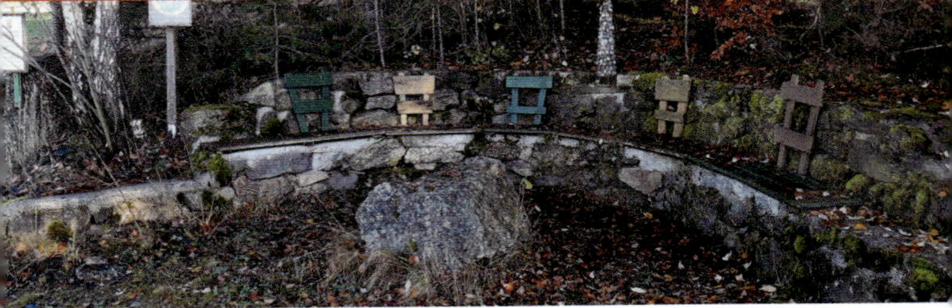

Bei diesem Weg dreht sich alles um die Chakren. Die erste Frage, die wir uns gestellt haben, war, ob dieser Weg für Kinder interessant sein kann? Nach unserem Test können wir das unbedingt bejahen. Man begegnet einem Holzwaldgeist, großen Klangspielen, reichlich Kletterfelsen (der größte davon ist der Heidenstein) u.v.m. Der Heidenstein, eine alte Kultstätte, ist vor allem für Kletterfans ein Highlight (auf die Kinder aufpassen, keine Sicherungen vorhanden).

Wetter:   ◐ Anforderung:  Gesamtdauer: 1 ½ h

Anforderung:	Leicht; mittlere Steigungen, kurze, schmale, verwurzelte Strecke; Wald- und Wiesenwege. Weg ist mit einem geländegängigen Kinderwagen oder Buggy grundsätzlich befahrbar.
Dauer:	RW: 1–1 ½ h; 2,2 km.
Wetter:	Wanderwetter, auch an bewölkten Tagen und bei leichtem Nieselregen.

Kindergartenkinder:	Perfekt geeignet. Kleiner Spielplatz mit Rastplatz beim Parkplatz.
Volksschulkinder:	Perfekt geeignet.
Ab 10 Jahren:	In diesem Alter evtl. nicht mehr aufregend.

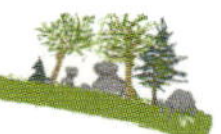

Navi: 4261 Rainbach im Mühlkreis, bei der Hausnummer Eibenstein 16.

Anfahrt: Von A1 auf A7 und über B310 in Richtung Eibenstein. Der Parkplatz befindet sich im Ortszentrum.

Bus/Bahn: Keine direkte öffentliche Verbindung.

Ausgangspunkt/P: Parkplatz bei der Kirche.

Infos/Gaststätten: *Verein Heidenstein, Tel. 0699 18796662 oder 07949 6451, www.heidenstein.at. *Keine Gaststätten entlang des Weges, daher Proviant mitnehmen.

Wegbeschreibung: Der Chakraweg verläuft gegen den Uhrzeigersinn und beginnt bei dem großen Stein mit der Chakrenübersicht. Dem schmalen Wiesenweg zwischen Kirche und „Übersichtsstein" bergab folgen. Hier ist dann auch der erste Wegweiser zu finden (eine Hand, die in Wegrichtung zeigt). Der restliche Rundweg ist gut gekennzeichnet, einfach der Hand folgen.

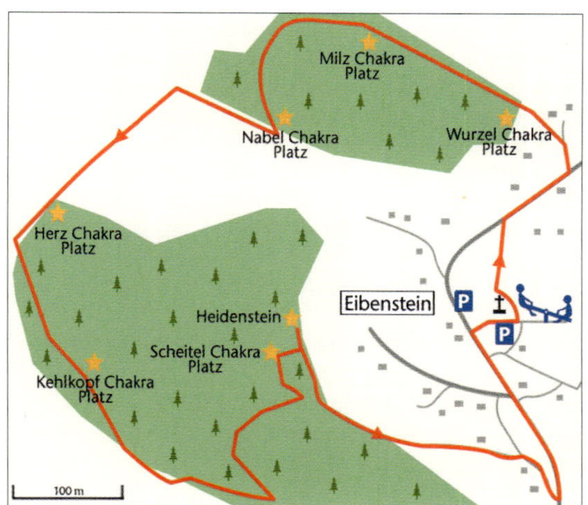

27 Herbalix Natur- und Erlebnisweg

Hirschbach im Mühlkreis: Herbalix, der Kräutergeist

sk

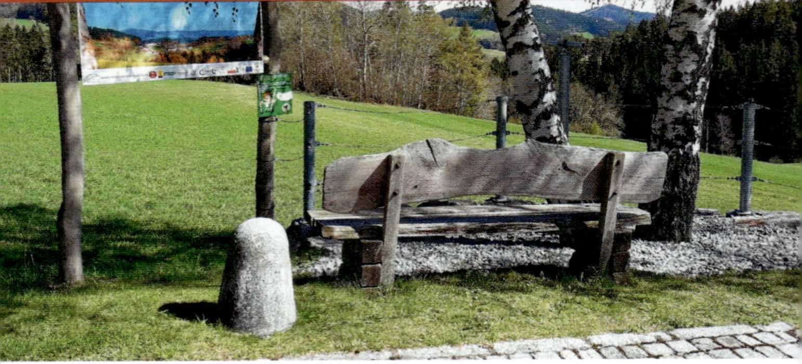

Dieser Weg zählt ebenfalls zu den besonderen „Spielwegen“. Anhand von abwechslungsreichen, interaktiven Spiel- und Infostationen führt Herbalix, der Kräutergeist durch die Welt der Heilkräuter.
Die Stationen sind perfekt gestaltet, es ist fast unmöglich hier nicht ins Spiel zu fallen. So gibt es unter anderem eine Wasserstation mit Wasserrad und Rätsel, einen alten Holzofen zum selbst Kochen, ein Fernrohr mit Weitblick u.v.m. Das erste Drittel des Weges führt entlang eines seichten Bachs. Hier kann man nach Herzenslust pritscheln und vielen Kindern genügt allein das schon für einen gelungenen Ausflug. Wer das Rätsel löst, kann sich im Ort seinen Preis abholen, siehe Infos.

Wetter:   Anforderung:  Gesamtdauer: 1 ½ h

Anforderung: Leicht; 130 Hm; mittlere Steigung; Schotter- und Wiesenwege.

Dauer: RW: 1 ½ h; 2,5 km.

Wetter: Schönes Wanderwetter; auch heißes Wetter.

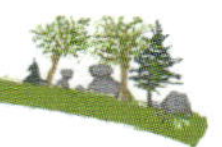

Kindergarten-kinder:	Sehr gut geeignet. Trage für kleinere Kinder mitnehmen. Wechselkleidung einpacken.
Volksschulkinder:	Sehr gut geeignet.
Ab 10 Jahren:	Gut geeignet.

Navi: 4242 Hirschbach im Mühlkreis, Pfarrgraben 6 (48.488116, 14.409393).

Anfahrt: A1/A7, weiter auf S10 und über B38 nach Hirschbach im Mühlkreis. Die Parkplätze befinden sich rechts von der Kräuterpforte direkt vor dem Pfarrheim.

Bus/Bahn: Hst. Hirschbach i. Mkr. Ortsmitte. Von der Bushaltestelle in Richtung Raiffeisenbank gehen. Bei der Kreuzung nach links und dem Weg bergauf zur Kräuterpforte beim Pfarrgraben folgen. Gehzeit ca. 10 Minuten.

Ausgangspunkt/P: Kräuterpforte.

Infos/Gaststätten: *Proviant mitnehmen, da sich nur am Beginn und am Ende des Weges im Ort Gasthöfe befinden. *Die Teilnahmekarten für die Rätsel und die Beschreibung sind bei der Kräuterpforte (Eingang beim Parkplatz) zu finden. *Kräuterkraftquelle Hirschbach, Tel. 07948 55895, www.kraeuterkraftquelle.at. *Geocache: „Top of Hirschbach".

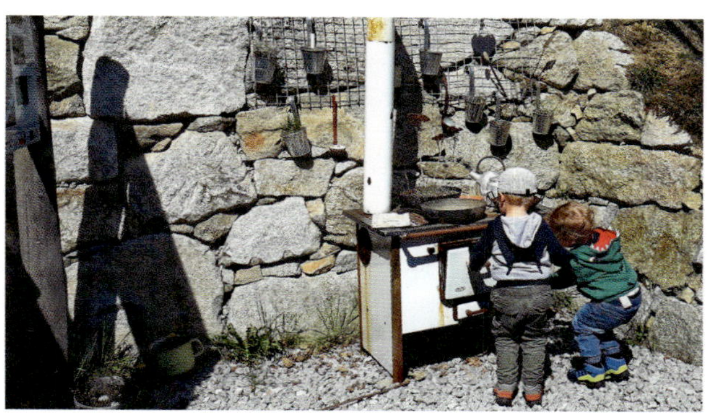

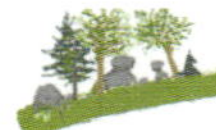

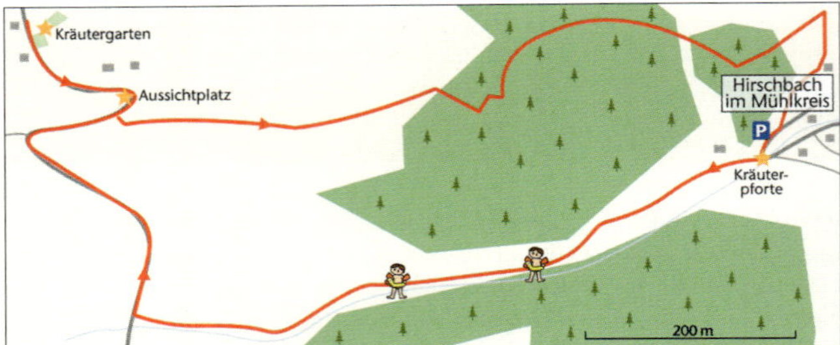

Wegbeschreibung: Vom Parkplatz aus kann man die Kräuterpforte nicht übersehen. Hier startet der Rundweg, der sehr gut gekennzeichnet ist. Einfach dem kleinen Kräutergeist folgen.

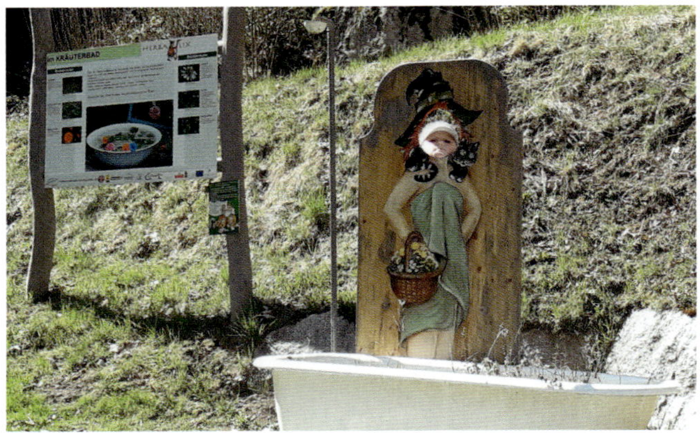

28 Naturlehrpfad Pienkenhof

Kefermarkt: im Tal der Feldaist

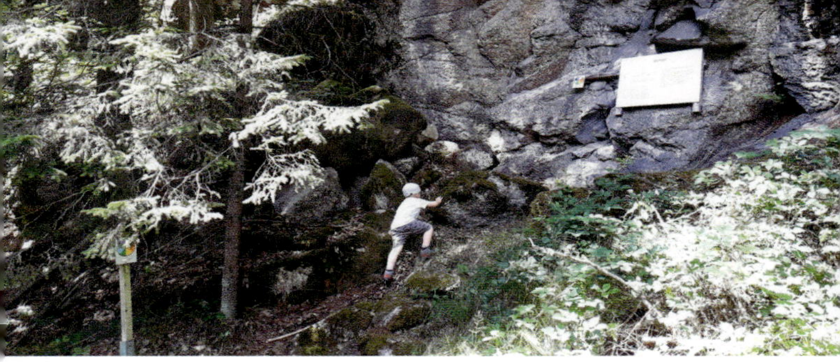

Ein super spannender, abenteuerlicher Weg entlang der Feldaist und je weiter man kommt, desto cooler wird es für die Kinder. Schon kurz nach dem Start führt ein steiler, schmaler Pfad zur wild rauschenden Feldaist hinunter und dann geht's zwischen Flussufer und Kletterfelsen weiter. Einmal geht's durch riesige Felsaufbauten hindurch. Der Rückweg, der bei einem Wasserkraftwerk beginnt, ist der abenteuerlichste Teil. Es geht auf einem felsigen steilen Pfad, teils über große Felsformationen bergauf. Direkt oben am Felsen befindet sich ein spannender Rastplatz mit schöner Aussicht auf die Feldaist. Genau das Richtige für KraxlerInnen. Auf Infotafeln entlang des Rundweges erfährt man Wissenswertes über die Natur wie z. B. Heilpflanzen, Pilze, Ameisen.

Wetter:     Anforderung:    Gesamtdauer: 1 ½ h

---

Anforderung: Mittel; 110 Hm; mittlere bis sehr steile Steigung; Wiesenwege und steile steinige Pfade.

Dauer: RW: 1 ½ h; 2 km.

Wetter: Schönes, auch heißes Wetter.

Kindergarten-kinder:	Wenn die Kinder trittsicher sind, super geeignet. Für kleinere Kinder Trage mitnehmen. Wechselkleidung einpacken.
Volksschulkinder:	Super geeignet.
Ab 10 Jahren:	Super geeignet.

Navi: 4292 Kefermarkt, Wittinghof 3 (aber Wittinghof 27 eingeben, siehe Anfahrt).

Anfahrt: A1/A7/S10 bei Ausfahrt 12 abfahren und B125 nach Kefermarkt. Von Wien kommend auf der A1 Ausfahrt 151 nehmen und auf der B123 weiter nach Kefermarkt. Von Kefermarkt auf der L1472 in Richtung Wittinghof. Kurz nach Wittinghof 27 zweigt links ein Schotterweg in Richtung Naturpraxis Pienkenhof ab. Diesem Weg bis zum Parkplatz folgen. (Unbedingt im Navi „Wittinghof 27" eingeben. Wenn man im Navi Pienkenhof als Ziel eingibt, wird ein falscher Weg angezeigt.)

Bus/Bahn: Keine direkte öffentliche Verbindung.

Ausgangspunkt/P: Parkplatz beim Pienkenhof.

Infos/Gaststätten: *Proviant mitnehmen, da es keine Gaststätten entlang des Weges gibt. *Pienkenhof, Tel. 0699 10721934, www.pienkenhof.at. *WC und Trinkwasser beim Pienkenhof.

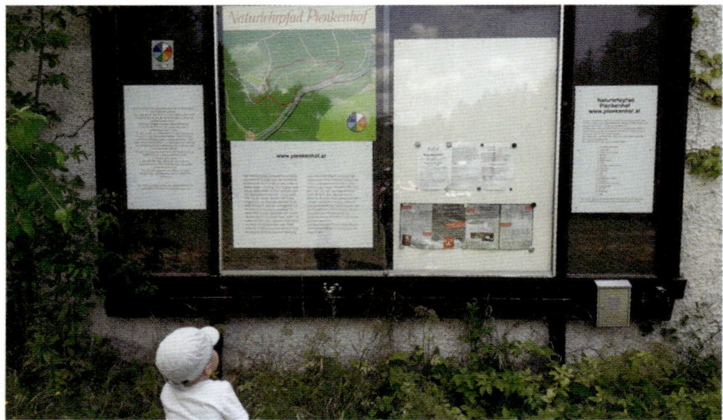

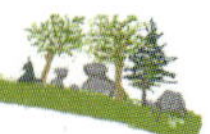

Wegbeschreibung: Der Rundweg ist super gekennzeichnet. Man braucht dem Wegweiser mit der Hand und dem Farbkreis nur zu folgen.

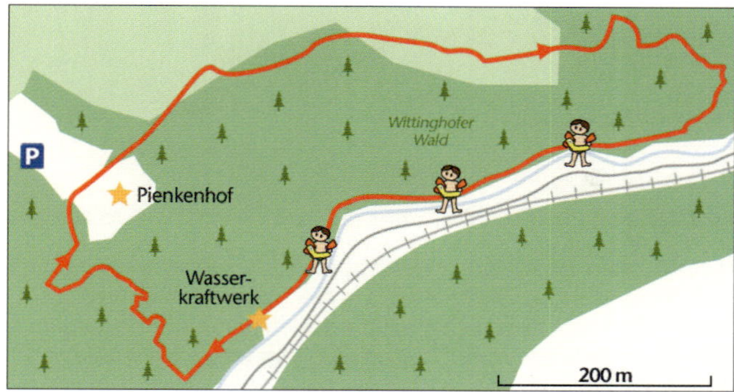

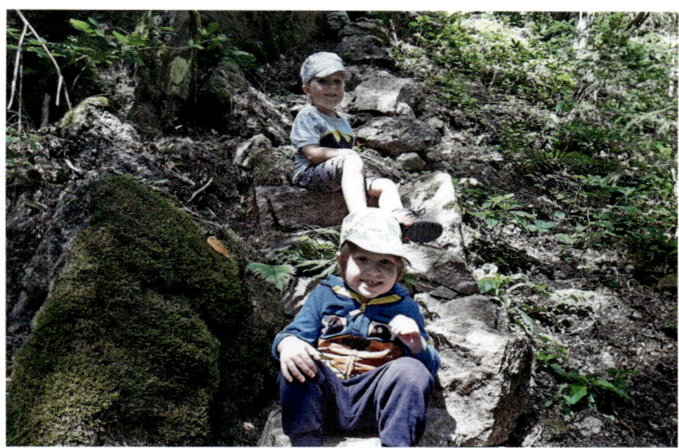

29 Feuerwehr-Erlebnis-Weg

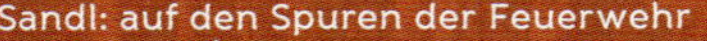

Sandl: auf den Spuren der Feuerwehr

sk

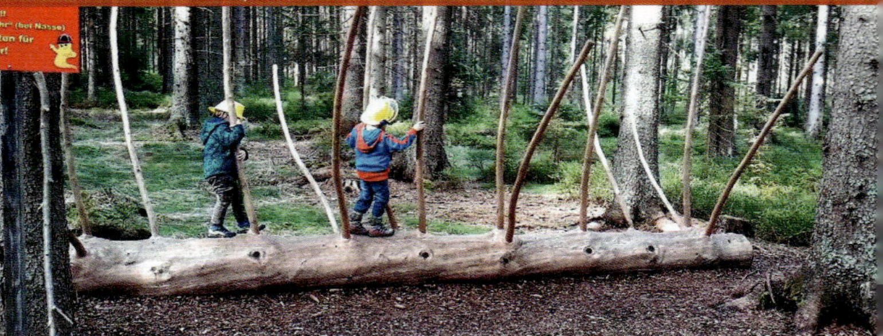

Hier lernt man auf spielerische, lustige Weise die Aufgaben der Feuerwehr kennen und das Beste: An den abwechslungsreichen Stationen dürfen die Kinder selber Feuerwehrfrau oder -mann sein. So sorgen unter anderem eine Ziellöschstation, ein Feuerwehrschlauchrätsel und eine Sirenenstation für Unterhaltung und wecken die Neugier der Kinder. Kurz vor dem Ende des Rundweges lädt ein kleiner „Feuerwehrspielplatz" zum Austoben ein. Der Weg endet in Sandl bei der Infohütte. Hier gibt es noch ein Video und Infos über die Feuerwehr sowie die Möglichkeit, selber zu erfahren, wie es ist, wenn man sich in einem verrauchten Gebäude befindet und bewegt.

Wetter:   Anforderung:  Gesamtdauer: 2 h

---

Anforderung: Mittel; 116 Hm; leichte bis mittlere Steigung; vorwiegend Schotter- und Waldwege. Der Weg ist kinderwagentauglich.

Dauer: RW: 2 h; 4 km. Genügend Spielzeit einplanen.

Wetter: Schönes Wanderwetter. Grundsätzlich auch bei regnerischem Wetter möglich, da es großteils durch den geschützten Wald geht. Die Spielplatzgeräte sind dann jedoch nicht benützbar.

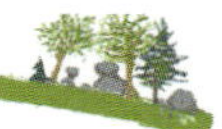

Kindergarten-kinder:	Sehr gut geeignet, z.B. ist bei der Ziellöschstation ein richtiger Feuerwehrschlauch mit Pumpe zum Löschen oder es gibt Knöpfe zum Drücken, bei denen dann die verschiedenen Feuerwehrsignale ertönen. Zum Ende der Wanderung gibt es einen besonderen Feuerwehr-spielplatz mit Stationen passend zum Thema.
Volksschulkinder:	Super geeignet, z.B. gibt es ein Schlauchrätsel, bei dem die verschiedenen Schläuche bei den passenden Kupp-lungen angeschraubt werden müssen.
Ab 10 Jahren:	Für angehende Feuerwehrleute interessant.

Navi: 4251 Sandl, Pendlerparkplatz neben der Raiffeisenbank, Bankstraße 1.

Anfahrt: Von A1/A7 auf S10 nach Freistadt und weiter nach Sandl. Der Parkplatz befindet sich gleich neben der Straße.

Bus/Bahn: Hst. Sandl Pendlerparkplatz.

Ausgangspunkt/P: Parkplatz.

Infos/Gaststätten: *Proviant mitnehmen, da es nur zu Beginn und am Ende des Rundweges im Ort Gaststätten gibt. *Gemeindeamt Sandl, Tel. 07944 82550, www.feuerwehrerlebnisweg-sandl.at.

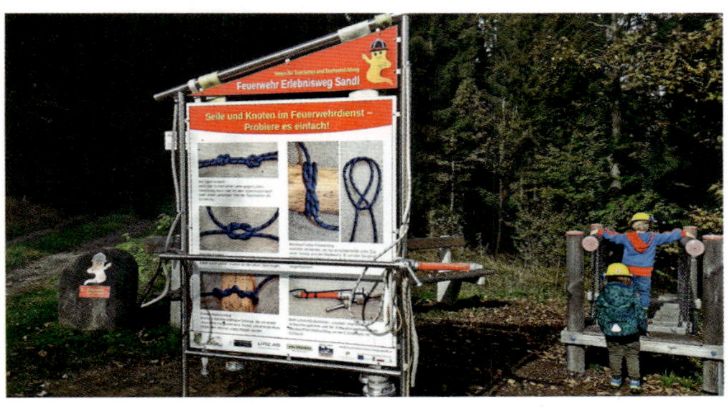

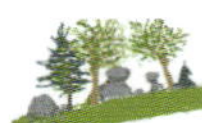

Wegbeschreibung: Vom Parkplatz aus geht man nach links in Richtung Raiffeisenbank, an dieser vorbei und biegt wieder nach links in Richtung Liftstraße ab. Dieser geradeaus folgen. Kurz vor der Schipiste zweigt der Weg nach links ab und kurz darauf nach rechts. Ab hier kann man dem Maskottchen Flori, einer kleinen Flamme mit Feuerwehrhelm, folgen. Zur besseren Orientierung möchten wir jedoch hier ein paar Anhaltspunkte beschreiben: Die erste Station ist die Löschstation. Ab hier geht es zunächst auf Wiesenwegen, dann durch den Wald. Bei der Station „Sirenen" biegt der Weg nach rechts ab. Dem Wegweiser weiter bergab bis zur Landesstraße folgen. Diese überqueren und zur Station „Orientierung" mit dem kleinen Karussell weitergehen. Wenn man dem Weg weiter folgt, kommt man nach ca. 10 Minuten zum kleinen Spielplatz. Für den Rückweg geht es auf einem Schotterweg bergab bis zur Landesstraße. Hier nach rechts bergauf an einem Bauernhof vorbei in Richtung Ortszentrum gehen. Auf der Weide bei dem Hof können TierliebhaberInnen zumeist Pferde und Kühe beobachten. Der Rundweg endet bei der Infohütte.

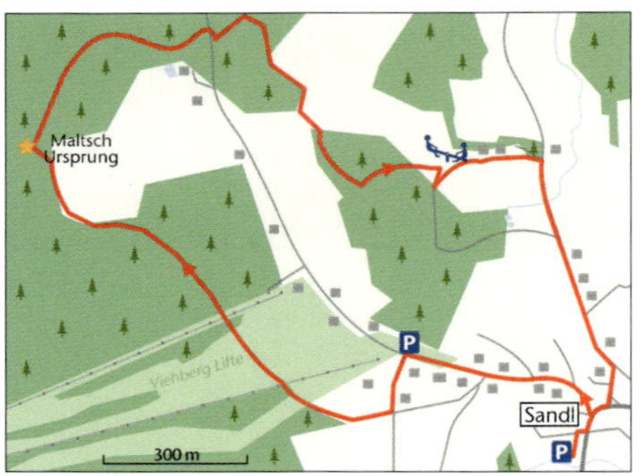

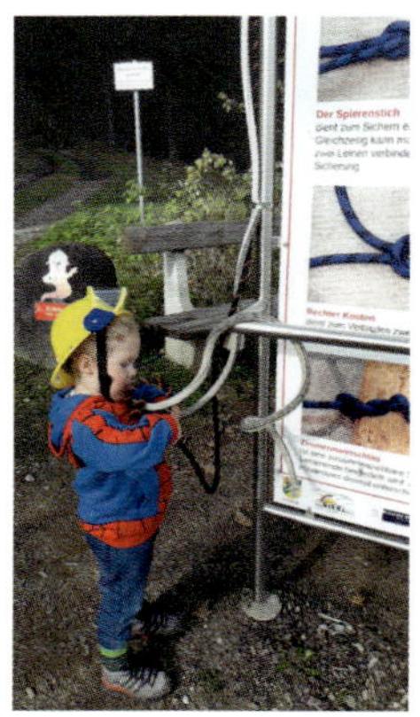

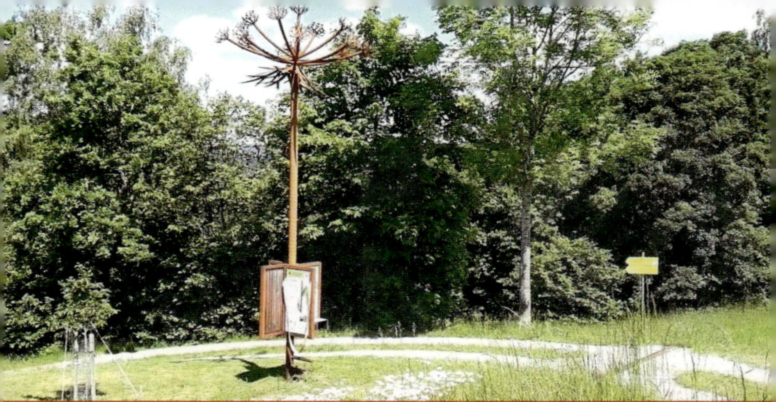

30 Schmetterlingserlebnisweg

St. Thomas am Blasenstein: in der Welt der Schmetterlinge sk

Auch dieser Themenweg ist sehr empfehlenswert. Es gibt neben interessanten Infos von „Schwalbenschwanz Franz“ auch viele Aktivstationen, die zum Mitmachen anregen. Ein ganz besonderer Naturspielplatz zwischen großen Felsen und die „Hoanl“-Naturhöhlen lassen zusätzlich jedes kleine und große EntdeckerInnenherz höher schlagen. Zum Schluss geht's noch zur „Bucklwehluckn“, einem Felsspalt, dem eine heilende Wirkung nachgesagt wird, wenn man durchkriecht (am Felsplateau vorsichtig sein, da es dort keine Absicherungen gibt).

Wetter:  Anforderung:  Gesamtdauer: 1 ½ h

Anforderung:	Mittel; 60 Hm; mittlere Steigung, Wiesenwege, Zufahrtsstraßen. Weg ist für Kinderwagen und Buggy geeignet.
Dauer:	RW: 1 ½ h; 2 km (unbedingt Spielzeit noch einplanen).
Wetter:	Jedes Wanderwetter, außer bei starkem Regen und Sturm.

Kindergarten-kinder:	Auch aufgrund der Kürze super geeignet. Sehr großer Spielplatz. Sandspielsachen einpacken.
Volksschulkinder:	Perfekt geeignet.
Ab 10 Jahren:	Perfekt geeignet. Info- und Spielstationen auch für ältere Kinder.

Navi: 4364 St. Thomas am Blasenstein, Kreuzung Markt/Kirchenweg gegenüber dem Haus Markt 22 (48.313930, 14.763038).

Anfahrt: Von A1 über Ausfahrt 160 auf B3 und Münzbacher Straße nach St. Thomas am Blasenstein. Von Wien kommend zunächst A1, dann auf B3 über Bad Kreuzen nach St. Thomas am Blasenstein. Vom Parkplatz aus nach rechts bergauf in Richtung Bank gehen. Hier geradeaus vorbei bis zur starken Linkskurve. Nach dieser Kurve befindet sich auf der rechten Seite das Gemeindeamt mit der Wanderinfotafel.

Bus/Bahn: Keine direkte öffentliche Verbindung.

Ausgangspunkt/P: Wanderinfotafel beim Gemeindeamt St. Thomas am Blasenstein, Markt 7.

Infos/Gaststätten: *Entlang des Rundweges gibt es keine Gasthöfe, aber im Ort zu Beginn und am Ende der Wanderung, siehe www.st.-thomas.at. *WC, Wickeltisch und Automat mit Kleinigkeiten zum Essen beim Gemeindeamt und beim Naturspielplatz.

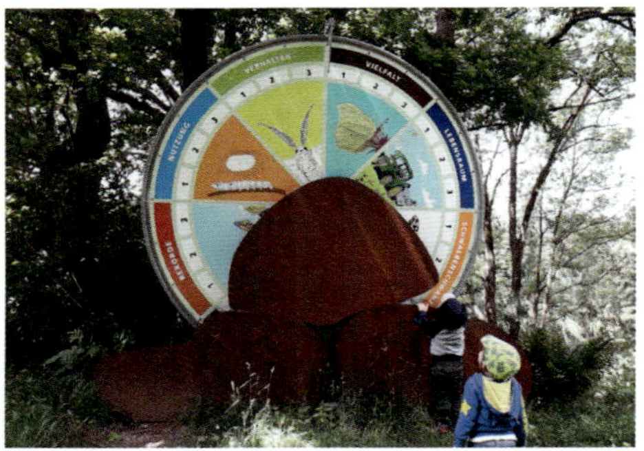

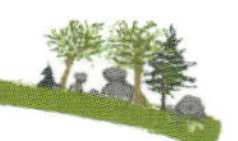

Wegbeschreibung: Der Schmetterlingserlebnisweg startet direkt beim Gemeindeamt bei der Infotafel mit „Franz, dem Schwalbenschwanz". Der Rundweg ist sehr gut beschildert, einfach dem Wegweiser (Schmetterlingsweg S1) folgen. Den Abzweiger zu den „Hoanl"-Naturhöhlen kann man jedoch leicht übersehen. Nach dem Naturparkspielplatz geht man nach rechts weiter bergauf, bis links gegenüber der großen Felsenmauer der Weg zu den Höhlen abzweigt (kleines Schild an der Felsmauer).

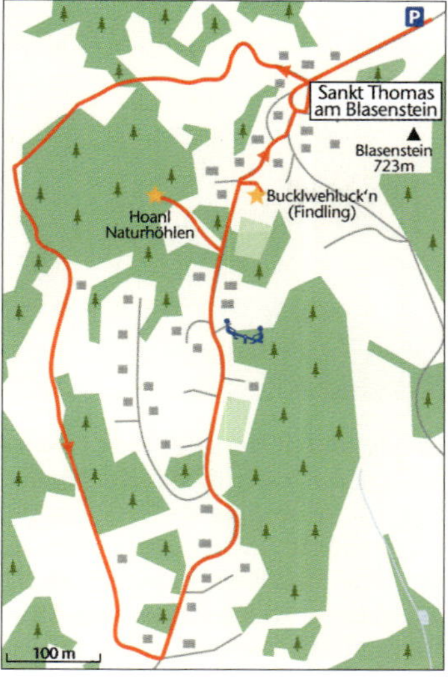

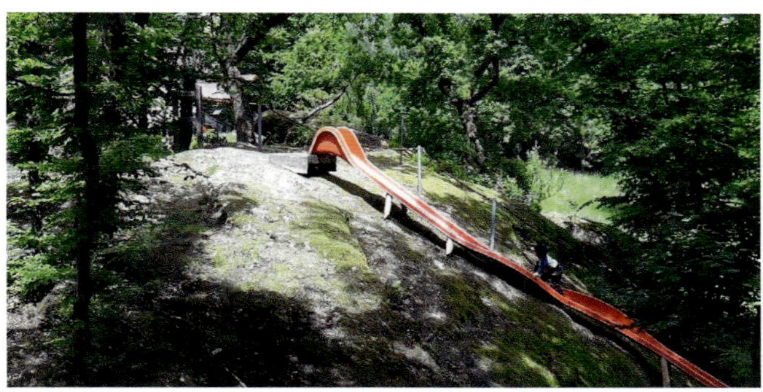

31 „Wird-nett-Fadweg"

Mönchsdorf: Abwechslung ist Programm

sk

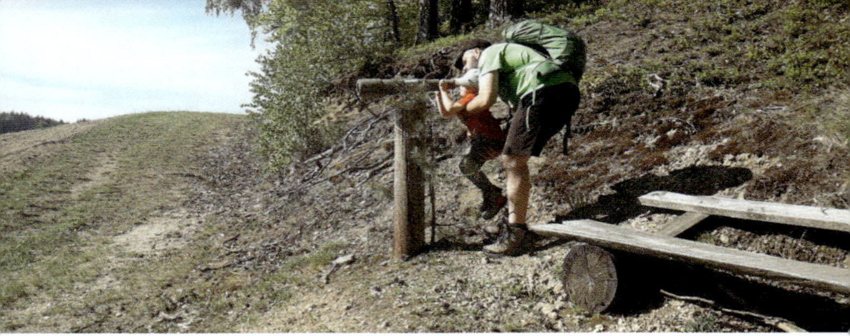

Dieser Weg ist hinsichtlich der Spiel- und Erlebnisstationen herausragend, jedoch sehr lange und daher eher für größere Kinder geeignet. Die Strecke ist super abwechslungsreich, irgendwie ist alles dabei: Höhlen (bitte Taschenlampe nicht vergessen), zahlreiche Kletterfelsen, eine Slacklinestation und vor allem ein absolut spieleinladender Bach kurz nach Mönchdorf. Die Strecke folgt einige Zeit diesem seichten Bach und die Unzahl an kleinen Dämmen, die die Kinder schon gebaut haben, animieren zum Weiterbauen und Pritscheln. Ein Wegweiser weist später zur Einsiedlerhöhle und ca. 10 Minuten weiter befindet sich ein großes Wasserrad. Kurz darauf folgt wieder eine Höhle und dann geht's zurück zum Ausgangspunkt.

Wetter:  Anforderung:  Gesamtdauer: 3 h

Anforderung:	Mittel, jedoch sehr konditionsraubend aufgrund der Länge; 230 Hm; mittlere Steigung, kurze Wegabschnitte etwas steiler; großteils Forst- und Wiesenwege.
Dauer:	RW: 3 h; 8 km.
Wetter:	Schönes, aber nicht zu heißes Wanderwetter; unbedingt genügend Zeit einplanen.

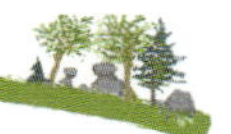

Kindergarten-kinder:	Aufgrund der Weglänge nicht geeignet. Für kleinere Kinder Trage mitnehmen.
Volksschulkinder:	Super geeignet.
Ab 10 Jahren:	Perfekt geeignet.

Navi: 4281 Mönchdorf, Schiliftstraße 58.

Anfahrt: A7/A1, über Ausfahrt 1 auf die B124 und in Richtung Mönchdorf. Von Wien kommend auf der A1 die Ausfahrt 100 nehmen und auf der B3 weiter nach Mönchdorf fahren. Der Weg zum Gasthaus und zum Schilift ist beschildert.

Bus/Bahn: Hst. Mönchdorf Pendlerparkplatz; vom Pendlerparklplatz aus kann man direkt in den Rundweg einsteigen, da dieser gleich in der Nähe vorbeiführt. Von der Haltestelle wenige Meter bergauf in Richtung Ortsmitte gehen, bis rechts der „Wirdnett-Fadweg" in den Gärtnerweg abzweigt.

Ausgangspunkt/P: Gasthaus Hinterkörner. Wer mit dem Bus unterwegs ist, startet direkt beim Pendlerparkplatz.

Infos/Gaststätten: *Mühlviertler Alm, Tel. 07955 6255, www.koenigswiesen.at. *Gasthaus Hinterkörner, Tel. 07267 8264, zusätzlich gibt es noch Gasthöfe im Ort, siehe Homepage von Königswiesen.

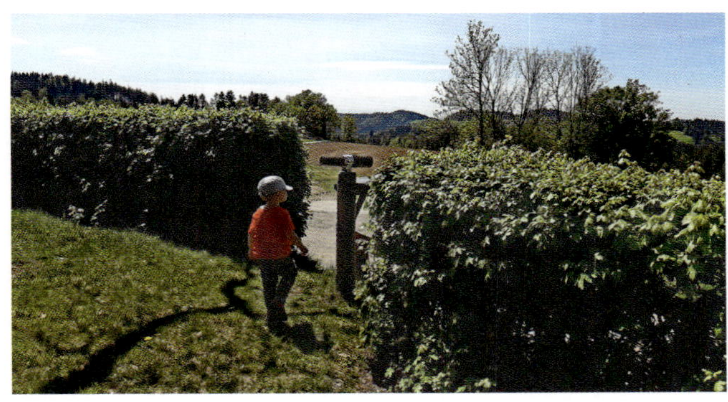

Wegbeschreibung: Der „Wird-nett-Fadweg" hat die Wegnummer 15 und ist sehr gut beschildert. Im Prinzip kann man diesen Schildern am gesamten Weg folgen. Beim Start muss man ein bisschen aufpassen: Der Zufahrtsweg führt gegenüber dem Gasthaus Hinterkörner bergauf, rechts vorbei an dem kleinen Rastplatz mit den Granitfelsen. Bei dem Haus auf dem Berg geht es links vorbei und der Zufahrtsweg geht in einen Feldweg über. Nun kann man einfach den Wegweisern folgen. Zur Orientierung hier eine kurze Beschreibung: Auf dem Feldweg geht es in Richtung Aussichtspunkt bei einem Bauernhof mit Hühnergehege. Danach die Landstraße überqueren und für 2 bis 3 Minuten dieser links bergab folgen, bis rechts der Weg abzweigt. Dieser führt direkt zur Slacklinestation. Gegenüber am Waldrand gibt es einen super Rastplatz mit Kletterfelsen. Ab hier geht es auf einem Waldweg nach Mönchdorf. Am Ortsende zweigt links der Weg ab und geht in einen Wiesenweg über. Man wandert an einem Bauernhof und einer Spielstation vorbei Richtung Bach. Nach einem kurzen Stück weist ein Schild auf den Stichweg zur Einsiedlerhöhle hin. Bevor es auf Wald- und Wiesenwegen retour geht, kommt man noch beim Wasserrad und einer zweiten Höhle vorbei.

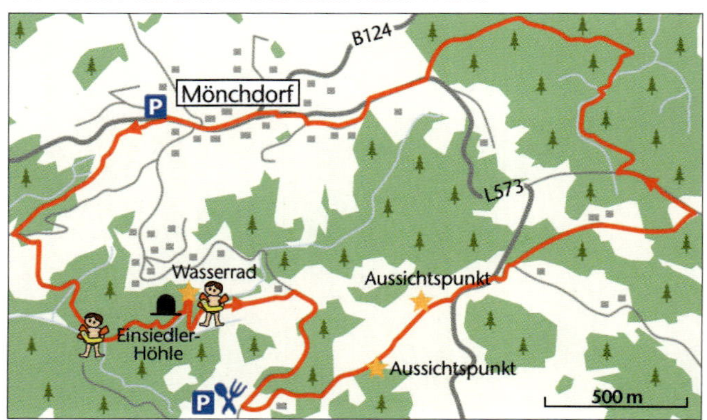

32 Geheimnis-Pfad WaldReich (874 m)

St. Georgen am Walde: Natur erleben

sk

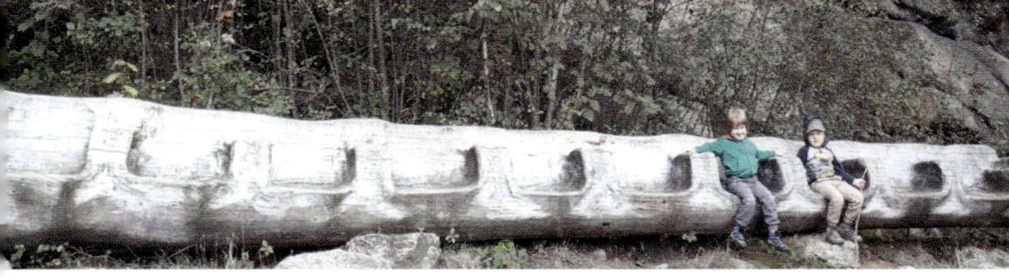

In St. Georgen am Walde gibt es wunderschöne Wälder, die natürlich bewirtschaftet werden und so gibt es bei der ersten Station ein Holzhackermuseum, eine Holzhütte mit original Werkzeugen für die Forstarbeit aus früheren Zeiten. Insgesamt erinnert die Gegend an das Waldviertel, es gibt verschlungene Pfade zwischen Felsformationen und es macht den Kindern Spaß, den Weg zu suchen. Super spannend sind hier auch die Erlebnisstationen, die sich mit den normalen Informationsstationen abwechseln. Ein Höhepunkt ist sicher der Fuchsbau. Hier wurde in der Erde ein richtiger Bau errichtet und das Beste: Man kann hineingehen. Drinnen sind ein paar Füchse und ein Dachs zu sehen. Steil und steinig geht's dann bergauf zu einer bewaldeten Hügelkuppe, dem Kranzberggipfel. Hier befindet sich ein überdachter Rastplatz und ein perfekter Naturspielplatz, das Steinlabyrinth. Unsere Kinder versanken im Spiel zwischen den Felstürmen, Höhlen und Spalten. Uns Erwachsene beeindruckte die schöne Aussicht vom Kranzberggipfel.

Wetter:  Anforderung: 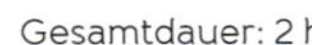 Gesamtdauer: 2 h

Anforderung:	Mittel; 200 Hm; mittlere bis steile Steigung; vorwiegend Waldwege. Im Gipfelbereich auf die Kinder Acht geben.
Dauer:	RW: 2 h; 4 km. Genügend Spielzeit einplanen.
Wetter:	Schönes, auch heißes Wanderwetter.

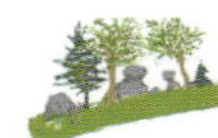
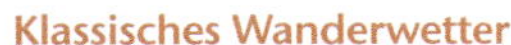

Kindergarten-kinder:	Für trittsichere, gehfreudige Kinder sehr gut geeignet. Kleinere Kinder in der Trage mitnehmen.
Volksschulkinder:	Perfekt geeignet.
Ab 10 Jahren:	Perfekt geeignet.

Navi: 4372 St. Georgen am Walde, Kreuzung Greiner Straße/Teichweg (48.359715, 14.898315).

Anfahrt: A1 auf Ausfahrt 160 auf B123 und B3 nach St. Georgen am Walde. Von Wien kommend von der A1 über die Ausfahrt 100 abfahren und auf der B3 nach St. Georgen am Walde fahren. Der Parkplatz befindet sich direkt beim Pavillon in der Ortsmitte.

Bus/Bahn: Hst. St. Georgen am Walde Ortsmitte. Die Haltestelle befindet sich direkt beim Ausgangspunkt.

Ausgangspunkt/P: WaldReich-Pavillon.

Infos/Gaststätten: *Proviant mitnehmen, da es nur zu Beginn und am Ende Gasthöfe gibt. *Marktgemeindeamt St. Georgen am Walde, Tel. 07954 30300, www.st.georgen.at. *www.waldreich.at.

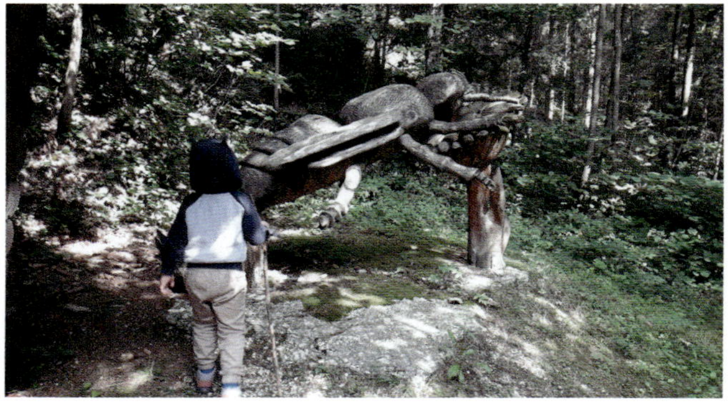

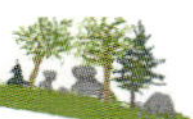

Wegbeschreibung: Der Weg ist sehr gut gekennzeichnet und beginnt beim WaldReich-Pavillon am Parkplatz. Man braucht den Wegweisern mit der Aufschrift „Natur-Geheimnis-Pfad 05“ nur zu folgen. Es gibt „normale“ Stationen und besondere Erlebnisstationen (sind extra gekennzeichnet). Hier dennoch eine kurze Beschreibung der Höhepunkte: Der Weg führt zunächst auf asphaltierten, dann auf Wiesenwegen bergab zu einer Landesstraße. Sobald diese überquert ist, ist am Waldrand die Holzhackerhütte sichtbar. Ab hier geht es auf einem Schotterweg durch den Wald an einigen Stationen vorbei, bis der Weg nach links abbiegt. Nun führt ein schmaler steiler Pfad entlang von Felsen zur Station „Fuchsbau”. Auf einem Wiesenweg geht es an weiteren Stationen vorbei, bis der Weg bei der Station „Steinweg” nach links bergauf abzweigt und wieder steil und steinig wird. Damit man den Apostelsitz und die Station „Wald-Meditation“ nicht verpasst, nach der Station „Steinweg“ am Schotterweg nach links abbiegen (kann man leicht übersehen). Den gleichen Weg wieder zurück gehen und dem Schotterweg weiter geradeaus folgen. Nach ca. 15 Minuten zweigt ein Steig links bergauf in Richtung Kranzberg ab. Neben dem Steinlabyrinth befindet sich im Gipfelbereich ein überdachter Rastplatz. An imposanten Felsriesen wandert man steil bergab bis zum Sportplatz. Ab hier geht es auf dem Gehsteig zurück zum Ausgangspunkt.

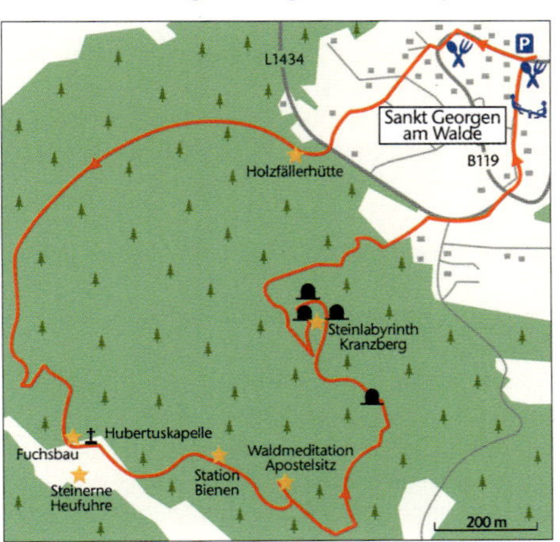

33 Damberg (811 m)

St. Ulrich bei Steyr: Aussichtswarte und Höhle

br

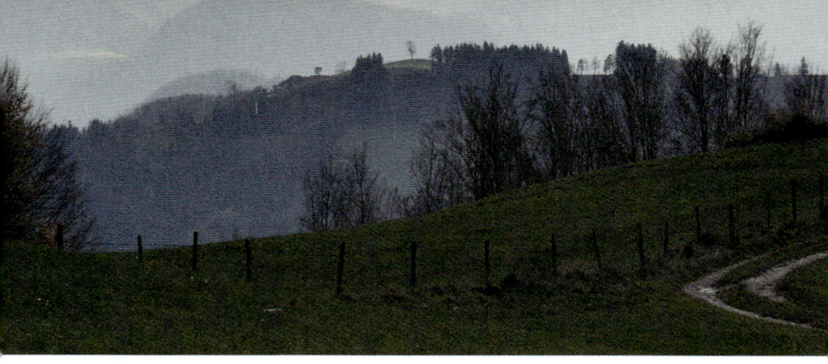

Der Damberg ist der Lieblingsausflugsberg der SteyrerInnen. So viele kleine und große Wegerl führen auf den Gipfel und wollen erkundet werden. Bei schönem Wetter ist der Weitblick von der Aussichtswarte wirklich genial, aber auch bei Regen und Schnee geht sich immer eine kleine Runde aus. Dann aber unbedingt Gatschgewand mitnehmen und eher die Forststraßen als die Wegerl erkunden – der Damberg kann sich in ein absolutes Schlamm-Monster verwandeln ;). Geheimtipp für größere Kinder: einen Abstecher zum Windloch machen und die fast 100 Meter lange Höhle mit der Taschenlampe erforschen!

Wetter:    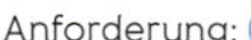 Anforderung:  Gesamtdauer: 1–4 h

Anforderung:	Mittel; 155 Hm; kurze, steile Passagen, wilde Waldwege und ein bisschen Forststraße.
Dauer:	RW: 1 h; 2,2 km; Verlängerung zum Windloch: pro Richtung zusätzlich 1 ½ h; 2,5 km.
Wetter:	Jedes Wetter. Nach starkem Regen lieber auf der Forststraße zum Gipfel gehen. Auch der Weg zum Windloch ist sehr „gatschanfällig“.

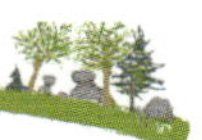

Kindergarten-kinder:	Sehr gut geeignet. Die Waldwege sind spannend und die vielen Stufen der Dambergwarte erst recht.
Volksschulkinder:	Sehr gut geeignet, motivierte Kinder schaffen es auch schon zur Höhle. Taschenlampe nicht vergessen!
Ab 10 Jahren:	Ein schneller Ausflug bei jedem Wetter. Und ein besonderes Erlebnis, wenn man noch weiter zum Windloch geht.

Navi: 4400 St. Ulrich bei Steyr, Dambergstraße 14.

Anfahrt: Ab Steyr auf der B115 zuerst Richtung Weyer fahren und dann den Schildern (von der B115 erst links und dann gleich wieder rechts) nach St. Ulrich folgen. Auf dieser Straße bleiben. Kurz nach dem Ortsgebiet „Am Damberg“ rechts Richtung Gasthof Schoiber abzweigen und auf der kurvigen Strecke bis zum großen Parkplatz beim Gasthof fahren.

Bus/Bahn: Keine öffentliche Verbindung.

Ausgangspunkt/P: Parkplatz beim Gasthof Schoiber.

Infos/Gaststätten: *Gasthof Schoiber, Tel. 07252 53240, Ruhetag: Mo.

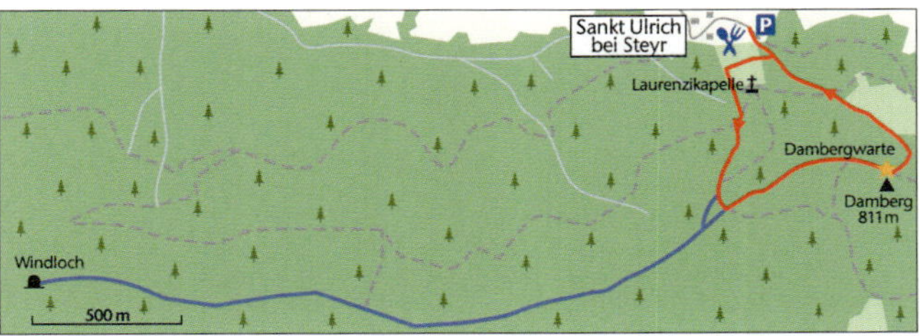

Wegbeschreibung: Vom Schoiber die rechte, steilere Forststraße neben den Infotafeln den Berg hinauf nehmen und an der ersten Abzweigung rechts weitergehen (Schild „MZWW“). Wer mag, macht einen kurzen Abstecher zur Laurenzikapelle, dort gibt's ein paar Jausenbankerl mit netter Aussicht über's Alpenvorland. Nach dem Abstecher zurück zum Aufstiegsweg und dort weiter steil bergauf gehen.

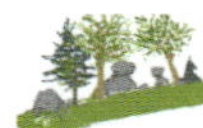

Die Forststraße queren und gegenüber den wilden Pfad nehmen. Am Ende mündet er in eine Forststraße. Auf dieser rechts bis zur Wiese weitergehen.

Hier teilen sich die Wege zur Warte und zum Windloch: Geradeaus geht's weiter zum Windloch. Der Weg ist gut beschildert – immer geradeaus der Beschilderung folgen.

Wer gleich zur Dambergwarte will, geht links bergauf den Wald entlang, oben gleich wieder links in den Wald hinein und weiter bis zum Aussichtsturm. Für den Rückweg links hinunter in den Wald (Schild „Bibelweg"). Der schmale Weg quert einmal eine Forststraße und führt am Ende auf dem Aufstiegsweg zurück zum Parkplatz.

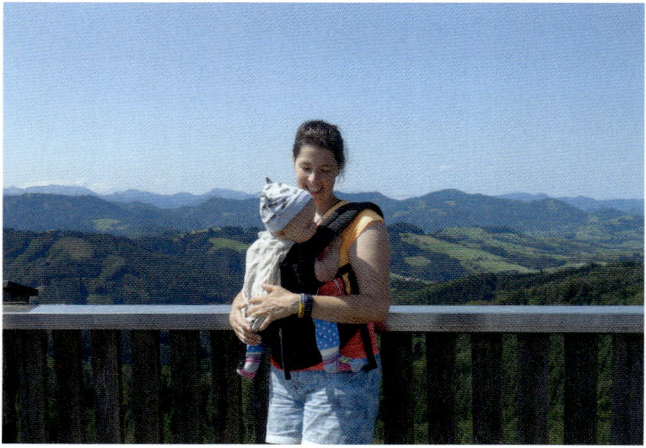

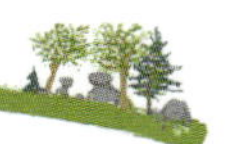

Zusatztipps

.... die es noch zu entdecken gibt.

Freistadt:

Wasserwanderweg

3 h, 7,7 km, 225 Hm

Hier dreht sich alles ums Thema Wasser. Entlang der gesamten Tour befinden sich immer wieder Schautafeln, die über den Wasserkreislauf und z.B. zur Wasseraufbereitung informieren. Der Weg ist gut beschildert. Ausgangspunkt ist der P6, Scheiblingturm in Freistadt, Promenade 4 (gps: 48.513756, 14.503151) oder Bus 311, Freistadt Böhmertor.

Pfarrkirchen im Mühlkreis:

Schmetterlingsweg

2 ½ h, 6 km, 130 Hm

Jedes Jahr wird der Weg von Kindern neu gestaltet und entsteht so immer wieder neu. Große bunte Schmetterlinge markieren die einzelnen Stationen. Ausgangspunkt ist bei der Wandertafel vor dem Gemeindeamt Pfarrkirchen, ab hier einfach der Beschilderung folgen.

St. Ulrich im Mühlkreis:

Kleiner und großer Hopfensteig

Kleine Runde: 1 ½ h; 3,5 km; 60 Hm. Große Runde: 5 h; 12 km; 100 Hm.

Immer wieder findet man im Mühlviertel die typischen Hopfenfelder, die ein wenig wie übergroße Weingärten aussehen. Hier erfährt man alles über diese Pflanze. Mehr Infos unter www.hopfenerlebnis.at. Ausgangspunkt ist beim Hopfenerlebnishof und Hopfenmuseum in St. Ulrich im Mühlkreis, die Runde ist gut beschildert.

St. Ulrich im Mühlkreis:

Barfußweg

1 ½, 2,3 km

Barfuß gehen macht Spaß und hier ist das auf mehr als 2 km und über 20 Stationen möglich. Es geht über Steine, durch ein Bachbett und vieles mehr. Mehr zu Öffnungszeiten und Eintritt unter www.gasthaus-lang.at. Ausgangspunkt ist beim Gasthaus Lang (gps: 48.480003, 14.054017).

Herzogsdorf:

Kinderweg

1 ½ h, 2,5 km, 30 Hm

Hier werden vor allem Märchen durch Figuren liebevoll dargestellt. Die Stationen sind so gestaltet, dass Kinder dort auch super spielen können. Ausgangspunkt ist am Parkplatz gegenüber dem Gemeindeamt Herzogsdorf (gps: 48.429932, 14.112571), der Weg ist gut beschildert.

Sonnberg im Mühlkreis

Generationenpark

1 h; 2 km; 20 Hm.

Ein Rundweg durch einen Park mit viel Abwechslung und durch den Wald. Im Park gibt es einen Bachlauf, Schaukelliegen, Naschgarten, Motorikstationen, einen Kletterparcours im Wald und vieles mehr. Ausgangspunkt ist der Parkplatz bei der Mehrzweckanlage, Sonnberg 94 (gps: 48.458342, 14.299428), einfach den Schildern folgen.

Rainbach im Mühlkreis:

Weg der Farben

2 h, 4,5 km, 50 Hm

Das Motto dieses Weges ist, die Natur in verschiedenen Farben zu erleben und zu sehen. Das wird bei den verschiedenen Stationen mit

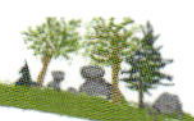

farbigem Glas möglich, wie z. B. dem großen Kaleidoskop oder dem Glasmandala. Ausgangspunkt ist das große Labyrinth beim Pfarrhof (gps: 48.558597, 14.477398), ab hier den Schildern folgen.

Ottenschlag:

Bodenlehrpfad

1 ½ h, 3 km, 60 Hm

Stationen mit Infotafeln erklären, warum der Boden so wichtig für uns Menschen ist, wie er entsteht, welche Arten von Böden es gibt und vieles mehr. Unweit des Rundweges befinden sich der Heidenstein und das Teufelsbründl (hier soll der Teufel sein Geld gezählt haben). Mit 15 Minuten Gehzeit ein leicht erreichbares Zusatzziel. Ausgangspunkt ist der Parkplatz beim Landschaftsteich Mooswies, der Weg ist gut beschildert.

Unterweißenbach

Jagdmärchenpark Hirschalm

Ein kleiner Vergnügungspark mit einem 1,6 km langen Märchenrundweg durch den Wald. Infos zum Park, Öffnungszeiten und Preise auf www.jagdmaerchenpark.at.

Au an der Donau und Naarn im Machlande:

Aulehrpfad

3 h; 6 km; 26 Hm.

Der Rundweg befasst sich in einer Richtung mit den Erlebnisräumen Machland und in der anderen Richtung mit den Lebensräumen Machland. Die überwiegend asphaltierten Wege bieten sich super für einen Ausflug mit dem Rad an. Bei der Brandl Lacke ist Radfahrverbot und das Rad muss kurz geschoben werden (Gehzeit 15 Minuten). Ausgangspunkt ist entweder in Au an der Donau beim Hafen (gps: 48.228135, 14.580084) oder in Naarn im Machlande bei der Kreuzung Pfarrweg-Perger Straße (gps: 48.226177, 14.605934), ab beiden Ausgangspunkten einfach der Beschilderung folgen.

Überblick Fitnesswege

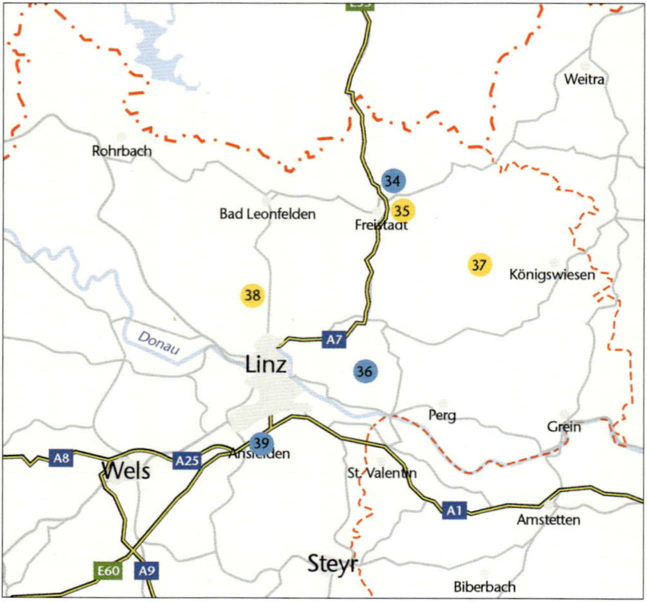

● kinderwagen-geeignet ● leicht bis mittel ● mittel ● anspruchsvoll

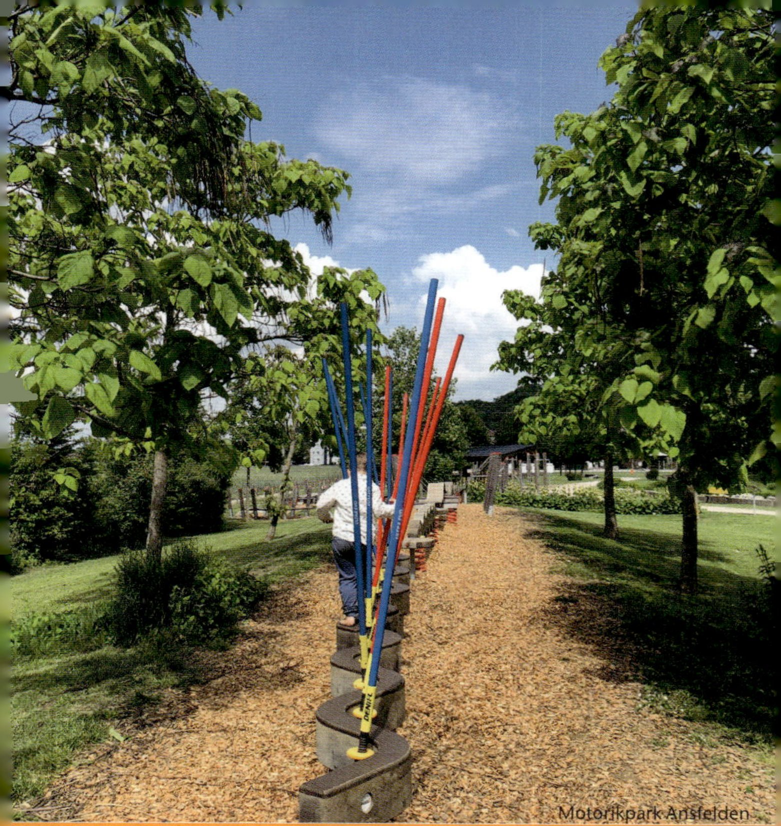

Motorikpark Ansfelden

IV. Fitnesswege

Mühlviertel und Zentralraum

34 Thurytal Fitweg-Runde

Freistadt: im Tal der Hammerschmieden

sk 

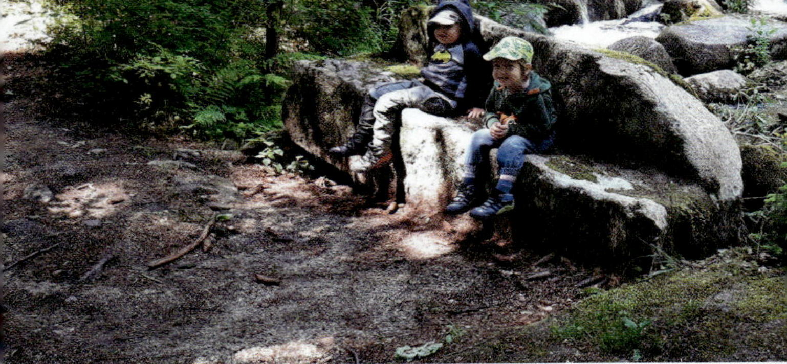

Der Fitweg führt entlang der Feldaist an ehemaligen Hammerschmieden der Familie Thury vorbei. Eines dieser Hammerwerke, der 2. Thuryhammer, wurde wieder errichtet und ist heute ein Museum und eine Schauschmiede. Informationstafeln erzählen über das Tal und die Thurys. Die Übungen der Fitweg-Runde sind großteils einfache Gymnastikübungen, die leicht nachzumachen sind. Zahlreiche Wasserzugänge entlang der Feldaist laden zum Abkühlen ein und entlang des Weges kommen KraxlerInnen auf ihre Kosten. Ein Abstecher zum Teufelsfelsen zahlt sich aus (Gehzeit: 15 Min.) Hier wird man von einer einzigartigen und sagenumwobenen Skulptur begrüßt.

Wetter: 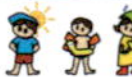 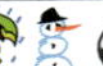 Anforderung:  Gesamtdauer: 1 ½ h

Anforderung:	Leicht; eher einfache Fitnessstationen; 120 Hm; leichte bis mittlere Steigung; vorwiegend Waldwege und Wandersteige.
Dauer:	1 ½ h; 3 km.
Wetter:	Jedes Wetter, außer bei Sturm und Starkregen.

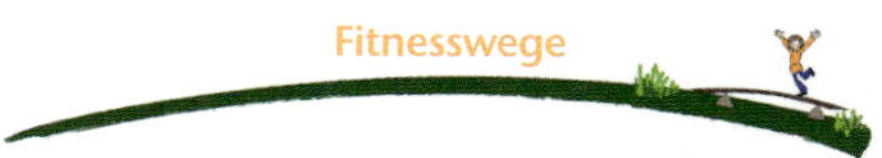

Kindergarten-kinder:	Sehr gut geeignet. Kleinere Kinder in der Trage mitnehmen. Wechselkleidung einpacken.
Volksschulkinder:	Super geeignet.
Ab 10 Jahren:	Sehr gut geeignet.

Navi: 4240 Freistadt, einige Meter nach der Hausnummer Graben 15; 48.520844, 14.516740.

Anfahrt: A1/A7, weiter auf S10 nach Freistadt, Ausfahrt 21 nehmen und auf B38 in Richtung Graben. Nach rechts bergauf dem Wegweiser zum Parkplatz Thurytal folgen (kann man leicht übersehen), bis die Zufahrtsstraße beim Parkplatz endet.

Bus/Bahn: Keine direkte öffentliche Verbindung.

Ausgangspunkt/P: Thurytalparkplatz.

Infos/Gaststätten: *Keine Gaststätten entlang des Weges, daher Proviant mitnehmen. *Geocache „Die Feldaist im Thurytal".

Wegbeschreibung: Der Rundweg hat die Bezeichnung „FR2" und ist sehr gut gekennzeichnet. Ein Stück nach der Schauhammerschmiede, bei der Infotafel „Lebensraum Thurytal – Wald", gibt es einen Picknickplatz mit Wasserzugang. Kurz nach der Hammerruine zweigt der Abstecher nach rechts zum Teufelsfelsen ab. Wer diesen nicht machen will, folgt den Schildern „FR2"nach links weiter bergauf (ab hier gibt es keine Wasserzugänge mehr), bis der Weg wieder beim Parkplatz endet.

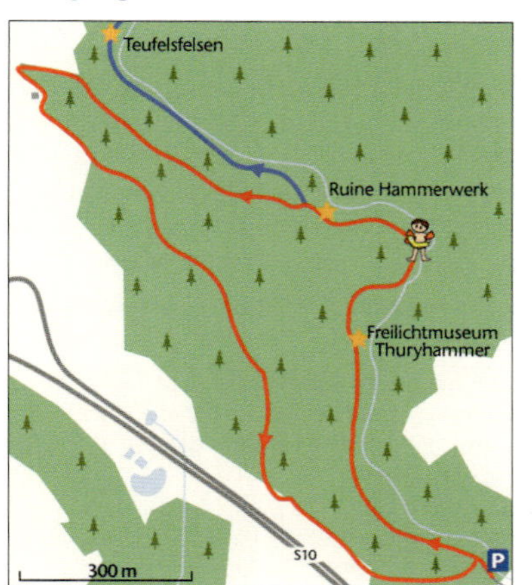

35 Flaps Fit-Weg

Freistadt: Sport mit Rätselspaß

sk

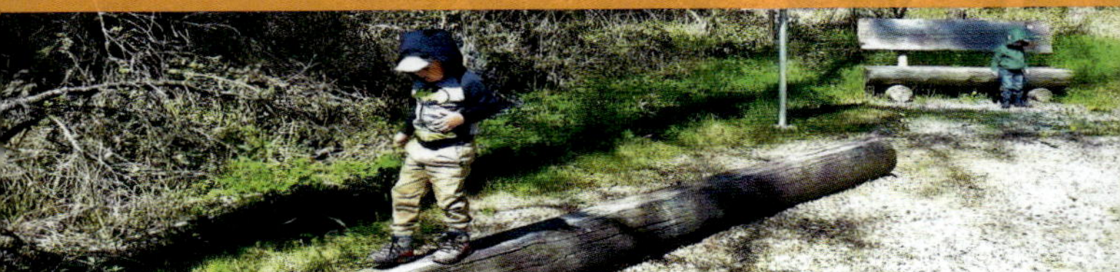

Am Fitnessweg erzählt Flaps, die Flunkerfledermaus Interessantes über den Wald und stellt zu jedem Thema eine Rätselfrage. Die Fitnessstationen sind perfekt für Kinder und machen richtig Spaß. Der Flaps Fit-Weg lässt sich noch um den Flaps Lauf-Weg verlängern, einen sehr netten Wanderweg. Entlang der Strecke gibt es viele Klettermöglichkeiten und jede Menge Beerensträucher. Bei der Hälfte der Runde quert der Weg einen seichten Bach, der perfekt zum Pritscheln, Spielen und Staudamm Bauen ist.

Wetter:    Anforderung:  Gesamtdauer: 1–2 h

Anforderung:	Leicht; verschiedene Schwierigkeitsgrade bei den Fitnessstationen; 60 Hm; leichte bis mittlere Steigungen; Schotter- und Waldwege. Beide Runden sind mit Kinderwagen befahrbar, Laufstrecke zu Beginn etwas holprig.
Dauer:	Kurzer RW: 1 h; 2 km; langer RW: 2 h; 4 km.
Wetter:	Jedes Wanderwetter, auch leichtes Nieselwetter.

Kindergartenkinder:	Sehr gut geeignet. Einige Stationen auch schon für kleinere Kinder, ansonsten lassen sich die Übungen abwandeln. Wechselkleidung!
Volksschulkinder:	Perfekt geeignet.
Ab 10 Jahren:	Perfekt geeignet. Einige Fitnessstationen nur für ältere Kinder.

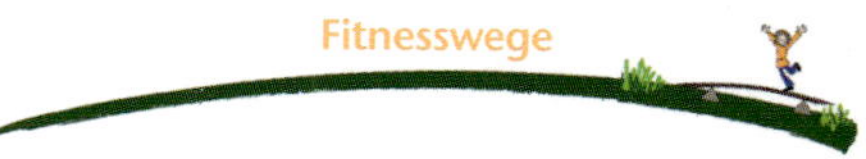

Navi: 4240 Zelletau, neben dem Haus Zelletau 1.

Anfahrt: A1/A7 auf S10 in Richtung Freistadt und weiter nach Zelletau. Der Parkplatz befindet sich rechts neben der Landesstraße. In die Zufahrt zum Haus Zelletau 1 einbiegen und vor der Fahrverbotstafel rechts auf dem kleinen Parkplatz parken. Von Wien kommend auf der S5 in Richtung Sandl und von dort nach Zelletau.

Bus/Bahn: Keine direkte öffentliche Verbindung.

Ausgangspunkt/P: Flaps Fit-Weg, Parkplatz

Infos/Gaststätten: Keine Gaststätten entlang des Weges, daher Proviant mitnehmen.

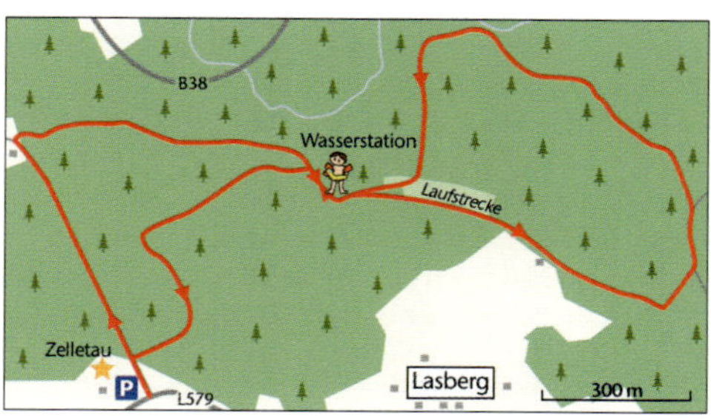

Wegbeschreibung: Vom Parkplatz in Richtung Fahrverbotsschild gehen und hier nach rechts abbiegen. Ab hier ist das große „Flaps Fit-Weg"-Schild schon zu sehen. Der Fitnessweg ist super gekennzeichnet, einfach den Wegweisern mit der Flunkerfledermaus folgen. Bei der Brücke bei dem kleinen Bach nicht vorher nach rechts dem Wegweiser folgen, sondern über die Brücke und sofort nach links gehen. Hier versteckt sich die Wasserspielstation. Wer nur den Fitnessweg gehen will, geht dann wieder zurück über die Brücke zum letzten Wegweiser und folgt der Beschilderung nach links zurück zum Parkplatz. Für die lange Runde den Weg links bergauf nach der Brücke gehen und den Wegweisern (Pfeil mit Flunkerfledermaus) folgen. Wieder bei der kleinen Brücke angekommen, geht es entlang des Fitnesswegs zurück zum Parkplatz.

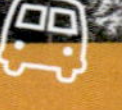

36 Motorikparkoase Lungitz

Lungitz: Spiel- und Wasserspaß

sk

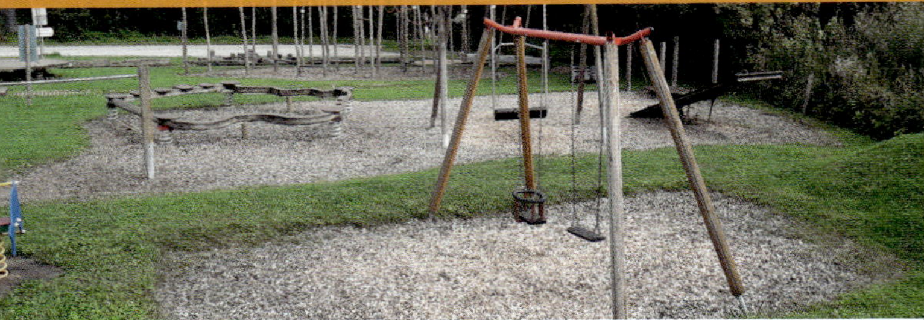

Rund um ein großes Biotop können sich kleine und große Kinder an 20 Motorikstationen austoben. Der Park hat für jede Altersstufe etwas zu bieten. So gibt es unter anderem für ältere Kinder eine Tarzanbahn und eine Kitesurfarena, für jüngere Kinder einen Balancierparcours und für die ganz Kleinen einen Spielplatz. Wer bei all den Übungen ins Schwitzen gekommen ist, kann sich im seichten Bach gleich daneben abkühlen. Der Park ist für kurze Nachmittagsausflüge eine nette Alternative.

Wetter:   ◑ Anforderung:  Gesamtdauer: -

Anforderung:	Leicht; verschiedene Schwierigkeitsgrade an den Fitnessstationen; keine Steigung; Wiese.
Dauer:	Beliebig.
Wetter:	Jedes trockene Wetter. Im Spielplatzbereich kein Schatten.

Kindergartenkinder:	Super geeignet. Wechselkleidung nicht vergessen.
Volksschulkinder:	Pefekt geeignet.
Ab 10 Jahren:	Perfekt geeignet.

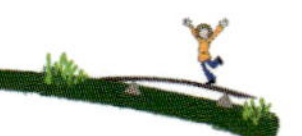

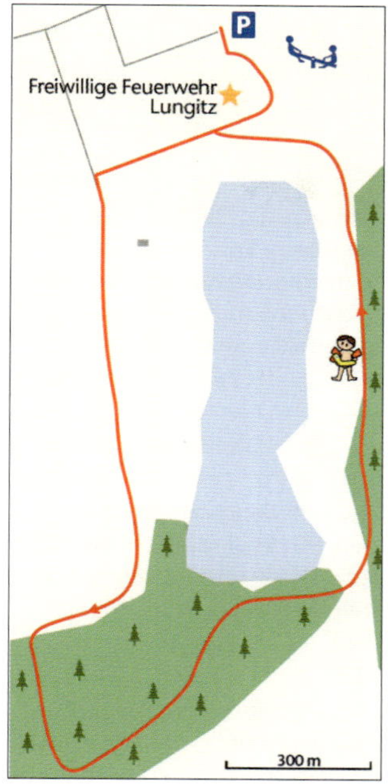

Navi: 4223 Lungitz 63.

Anfahrt: Von A1 auf A7 bis Ausfahrt 25, über die Gusentaler Bezirksstraße in Richtung Lungitz. Der Parkplatz befindet sich direkt neben der Freiwilligen Feuerwehr Lungitz.

Bus/Bahn: Hst. Lungitz/Gusen Bahnhof, Gehzeit bis zum Motorikpark ca. 5 Minuten.

Ausgangspunkt/P: Parkplatz Motorikparkoase Lungitz.

Infos/Gaststätten: *Keine Gaststätten bei der Motorikparkoase, daher Proviant mitnehmen. *WC vorhanden.

Wegbeschreibung: Vom Bahnhof Lungitz nach rechts in Richtung Landesstraße L1410, hier zwei Mal nach rechts bis zum Feuerwehrzeughaus. Hier startet auch der Motorikpark.

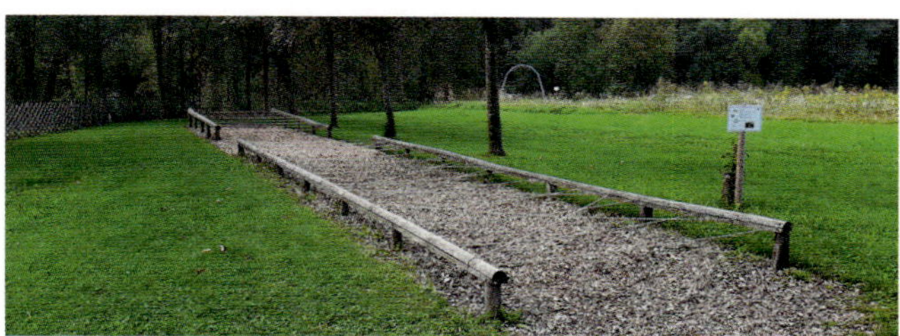

37 Fitnessweg Predigtberg (840 m)

St. Leonhard bei Freistadt: Sport mit Abenteuer

sk

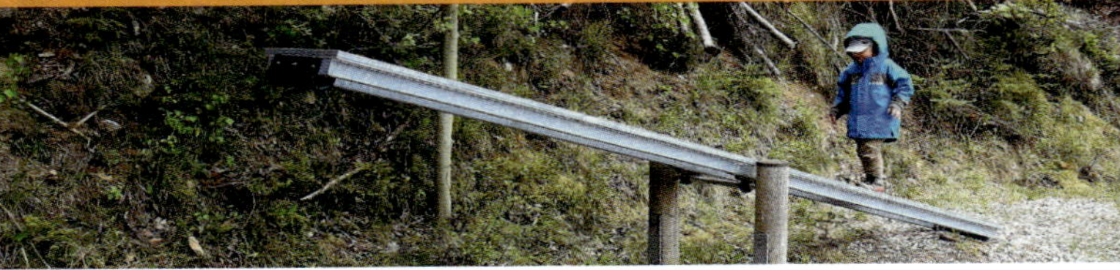

Der Fitnessweg führt rund um den Predigtberg. Entlang des Rundweges gibt es neben super Fitness- und Bewegungsstationen einen Spiel- und Rastplatz sowie eine Höhle (Taschenlampe nicht vergessen). Die Felsformationen am Weg sind perfekt zum Klettern und Naschkatzen finden hier Beerensträucher.

Wetter: Anforderung: Gesamtdauer: 1 ½–2 h

Anforderung:	Leicht; verschiedene Schwierigkeitsgrade an den Fitnessstationen; 90 Hm; leichte bis mittlere Steigungen; großteils Wald- und Schotterwege. Bis auf wenige Meter im Bereich der Höhle kinderwagentauglich.
Dauer:	RW: 1 ½ bis 2 h; 3 km.
Wetter:	Jedes Wetter. Auch bei leichtem Nieselregen, im Winter wird der Weg geräumt.

Kindergarten-kinder:	Super geeignet. Fitnessstationen zum Teil schon für kleinere Kinder geeignet. Bei der Wegmitte Spiel-, Rast- und Aussichtsplatz. Kinder nicht unbeaufsichtigt herumsausen lassen, da beim Aussichtsplatz die Felsen einige Meter steil abfallen und es keine Absicherung gibt.
Volksschulkinder:	Perfekt geeignet. Siehe oben.
Ab 10 Jahren:	Perfekt geeignet. Einige Fitnessstationen nur für ältere Kinder. Siehe oben.

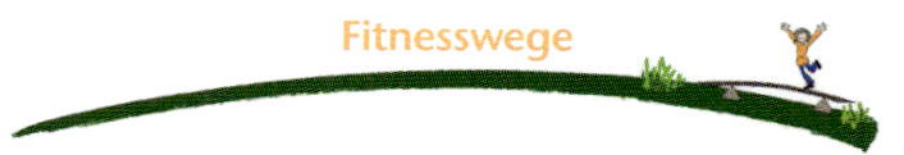

Navi: 4292 St. Leonhard bei Freistadt, Mühlbergstraße 8, gegenüber Lagerhaus.

Anfahrt: A1/A7, auf B124 weiter in Richtung St. Leonhard bei Freistadt. Bei der Kirche nach links in Richtung Parkplatz abbiegen. Von Wien kommend auf der S5 und B38 über Liebenau nach St. Leonhard bei Freistadt.

Bus/Bahn: Hst. St. Leonhard b. Freistadt Ortsmitte. In Richtung Gemeindeamt und Ortsende gehen. Hier findet man bei der Kreuzung Hauptstraße/Rindstraße schon die ersten Wegweiser.

Ausgangspunkt/P: Öffentlicher Parkplatz.

Infos/Gaststätten: *Marktgemeinde St. Leonhard bei Freistadt, Tel. 07952 8255250, www.stleonhard.at. *Eventuell Proviant mitnehmen, da es entlang des Rundweges keine Gasthöfe gibt, sondern nur zu Beginn und am Ende des Weges im Ort.

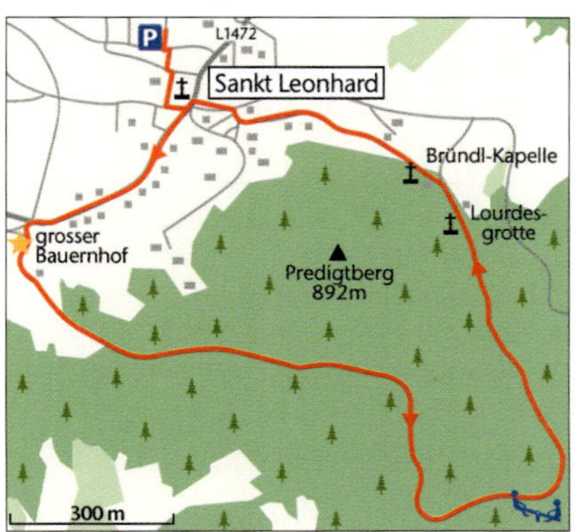

Wegbeschreibung:
Die Runde beginnt vom Parkplatz in Richtung Kirche. An dieser rechts vorbei und an der Kreuzung links bergauf zur Hauptstraße gehen. Hier die Straße in Richtung Marktplatz überqueren und dann nach rechts. Geradeaus auf dem Gehsteig in Richtung Ortsende spazieren. Kurz vor dem Ortsende kommt man zu einer Kreuzung. Hier ganz links halten und links bei dem großen Bauernhof vorbei gehen. Der Fitnessweg Predigtberg hat die Nr. 01 und ist ab hier sehr gut beschildert.

38 Eidenberger Gymnastikweg (800 m)

Eidenberg: kurze sportliche Runde

sk

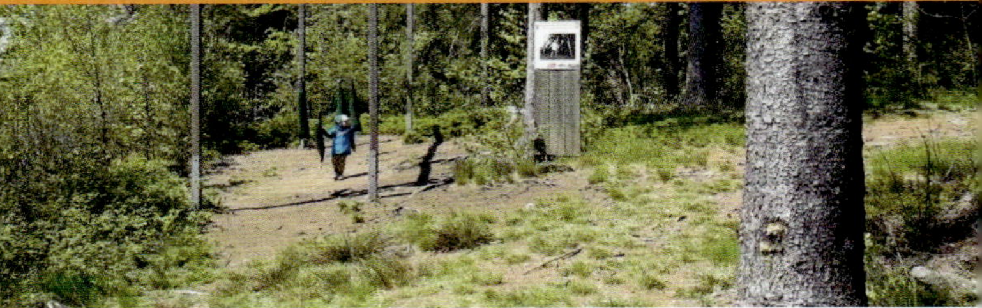

Der Gymnastikweg in Eidenberg ist der älteste Gymnastikweg in Österreich und besteht aus zwölf Stationen. Das Maskottchen Müchis, eine Milchkanne, begleitet entlang des Weges. Einige der Turnübungen sind auch für kleinere Kinder geeignet und werden von Müchis „kleinkindgerecht" auf Infotafeln vorgezeigt. Wer länger wandern möchte, kann die größere Runde über den Lamahof gehen (siehe Wegbeschreibung).

Wetter:  Anforderung:  Gesamtdauer: ¾–1 ½ h

Anforderung:	Leicht; verschiedene Schwierigkeitsgrade; 45 Hm; leichte bis mittlere Steigung; 90 % Wald- und Wiesenwege. Mit Kinderwagen befahrbar.
Dauer:	RW: ¾ bis 1 ½ h; 1,6 bis 2,5 km.
Wetter:	Jedes Wetter, auch bei leichtem Nieselwetter.

Kindergartenkinder:	Sehr gut geeignet. Viele Übungen auch schon für kleinere Kinder geeignet. Zudem ist der Weg relativ kurz. Beim Lamahof kann man die Tiere auf der Weide beobachten, oder man macht mit den Lamas eine Trekkingtour (siehe Infos).
Volksschulkinder:	Sehr gut geeignet.
Ab 10 Jahren:	Eventuell schon zu langweilig.

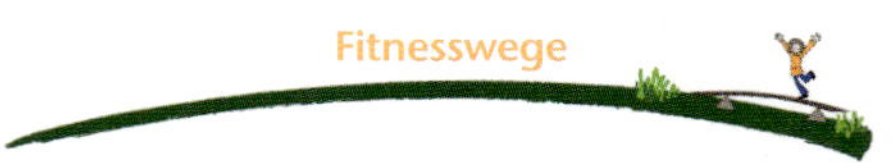

Navi: 4201 Eidenberg, Almstraße 5.

Anfahrt: Von A1 auf A7, über Ausfahrt 13 zur B126 und weiter in Richtung Lichtenberg und Eidenberg. Kurz vor dem Ortszentrum von Eidenberg zweigt rechts die Straße in Richtung Eidenberger Alm ab. Der Beschilderung bis zum Parkplatz folgen.

Bus/Bahn: Keine öffentliche Verbindung.

Ausgangspunkt/P: Parkplatz bei der Eidenberger Alm.

Infos/Gaststätten: *Eidenberger Alm, Spielplatz und Streichelzoo, Tel. 07239 5050, www.eidenberger-alm.at, Ruhetage: Mo, Di, Mi. *Lamahof Weixlbaumer, Tel. 07239 52120, www.weixlbaumer.net.

Wegbeschreibung: Vom Parkplatz bei der „Eidenberger Alm“ nach rechts ein kurzes Stück bergauf gehen. Bei der ersten Kreuzung begrüßt das Maskottchen „Müchis“. Ab hier den Wegweisern mit der Milchkanne folgen. Für die Runde über den Lamahof auf der asphaltierten Zufahrtsstraße nach dem Sandsackslalom rechts abbiegen und der Straße bis zum Hof folgen. Nach dem Lamahof auf dem Weg weiterwandern, bis links bei einem Bauerhof ein Weg bergauf abzweigt (Wegweiser Kopfwehsteinrunde). Dieser mündet oberhalb der Eidenberger Alm wieder in den Gymnastikweg. Wenn man über den Lamahof wandert, verpasst man keine Fitnessstation des Gymnastikweges.

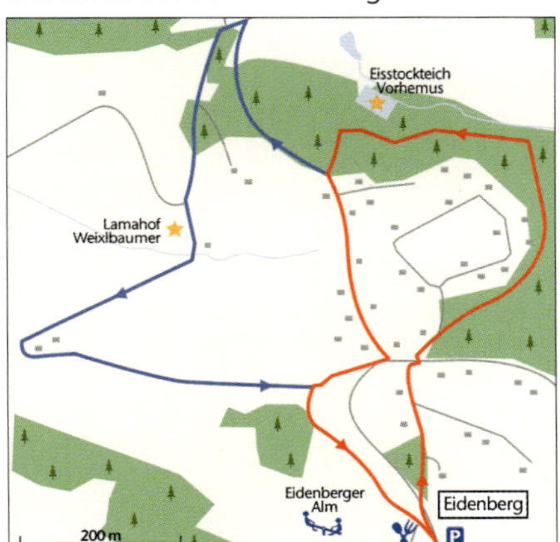

39 Motorikpark Ansfelden

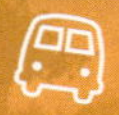

Ansfelden: Bewegungsmöglichkeit ohne Ende

eck

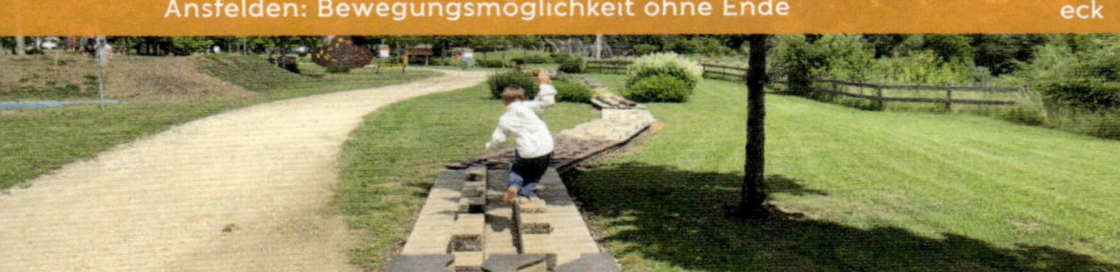

Der Motorikpark in Ansfelden mit über 130 Stationen ist perfekt. Die Stationen stellen nicht nur für Kinder, sondern auch für die Eltern eine tolle Herausforderung dar. Ein Besuch reicht vermutlich gar nicht aus, um alles auszuprobieren.

Wetter: ○ Anforderung: ● Gesamtdauer: -

Anforderung:	Alle Schwierigkeitsanforderungen.
Dauer:	Direkte Zufahrt, beliebige Aufenthaltsdauer.
Wetter:	Trockenes Wetter.

Kindergarten-kinder:	Gut geeignet, zusätzlich Spielplatz.
Volksschulkinder:	Sehr gut geeignet.
Ab 10 Jahren:	Sehr gut geeignet.

Navi: 4053 Ansfelden, Nettingsdorfer Straße 22–24.

Anfahrt: Von der A1 bei 174 Traun abfahren, links auf Kremstalstraße/ B139 abbiegen und dann nochmals links auf die Nettingsdorferstraße abbiegen.

Bus/Bahn: Hst. Nettingsdorf Bahnhof.

Ausgangspunkt/P: Gebührenpflichtiger Parkplatz beim Motorikpark.

Infos/Gaststätten: *www.ansfelden.at/freizeitkultursport. Toiletten und ein Getränkeautomat sind vorhanden.

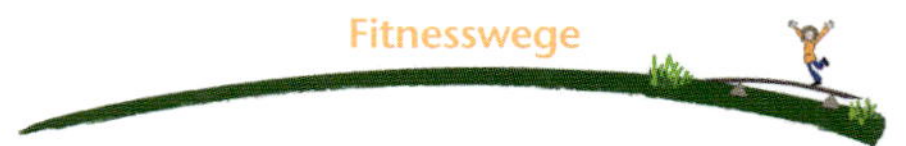

Wegbeschreibung: Hier gibt es eine riesige Auswahl. Da die Stationen ganz unterschiedlich gestaltet sind, wird einem hier bestimmt nicht langweilig. Geschicklichkeit, Fitness und Koordination – für alle Bedürfnisse wird etwas geboten. Dazwischen gibt es Grünflächen und Sitz-/Liegemöglichkeiten sowie einen Kinderspielplatz.

Zusatztipps mit Bike-Parks

Seeweg, 4040 Plesching:

Dirt Park Pleschingersee & BMX-Bahn

Die BMX-Bahn, mit kleinen Hügeln und Steilkurven, liegt im Schatten und kann schon mit dem Laufrad bezwungen werden.

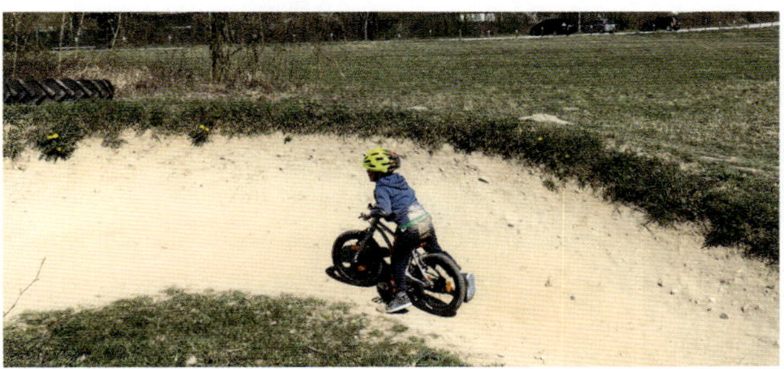

Heilhamer Weg 2a, 4040 Linz:

Runtastic Fitness & Skate Park Linz Urfahr

Ideal für Eltern und Kinder. An der Donaulände in Urfahr liegen gleich mehrere Freizeitangebote nebeneinander. Zum einen gibt es einen Skatepark mit unterschiedlichen Obstacles, einen Rad-Übungsparcours mit Bodenmarkierungen sowie einen Basketballcourt, Beachvolleyballplätze, Fitness-Stationen und schattige Wiesen.

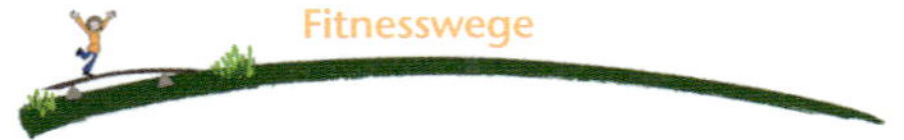

Prinz-Eugen-Straße 30, 4020 Linz

Pump Track Industriezeile

Verschiedene Schwierigkeitsrunden, z.B. auch eine kleine Runde für EinsteigerInnen und AnfängerInnen. Nicht auf das Sportgerät reduzieren, denn mit dem Skateboard fährt man auch auf dem großen Track.

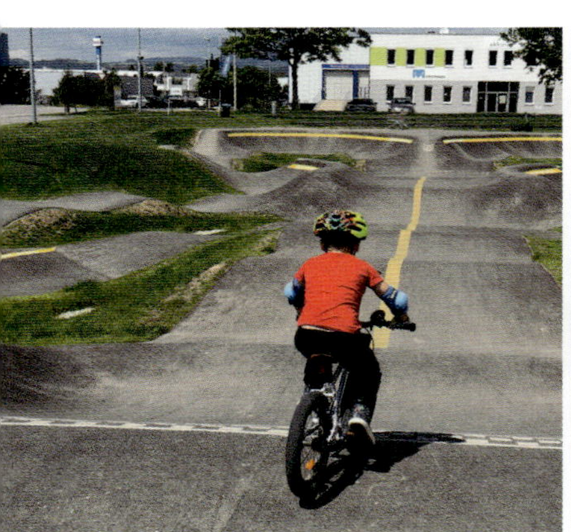

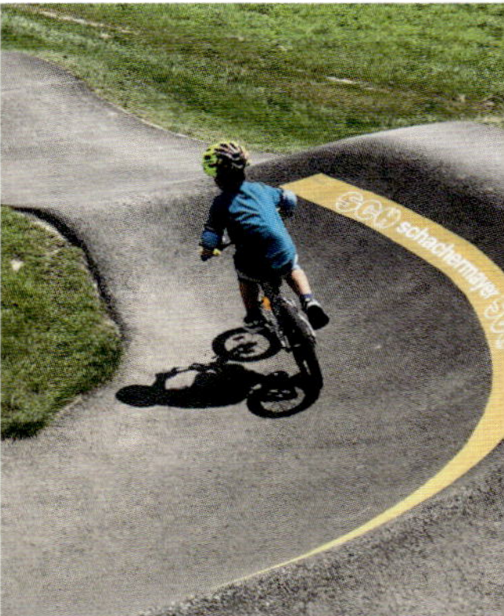

Margarethenweg, 4020 Linz

Fitness Stationen am Freinberg

Im Jägermayrpark am Freinberg befinden sich entlang des Weges mehrere Fitness- und Motorikstationen, die sowohl für Kinder als auch Erwachsene eine Herausforderung darstellen. Das Ausprobieren und Herumturnen an den Stationen gestaltet den Rundweg durch den Park abwechslungsreich und spannend für Kinder.

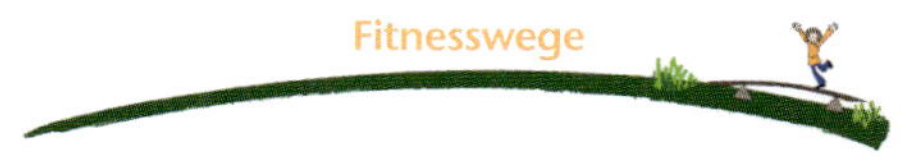

Traunerstraße 25b, 4050 Traun:

Bike-Park Ödtersee

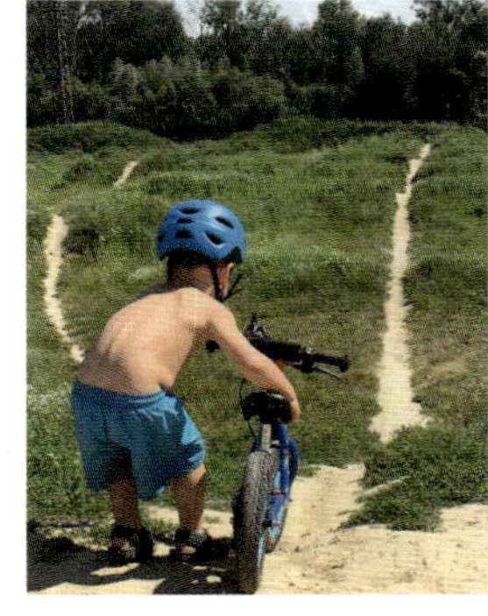

Der Bike-Park Ödtersee ist zwar etwas in die Jahre gekommen, allerdings kann man auf den schmalen Erdwegen sein Können zeigen. Außerdem bietet ein Stopp im Bikepark eine willkommene Abwechslung beim Spaziergang um den See. Ein Spielplatz und Motorikstationen befinden sich ebenfalls in der Nähe.

Reithofferstraße, 4451 Garsten:

KraftGarSten

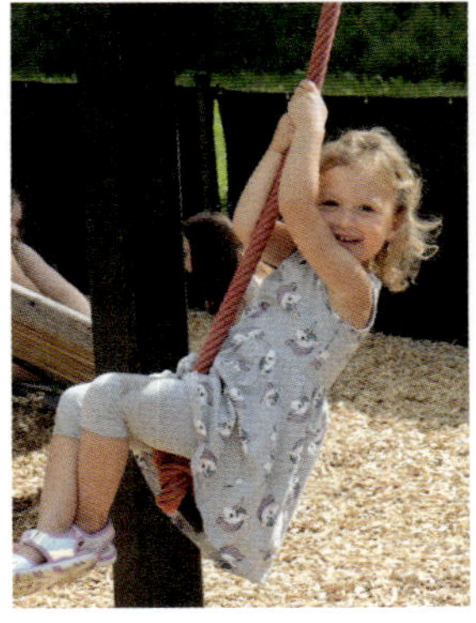

Der kleine, gut versteckte Fitness-/Motorikpark an der Enns ist als Nahziel immer einen Besuch wert. Es gibt u.a. Leitern, Seile und eine Slackline. Wer will, kann danach auch noch einen kleinen Spaziergang oder Fahrradausflug entlang der Enns anhängen. Eine perfekte Strecke für RadfahranfängerInnen. Zum Beispiel 600 m flussabwärts und wieder retour. Abstecher zum Ghf. Boigerstadl (mit Kinderrad zu steil): nach den 600 m rechts den Hügel hinauf, der Gasthof hat einen Gastgarten und kleinen Spielplatz (Mi, Do Ruhetag). Parkmöglichkeit für KraftGarSten: unter der Eisenbahnbrücke am Ende der Reithofferstraße, in direkter Sichtweite vom KraftGarSten (gps: 48.02568, 14.41482).

Überblick Burgen und Ruinen

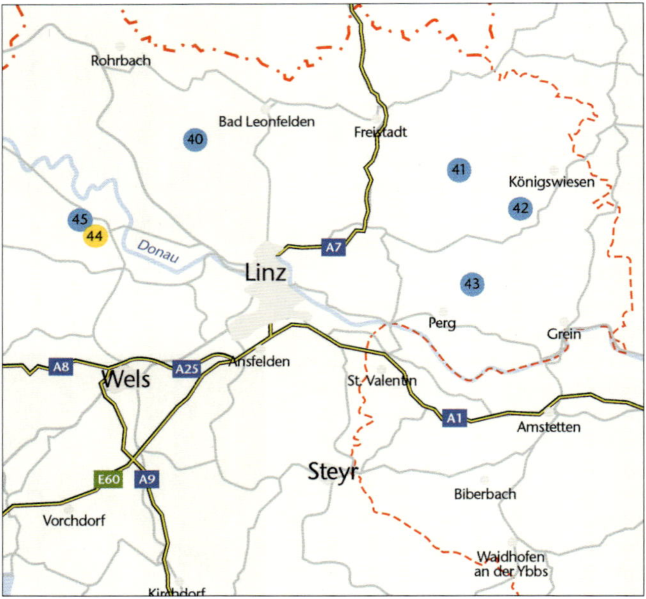

- kinderwagengeeignet
- leicht bis mittel
- mittel
- anspruchsvoll

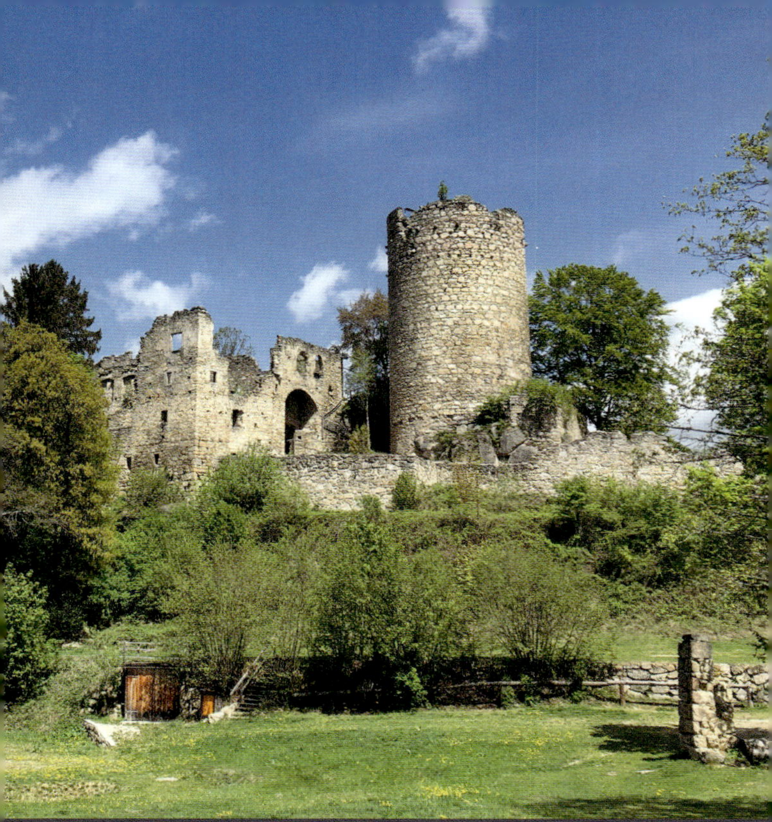

V. Burgen und Ruinen

Mühlviertel und Zentralraum

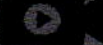

Folge uns auf YouTube: **wandaverlag**

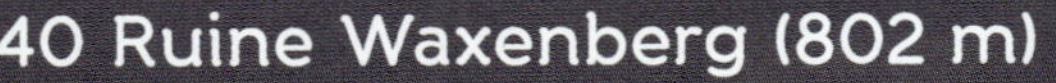

40 Ruine Waxenberg (802 m)

Waxenberg: variantenreiche Ruinenwanderung

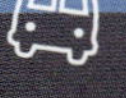

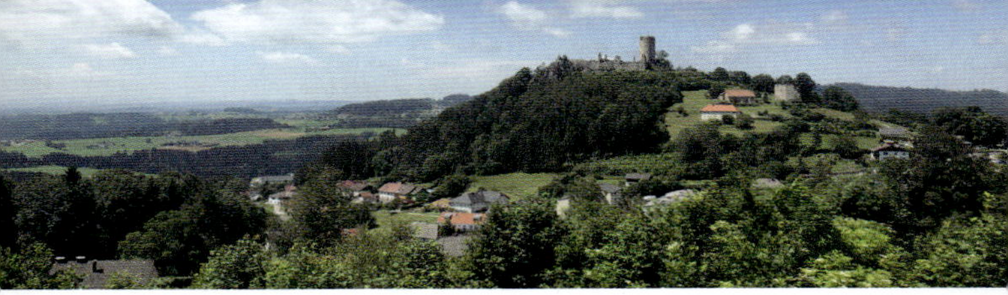

Diese Ruine ist für Kinder absolut cool. Weil man hier wunderbar herumkraxeln kann, war das mein Lieblingsausflugsziel als Kind. Auf halbem Weg zur Burg gibt es den Hungerturm – wieder mit Kraxelmöglichkeit und oben belohnt eine herrliche Aussicht. Hier kann zwischen verschiedenen Varianten gewählt werden. Die längere ist ein netter Rundweg am Fuße des Burghügels und führt, vorbei an Felsen zum Klettern durch den Wald. Wer nur schnell auf die Burg will, kann dies aber auch in wenigen Minuten machen und auch hier gibt es wieder zwei Varianten, eine gemächliche auf breitem Schotterweg und eine steile.

Wetter:  Anforderung:  Gesamtdauer: ½–1 h

Anforderung: Längere Variante (RW): Mittel; ca. 50 Hm; Rundweg eben; Aufstieg siehe kurze Variante.
Kurze Variante (Aufstieg zur Burg): Mittel; ca. 50 Hm; entweder breiter Schotterweg mit mäßiger Steigung oder Waldweg mit kurzer, steiler Passage.

Dauer: Rundweg um den Burghügel: ca. 25 Min., 1,5 km. Aufstieg zur Ruine: ca. ¼–½ h jedoch Aufenthaltsdauer einrechnen; ca. 300m.

Wetter: Der Rundweg ist schattig und eben, das Ausflugsziel ist für jedes Wetter geeignet.

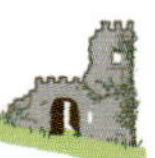

Kindergarten-kinder:	Direkt unterhalb des Parkplatzes befindest sich der öffentliche Spielplatz. Der Burgfried auf halbem Weg bietet eine spannende Unterbrechung.
Volksschulkinder:	Info-Tafeln am Rundweg; Auf halbem Weg zur Ruine gibt es einen Pranger aus dem Mittelalter zum Ausprobieren ;).
Ab 10 Jahren:	Gut geeignet, siehe oben.

Navi: 4182 Waxenberg. 48.480324, 14.188473.

Anfahrt: Von Linz auf der 126 bis nach Zwettel an der Rodl, links abbiegen Richtung Oberneukirchen, geradeaus weiter, bis man in Waxenberg angekommen ist.

Bus/Bahn: Hst. Waxenberg Ortsmitte, Buslinie: 267 nach Haslach/Mühl.

Ausgangspunkt/P: Parkplatz in der scharfen Kurve im Ort Waxenberg.

Infos/Gaststätten: *Hoftaverne Landgasthof Atzmüller, Sonnenterrasse mit Blick auf die Ruine, www.hoftaverne-atzmueller.at, Tel. 07217 6080.

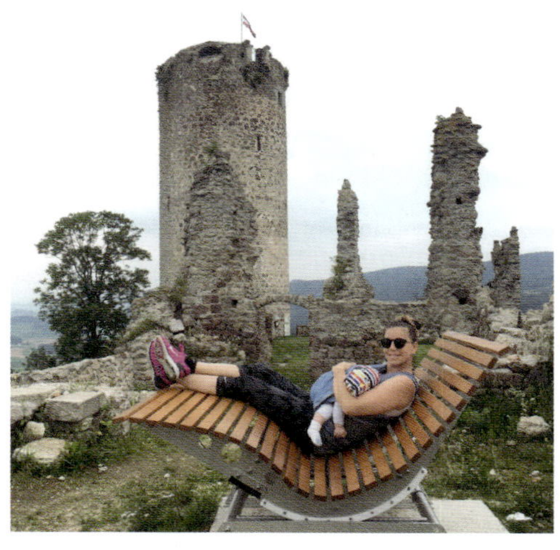

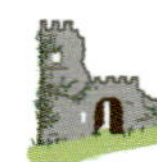

Wegbeschreibung: Vom Parkplatz den Schildern folgend entweder den Rundweg „Rund um die Burg“ nehmen oder wer – gleich zur Burg aufsteigen will, den Schildern „Rauf auf die Burg“ folgen. Der Rundwanderweg am Fuße des Burghügels führt auf einem breiten, flachen Weg durch den Wald. Entlang der Strecke befinden sich viele Granit-Boulder und Felsen, die zum Klettern einladen. Außerdem gibt es hier immer wieder Bankerl und Infotafeln, bei denen man kleine Pausen einlegen kann. Der Weg umrundet den ganzen Hügel und endet wieder beim Ausgangspunkt. Danach den Schildern „Rauf auf die Burg“ folgen.

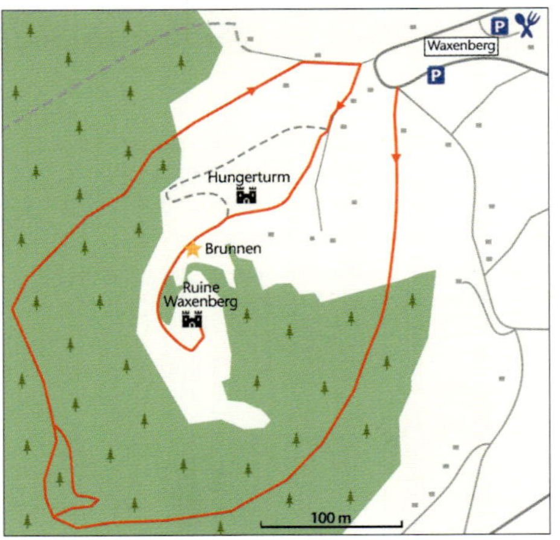

Für ca. 100 m geht's auf einer Asphaltstraße dahin, dann gabelt sich der Weg. Rechts führt ein gemütlicher kinderwagengeeigneter Schotterweg hinauf. Der Wiesenweg, beschildert mit „Zum Turm“, der hier geradeaus wegführt, ist für gehende Kinder spannender und auch steiler. Beide Wege treffen bei der Hungerburg wieder zusammen. Von da geht's dann auf steilerem Schotterweg, vorbei an einem spannenden Brunnen, zur Burg hinauf. Oben ist der Blick ins Mühlviertel wunderschön und einem Erforschen des Geländes steht nichts mehr im Weg. Bei den Ruinenresten befindet sich ein alternativer Abstiegsweg über Metallstiegen, die wieder in den ursprünglichen Aufstiegsweg münden.

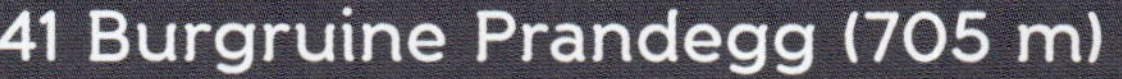

41 Burgruine Prandegg (705 m)

Schönau im Mühlkreis: Verstecken und Entdecken ohne Ende

eck

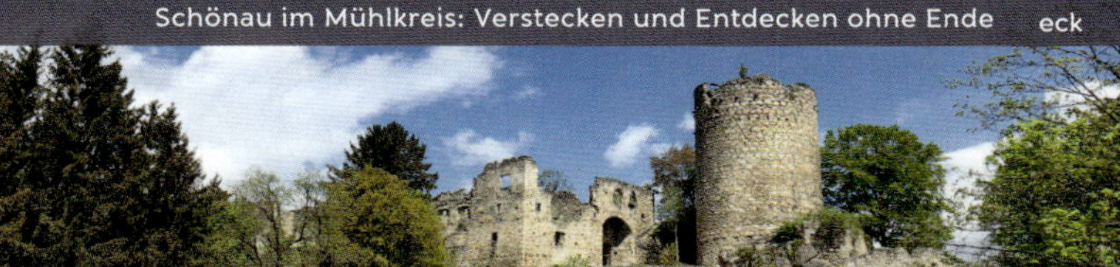

Die Ruine Prandegg ist für Kinder sehr spannend, da es hier kleine Innenhöfe und Kellergewölbe gibt. Ideal, um versteckte Winkel zu entdecken und sich zu verstecken. Bei manchen Bögen und Fenstern muss man aber gut aufpassen, da es hier gleich steil nach unten geht. Genau das macht das Erkunden so spannend. Außerdem ist das Erklimmen des 23 Meter hohen Rundturms ein absolutes Highlight. Entspannter wird es im zweiten Teil des Rundweges, der über Holzstege und Stiegen führt. Hier ist alles gut abgesichert und man kann den Ausblick genießen.

Wetter:  Anforderung:  Gesamtdauer: 1 ½ h

Anforderung:	Leicht, ca. 50 Hm; mäßige Steigung; breiter Forstweg, Holzstege.
Dauer:	Eine Strecke zur Burg: ½ h; für RW durch die Burg eine weitere ½ h einplanen. Insgesamt 2,8 km.
Wetter:	Trockenes Wanderwetter; ca. zur Hälfte schattig durch den Wald.

Kindergartenkinder:	Spannend für Kinder jeden Alters, bei der Taverne befindet sich ein Spielplatz.
Volksschulkinder:	Siehe oben.
Ab 10 Jahren:	Siehe oben.

Navi: 4293 Schönau im Mühlkreis; Prandegg 3, 48.413978, 14.667046.

Anfahrt: Von Linz aus auf der A7 Richtung Freistadt, bei der Ausfahrt 1 Richtung Unterweitersdorf fahren, weiter auf Königswieserstraße B124, in Pregarten links abbiegen in Richtung Gutau, weiter auf der L1472, der Parkplatz befindet sich auf der linken Seite.

Bus/Bahn: Hst. Gutau Marktplatz, Buslinie 347.

Ausgangspunkt/P: Parkplatz (Straßenname: Pehrsdorf) , bei dem der Weg zur Ruine auf einem großen Schild mit 15 Minuten angeschrieben ist.

Infos/Gaststätten: *Taverne zu Pradegg, gemütliche Gaststätte mit großem Innenhof und Spielplatz, Tel. 0664 5736973, www.taverne-prandegg.at, Ruhetag: Do. Tipp: Im eigenen Backhäusl wird frisches Brot gebacken.

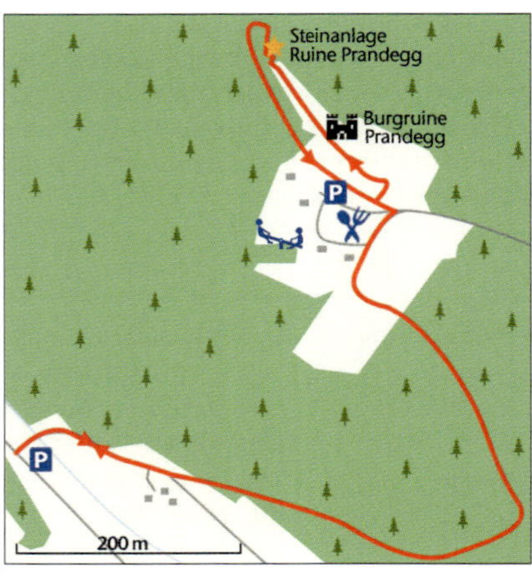

Wegbeschreibung:
Vom Ausgangspunkt in Richtung Sackgasse starten. Die ersten 100 Meter geht man auf einer Asphaltstraße, bis ein Waldweg nach links wegbiegt. Nach einem kurzen, etwas steileren Anstieg führt der Weg sanft durch den Wald. Sobald sich dieser lichtet, ist die Ruine zu sehen. Nun passiert man zuerst die Taverne und steht dann unmittelbar vor der Burgruine Prandegg. Hier ist ein großes Schild und der Rundweg, der durch die Ruine führt, ist gut gekennzeichnet. Der zweite Teil des Rundweges, der mit einem Holztor beginnt, führt über Holzstege und Stufen in den Wald hinab. Hier führt der einzige Waldweg wieder zurück zum Ausgangspunkt vor der Ruine.

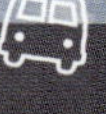

42 Burgruine Ruttenstein (758 m)

Niederhofstetten

eck

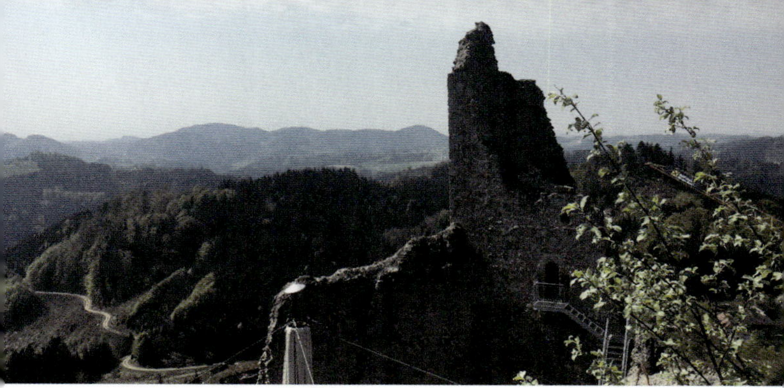

Die Burgruine Ruttenstein ist auch mit kleinen Kindern empfehlenswert. Im Inneren der Burg ist alles gut abgesichert und die Kinder können herumsausen. Ein Highlight sind die zwei Türme, die man erklimmen kann. Und dann laden noch unzählige kleine Mauern und Ruinenreste zum Balancieren ein.

Wetter: 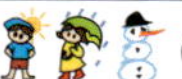  ○ Anforderung:  Gesamtdauer: ½ h

Anforderung:	Leicht; mäßiger Anstieg; Schotterweg.
Dauer:	Eine Strecke: ¼–½ h; 1 km.
Wetter:	Für jedes Wetter geeignet.

Kindergarten-kinder:	Sehr gut geeignet.
Volksschulkinder:	Sehr gut geeignet.
Ab 10 Jahren:	Gut geeignet für einen kurzen Ausflug.

Navi: 4282 Niederhofstetten, Burgruine Ruttenstein.

Anfahrt: Von Linz auf der A7 in Richtung Freistadt, Ausfahrt 1 Richtung Unterweitersdorf nehmen, weiter auf Königswiesenerstraße/ B124. In Pierbach links abbiegen auf Höfnerberg, rechts abbiegen auf Hinterhütten, rechts abbiegen auf Niederhofstetten, links auf Besucherparkplatz 1 abbiegen.

Bus/Bahn: Hst. Schönau im Mühlkreis, Buslinie: 341.

Ausgangspunkt/P: Besucherparkplatz 1.

Infos/Gaststätten: *Schutzhütte Ruttenstein, Hüttenfeeling im Mühlviertel, Tel. 0664 5392272, www.schutzhuetteruttenstein.at, von April bis Oktober kein Ruhetag.

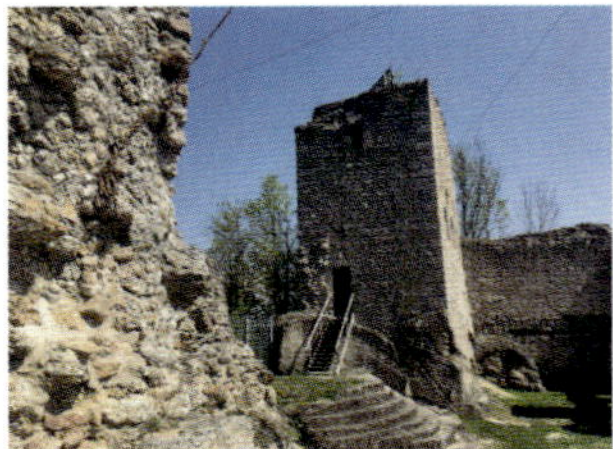

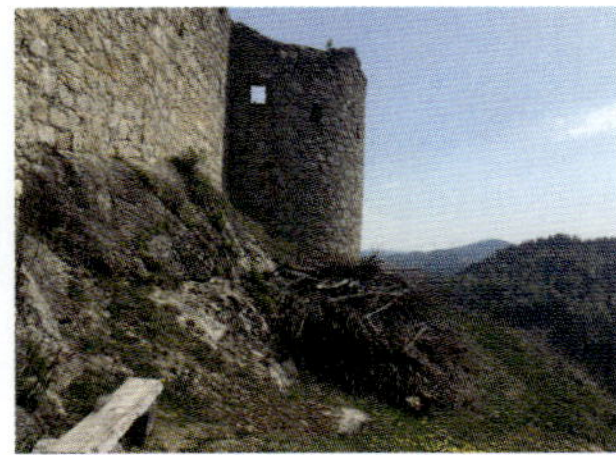

Wegbeschreibung: Vom Ausgangspunkt mit Blick Richtung Burg starten. Links neben der Schutzhütte Ruttenstein führt der Schotterweg zur Burg hinauf.

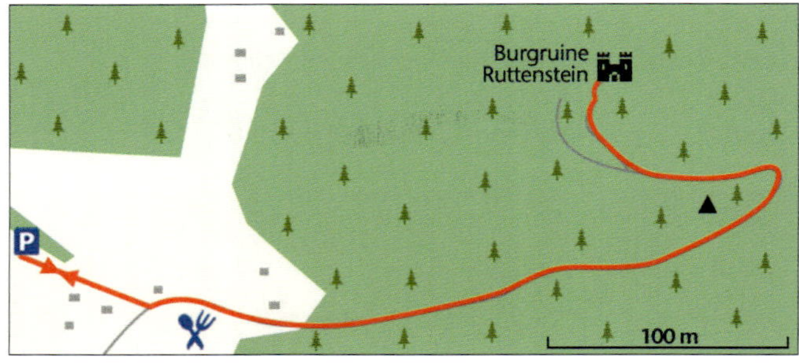

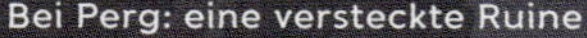

43 Burgruine Windhaag (500 m)

Bei Perg: eine versteckte Ruine

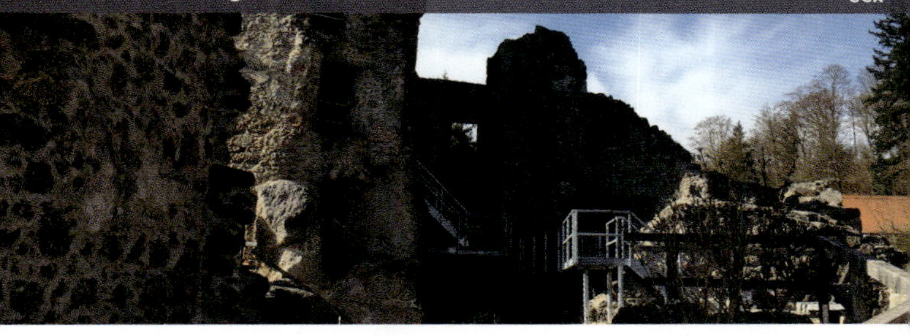

Diese Ruine liegt zur Abwechslung einmal nicht auf einer Anhöhe, sondern versteckt sich zwischen Hügeln. Deshalb ist der Zuweg auch außergewöhnlich: Man geht zur Ruine hinunter. Das lieben die meisten Kinder, vor allem auch, weil der Weg vom Parkplatz sehr kurz ist. Trotzdem hat man vom Turm aus – den man über Eisentreppen besteigen kann – einen schönen Ausblick Richtung Donau. Obwohl die Ruine nicht sehr groß ist, bietet sie ein uneingeschränktes „Burgerlebnis“. Ein weiterer Vorteil ist, dass sie wenig bekannt und daher das Gelände so gut wie nie überlaufen ist.

Wetter:   Anforderung:  Gesamtdauer: ½ h

Anforderung:	Leicht; mäßige Steigung; Feldweg, mit geländegängigem Kinderwagen möglich.
Dauer:	Eine Strecke: ¼ h; 1 km; Verweilzeit einrechnen.
Wetter:	Jedes Wetter, auch leichtes Nieselwetter.

Kindergartenkinder:	Gut geeignet, in diesem Alter jedoch gut auf die Kinder aufpassen, da es hinter der Burg an manchen Stellen steil hinunter geht.
Volksschulkinder:	Sehr gut geeignet, siehe oben.
Ab 10 Jahren:	Für Burginteressierte gut geeignet.

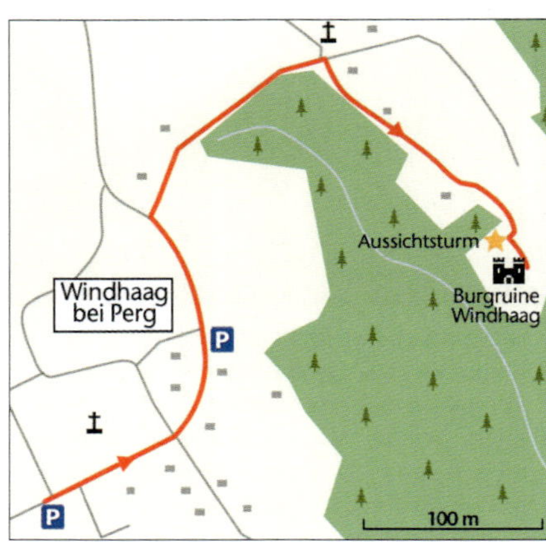

Navi: 4322 Windhaag bei Perg, Burgstraße 21.

Anfahrt: Von Linz auf der Donaubundesstraße/ B3 Richtung Perg, nach Perg links abbiegen auf Hochtor Karlingberg, bis nach Windhaag zur Kirche fahren.

Bus/Bahn: Hst. Altenburg bei Perg Ort (Windhaag bei Perg), Bus 361 in Richtung Mauthausen.

Ausgangspunkt/P: Parkmöglichkeiten bei Pfarrkirche in Windhaag.

Infos/Gaststätten: Mehrere Gaststätten im Ort.

Wegbeschreibung: Vom Ausgangspunkt sieht man bereits die Ruine zwischen den Hügeln liegen. Zuerst der Eva-Magdalena-Straße folgen und dann rechts auf die Straße Hausberg abbiegen. Nach ca. 100 Metern ist auf der rechten Seite der Weg zur Ruine gekennzeichnet. Einfach dem Feldweg folgen und schon nach 200 Metern ist man am Ziel. Der Turm wurde kürzlich renoviert, Metallstufen machen das Erreichen der Aussichtsplattform einfach.

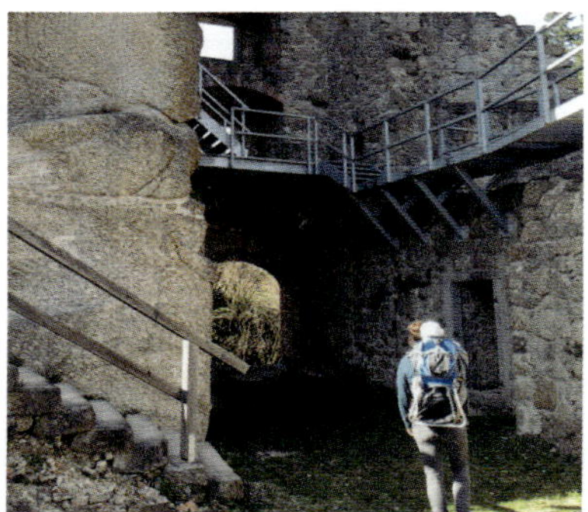

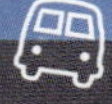

44 Burg Schaunberg (381 m)

Hartkirchen: idealer Burgausflug für Faule

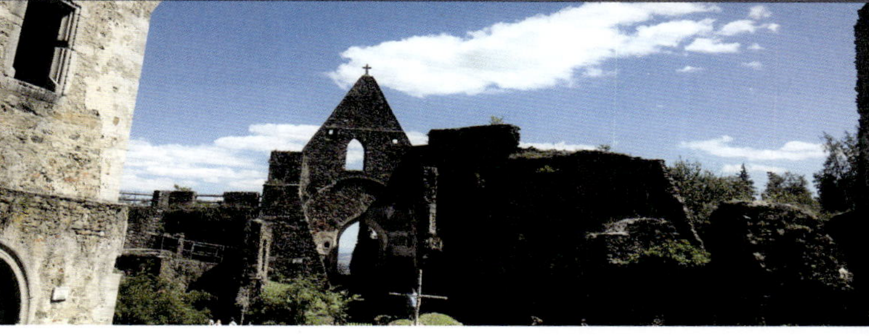

Dieser Ausflug ist ein perfektes Ziel für Gehfaule, vom Ausgangspunkt geht es gleich ein kleines Stück bergab zum Haupttor der Burg. Direkt nach dem Haupteingang befindet sich ein Tiergehege. Im Inneren der Burg kann man neben den Überresten auch gut erhaltene Gewölbe, unterirdische Räume und Innenhöfe erkunden. Spannend ist der Aufstieg auf den 32 m hohen Burgfried, wobei man mit einem herrlichen Ausblick über das Eferdingerbecken belohnt wird. Die Ruine ist ein beliebtes Ausflugsziel und daher oft überlaufen.

Wetter: 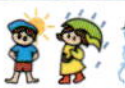 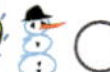 Anforderung:  Gesamtdauer: 10 min

Anforderung:	Leicht; leicht abfallende Straße.
Dauer:	Eine Strecke: 10 min; 150 m; Verweildauer einplanen.
Wetter:	Bei jedem Wetter geeignet.

Kindergartenkinder:	Auch für kleine Kinder gut geeignet.
Volksschulkinder:	Sehr gut geeignet.
Ab 10 Jahren:	Für Burgbegeisterte gut geeignet.

Navi: 4074 Hartkirchen, Schaumberg.

Anfahrt: Von Linz auf 129 nach Eferding, dort weiter auf der Nibelungenstraße nach Pupping. Links abbiegen auf Gstalenhof bis nach Rienberg, dort weiter auf dem Güterweg Schaumberg.

Bus/Bahn: Hst. Hartkirchen.

Ausgangspunkt/P: Parkplatz bei der Burgruine Schaunberg.

Infos/Gaststätten: Keine Gaststätte am Ausflugsziel.

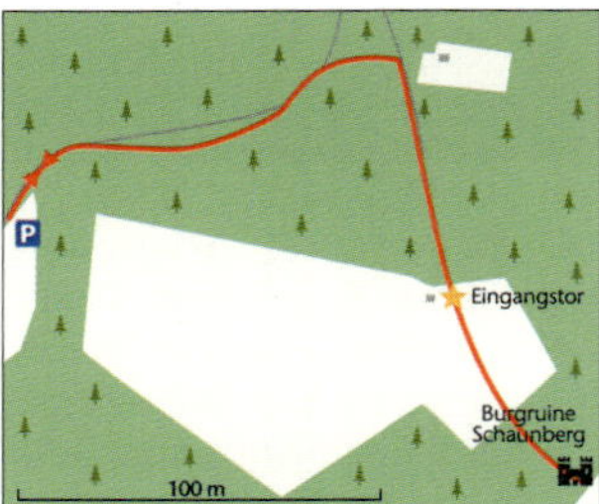

Wegbeschreibung: Vom Ausgangspunkt geht man für ca. 150 Meter auf einem Asphaltweg, der parallel zu der Anfahrtsstraße verläuft. Leicht abwärts geht es zum Burgeingang.

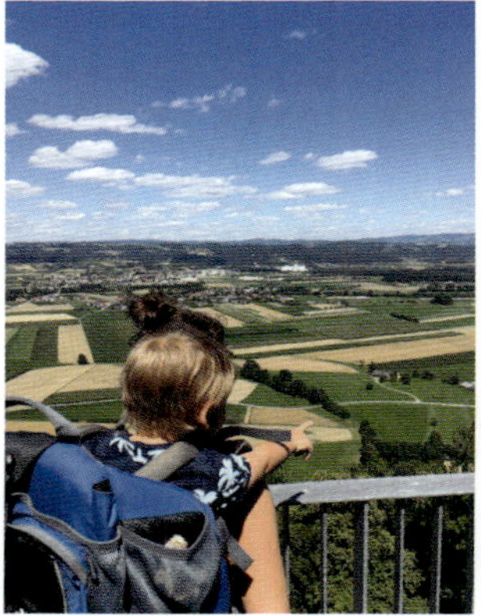

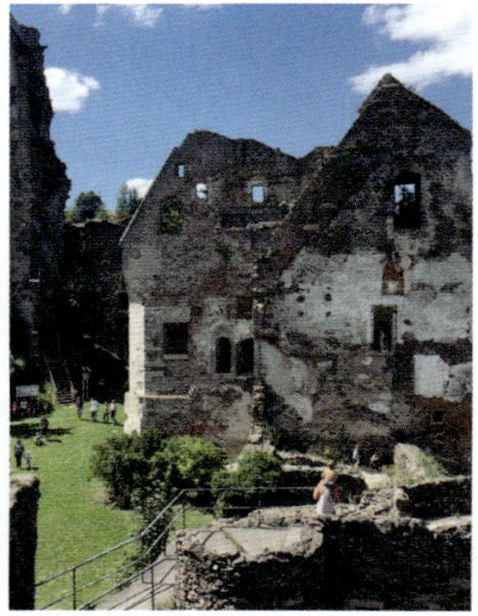

45 Ruine Stauf (530 m)

Haibach ob der Donau: Weitblick vom Bergfried

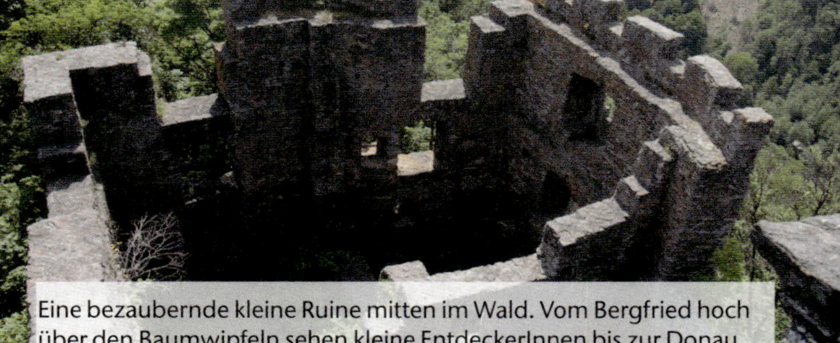

Eine bezaubernde kleine Ruine mitten im Wald. Vom Bergfried hoch über den Baumwipfeln sehen kleine EntdeckerInnen bis zur Donau.

Wetter:   Anforderung:  Gesamtdauer: 1 ½–3 h

Anforderung:	Var. 1: Leicht; ein bisschen mehr als die Hälfte auf einer Forststraße; 130 Hm. Var. 2: Leicht; 140 Hm; ca. ⅓ Forststraße, Rest Waldwege.
Dauer:	Var. 1: Eine Strecke: 1 ½ h; 2,4 km. Var. 2: Eine Strecke: ¾ h; 1,6 km.
Wetter:	Wanderwetter.

Kindergartenkinder:	Gut geeignet; Hühner und Gänse beim Biobauernhof Vorsicht: Die Stufen auf den Turm sind sehr steil.
Volksschulkinder:	Sehr gut geeignet.
Ab 10 Jahren:	Gut geeignet.

Navi: Var. 1: 4083 Haibach ob der Donau, Nähe Kreuzung Nibelungen Straße / Sieberstal (gps: 48.396888, 13.918821) Var. 2: 4083 Haibach ob der Donau, kurz nach der Abzweigung von der B130 Richtung Hinterberg 5 (gps: 48.391792, 13.929553).

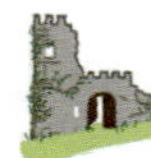

Anfahrt: Var. 1: Von Aschach a. d. Donau auf der B 130 Richtung Passau fahren. Nach 7,7 km kurz vor der Kreuzung mit der Straße Haibach / St. Agatha links die Abzweigung zum AP und Parkplatz nehmen. Var. 2: (kürzer) bereits nach 6,7 km in der Mitte des Tals die mit „Ruine Stauf 40 min" beschilderte Abzweigung nehmen. Hier gibt es nur sehr wenige Parkmöglichkeiten bei einem Stadel.

Bus/Bahn: Keine öffentliche Verbindung.

Ausgangspunkt/P: Var.1: P bei der Abzweigung kurz vor der Kreuzung Straße Haibach – St. Agatha (Abzweigung beschildert mit „P 50 m" und „Stauf – Gehzeit 50 min"). Var. 2: einige wenige Parkmöglichkeiten an einem Stadel bei der Abzweigung „Stauf – Gehzeit 40 min".

Infos/Gaststätten: *Ruine Stauf, automatisches Tor, nachts geschlossen, Öffnungszeiten siehe www.haibach-donau.ooe.gv.at/TOURISMUS/Ruine_Stauf. *Bio-Bauernhof Theklasien, Tel. 07279 8347 bzw. 0676 3203066, www.theklasien.at.

Wegbeschreibung:

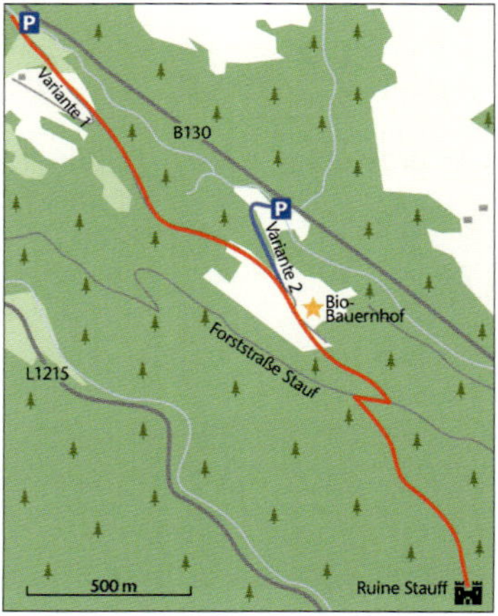

Variante 1: Vom Parkplatz geht's auf der Schotterstraße über die Wiese in den Wald. Am Waldrand links halten und der Beschilderung „Burgruine Stauf" (Wegnr. 58) folgen. Bei der nächsten Abzweigung wieder links und bergab zum Bio-Bauernhof. (Achtung, manchmal ist das Schild verdreht.) Beim nächsten Haus rechts, geradeaus weiter in den Wald bis zum Schranken. Ab hier den Schildern bis zur Ruine folgen.

Variante 2: Für die kürzere Variante am Stadel vorbei bergauf die linke Forststraße bis zum Bio-Bauernhof nehmen und danach der weiteren Wegbeschreibung wie in Variante 1 folgen.

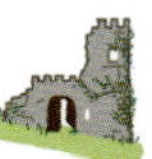

Zusatztipps

.... die es noch zu entdecken gibt.

Hofkirchen im Mühlkreis:

Burgruine Haichenbach oder Kerschbaumerschlössl (450 m)

30 Min., 1 km

Die ehemalige Raubritterburg ist über einen Schotterweg ohne größere Steigungen, ausgehend von einem Parkplatz am Waldrand, in ca. 30 Minuten erreichbar. Navi: Dorf 12, 4133 Dorf eingeben und bei diesem Haus vorbei weiter geradeaus fahren bis zum Parkplatz. Ab hier den Wegweisern „Ruine Haichenbach" folgen. Im Inneren des Burgturmes kommt man über Metallstiegen auf eine Aussichtsplattform. Von hier aus hat man eine wunderbare Aussicht wie einst schon die Raubritter. Es gibt auch die Möglichkeit, die Besichtigung der Ruine mit dem Naturlehrweg Donauschlinge zu kombinieren (von Au ausgehend 45 Min., 1 km, 170 Hm).

Piberstein:

Burg Piberstein (760 m)

10 Min.

Die zum Großteil renovierte Burg Piberstein kann man vom Parkplatz aus (gps: 48.530090, 14.158162) auf einem Schotterweg in ca. 10 Minuten erwandern. In den zahlreichen Räumen und Gängen lassen sich viele Winkel und Ecken erkunden. Der Burghof lädt zum Verweilen ein. Nähere Infos über Öffnungszeiten und Kontakte unter www.burg-piberstein.com.

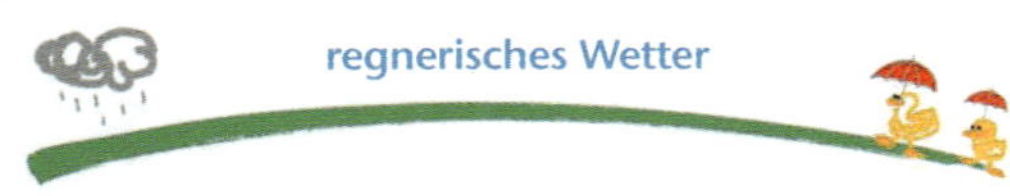

Überblick Touren bei Regenwetter

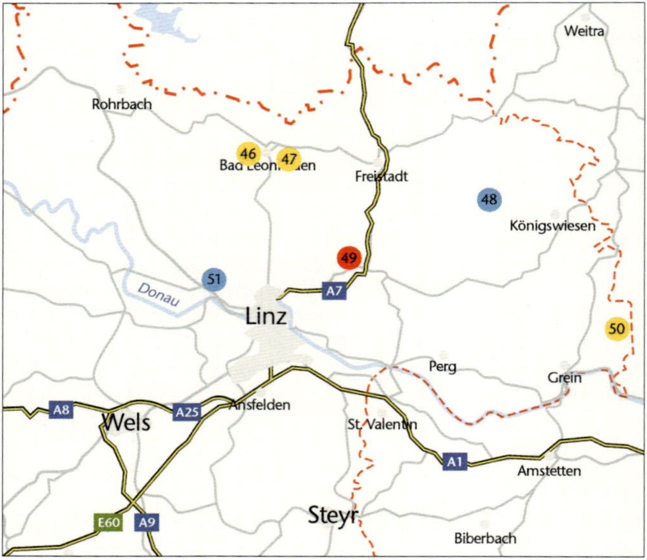

Weitra
Rohrbach
46
47
Bad Leonfelden
Freistadt
48
Königswiesen
49
51
Donau
A7
Linz
50
Perg
Grein
A8
Wels
A25
Ansfelden
St. Valentin
A1
Amstetten
E60
A9
Steyr
Biberbach

kinderwagen-geeignet
leicht bis mittel
mittel
anspruchsvoll

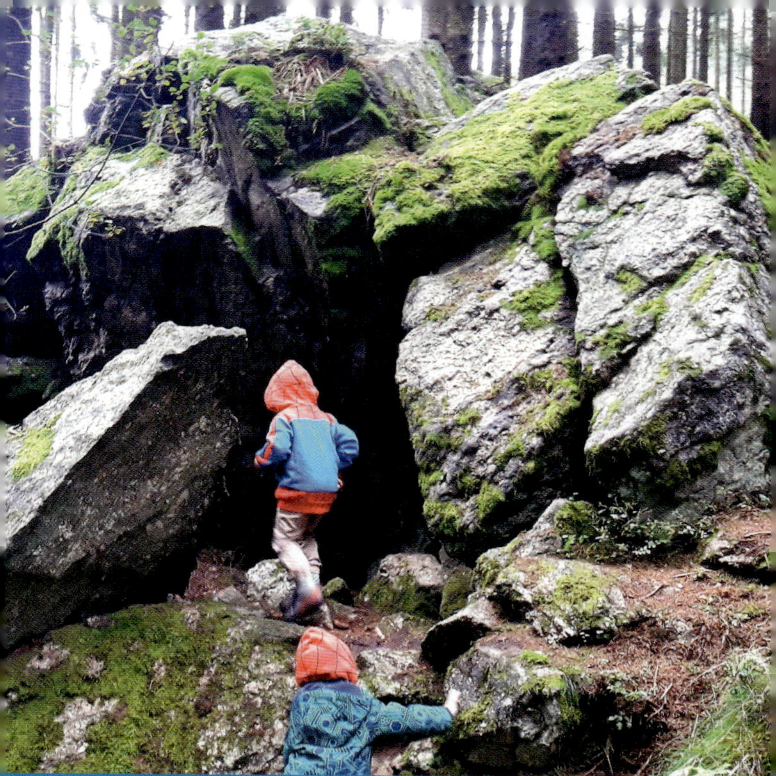

VI. Regnerisches Wetter

Mühlviertel und Zentralraum

Alle Wege in diesem Kapitel sind natürlich bei trockenem Wetter netter, aber wir haben es uns zur Aufgabe gemacht, auch abseits des Sonnenschein-Sorglos-Wetters Alternativen zu geben. In diesem Kapitel findet ihr Wege, die größtenteils geschützt durch den Wald führen und nicht abschüssig sind.

Folge uns auf Instagram: **wandaverlagtoptouren**

46 Erlebnisweg Moorwald

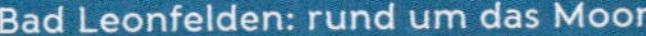

Bad Leonfelden: rund um das Moor

sk

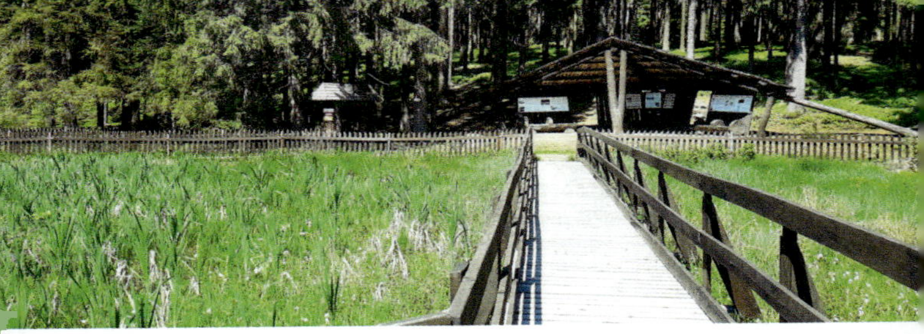

Der Weg ist sehr abwechslungsreich und führt auf lustige, erlebnisreiche und spielerische Weise durch die Welt des Moores. Es gibt Infotafeln, Mitmach- und Spielstationen, einen Barfußweg, Kneippanlagen, einen Fitnesspark, eine Yogawiese, ein Waldbad mit Hängematten und Schaukelliegen. Bei den vielen Heidelbeersträuchern entlang des Weges darf genascht werden. Vor allem die Variante mit dem Weg zur Felixhöhe und zum Blockmeer ist ein kleines Abenteuer. Trotz super Kneippanlage haben wir den Weg in unser Regenkapitel verschoben, weil er großteils im Wald verläuft. Außerdem gibts ein Café zum Aufwärmen.

Wetter: 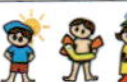  Anforderung: 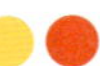 Gesamtdauer: 1 ½–2 h

Anforderung:	Mittel; 100 Hm; mittlere bis steile Steigung; Wald- und Schotterwege. Bis auf den Felsensteig (kann umgangen werden, ohne Stationen zu verpassen) ist der gesamte Rundweg mit geländegängigem Kinderwagen befahrbar.
Dauer:	RW: 1 ½ bis 2 h; 4 km. Genügend Spielzeit einplanen.
Wetter:	Jedes Wetter, auch bei sehr heißem Wetter und bei Nieselwetter geeignet, da großteils im Wald.

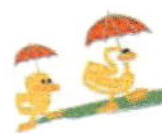

Kindergarten-kinder:	Sehr gut geeignet. Bei warmem Wetter ist die Kneippanlage eine nette Abwechslung. In diesem Fall bitte nicht auf das Wechselgewand vergessen.
Volksschulkinder:	Perfekt geeignet.
Ab 10 Jahren:	Perfekt geeignet.

Navi: 4190 Bad Leonfelden, Badweg, oberhalb des Freibades (48.515990,14.286005).

Anfahrt: A1/ A7 über Ausfahrt 13 Linz-Urfahr auf B126 in Richtung Bad Leonfelden. In Bad Leonfelden in Richtung Vorderweissenbach und Helfenberg fahren, bis kurz vor dem Ortsende in einer starken Rechtskurve links die Straße in Richtung Freibad abzweigt (Schild „Erlebnisweg Moorwald"). Den Straßenschildern bis zum Parkplatz folgen.

Bus/Bahn: Hst. Bad Leonfelden Hauptplatz. Von dort sind es noch ca. 20 Minuten bis zum Ausgangspunkt. Von der Bushaltestelle nach rechts gehen, die Straße queren und links um die Kirche herum, rechts bei der Landesmusikschule vorbei, die Straße wieder überqueren und nun der Kurhausstraße geradeaus folgen. Es geht bei der Bründlkirche und dem Blaudruck Wagner vorbei. Gleich nach dem Blaudruck Wagner kommt eine Weggabelung, hier rechts gehen. Bei der nächsten Abzweigung geradeaus bis zu einer großen Kreuzung. Hier nach links in Richtung Badweg abbiegen und zum Freibad wandern. Beim Freibad vorbei und ein Stück geradeaus bergauf, bis man zum Eingang beim Moorweg kommt.

Ausgangspunkt/P: Erlebnisweg Moorwald, Parkplatz (48.516070,14.286073).

Infos/Gaststätten: *Café am Moorwald, Tel. 07213 63630, www.vortuna.at. *Bogensportzentrum, nur für Kurgäste oder angemeldete Gruppen. *Geocaches: „Töne des Waldes", „Ökosystem Moor", „Über den Felsensteig zur Felixhöhe".

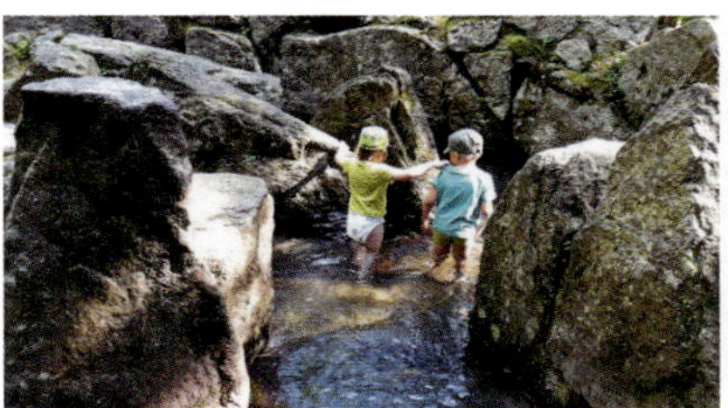

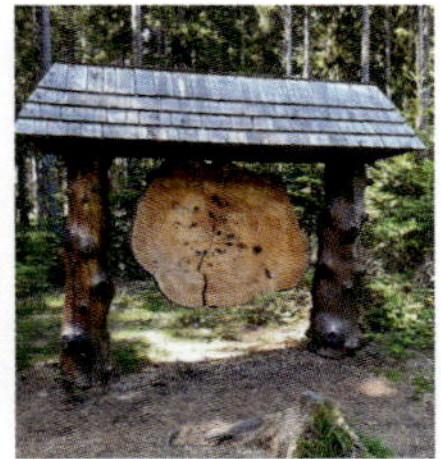

Wegbeschreibung: Vom Parkplatz beim Freibad geht es rechts bergauf immer dem Holzeichhörnchen nach. Der Weg ist sehr gut beschildert. Beim Kneippsteinbecken verläuft der Weg als Rundweg durch das Moor und endet auch wieder hier. Wenn man nach der Runde wieder beim Kneippsteinbecken angekommen ist, geht es auf dem

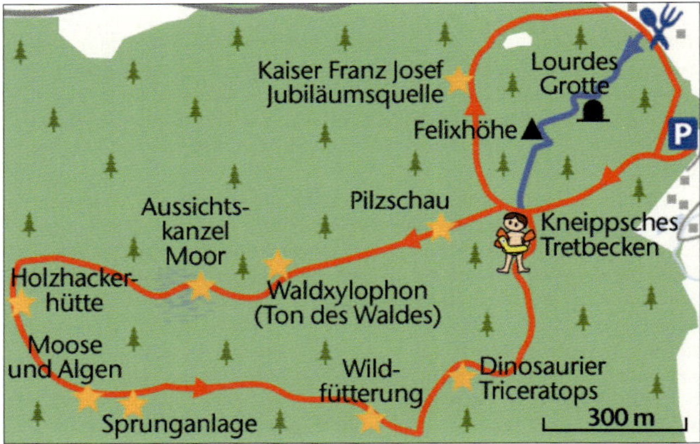

Wanderweg nach links ein kurzes Stück bergauf und bei der nächsten Weggabelung nach rechts. Ab hier dem Kneippweg folgen. Dieser ebenfalls als Rundweg angelegte Wanderweg führt vorbei am Bogensportzentrum, Gesundheitspark und Waldbad. Dieses ist ein schöner Waldplatz mit Hängematten und Schaukelliegen. Danach führt der Weg zurück zum Erlebnisweg Moorwald und links bergab retour zum Parkplatz. Kurz nach dem Café am Moorwald zweigt rechts der ca. 1,3 km lange Felsensteig in Richtung Lourdes-Grotte und Felixhöhe (Aussichtspunkt) ab. Der Steig endet ebenfalls wieder beim Erlebnisweg Moorwald.

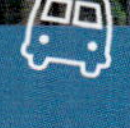

47 Märchenweg Schenkenfelden

Schenkenfelden: Wandern im Märchenwald

sk

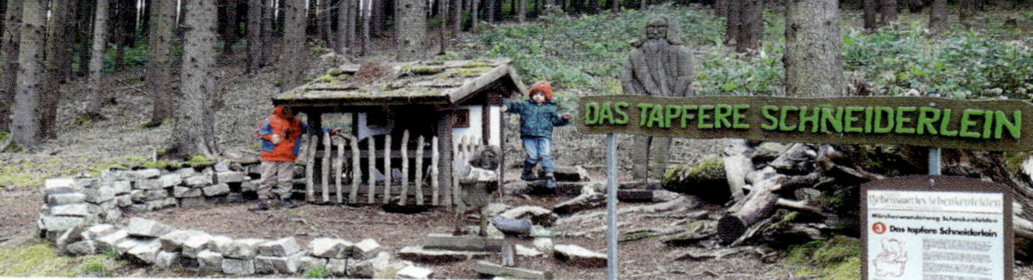

Der Rundweg führt zu beliebten Märchen, welche liebevoll durch Figuren oder sogar Gebäude dargestellt werden. Bei jeder Station kann das jeweilige Märchen vor- oder nachgelesen werden. Zwischen den Felsen und Spalten suchen unsere Kinder immer nach Zwergen. Eine Verlängerung zum Hirtstein mit Gipfelkreuz und zur Einsiedlerhöhle ist lohnend. Wir haben diesen Weg dem Regenkapitel zugeordnet, weil er großteils im Schutz des Waldes verläuft und sehr kurz ist. Unbedingt jedoch bei Schönwetter wiederholen.

Wetter: 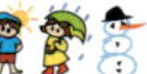 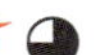 Anforderung:  Gesamtdauer: 1 ½–2 h

Anforderung:	Märchenwanderweg: leicht; 130 Hm; mit geländegängigem Kinderwagen befahrbar. Verlängerung zum Hirtstein und zur Höhle ist nicht kinderwagentauglich.
Dauer:	RW: 1 ½ h; 2 km. Genügend Spielzeit einplanen. Verlängerung Hirtstein u. Höhle: ½ h .
Wetter:	Jedes Wetter, auch leichtes Nieselwetter.

Kindergartenkinder:	Sehr gut geeignet. Taschenlampe für die Verlängerung zur Höhle mitnehmen.
Volksschulkinder:	Perfekt geeignet, s.o.
Ab 10 Jahren:	Vor allem in Kombination mit Hirtstein und Einsiedlerhöhle super geeignet.

Navi: 4192 Schenkenfelden, Märchenteich (kurz vor dem Ortsende von Schenkenfelden, wenn man in Richtung B38 fährt).

Anfahrt: Von A1 auf A7 und weiter auf B126 in Richtung Hellmonsödt und Schenkenfelden. Der Parkplatz befindet sich kurz vor dem Ortsende von Schenkenfelden, wenn man in Richtung B38 fährt, direkt beim Märchenteich (beschildert).

Bus/Bahn: Hst. Schenkenfelden Märchenwald.

Ausgangspunkt/P: Parkplatz Märchenwanderweg.

Infos/Gaststätten: *Keine Gaststätten entlang des Weges, daher genug Proviant einpacken. *Geocaches: Märchenwanderweg, Hirtstein. *Öffentliches WC bei der Kalvarienbergkirche.

Wegbeschreibung: Gegenüber vom Parkplatz, auf der anderen Straßenseite, steht der erste Wegweiser. Der Rundweg ist sehr gut gekennzeichnet.

Verlängerung Hirtstein und Einsiedlerhöhle:

Bei dem Märchen „Der Wolf und die sieben Geißlein" zweigt links der gut markierte Weg ab. Bei einer Weggabelung (mehrere Wegweiser) geht es nach links zum Hirtstein. Wieder zurück bei der Weggabelung folgt man dem Wegweiser Einsiedlerhöhle" bergab bis zur nächsten Kreuzung. Hier geht es nach links auf einem schmalen Weg zur Höhle (gelber Wegweiser und kleines Holzschild) und rechts wieder zurück zum Märchenwanderweg.

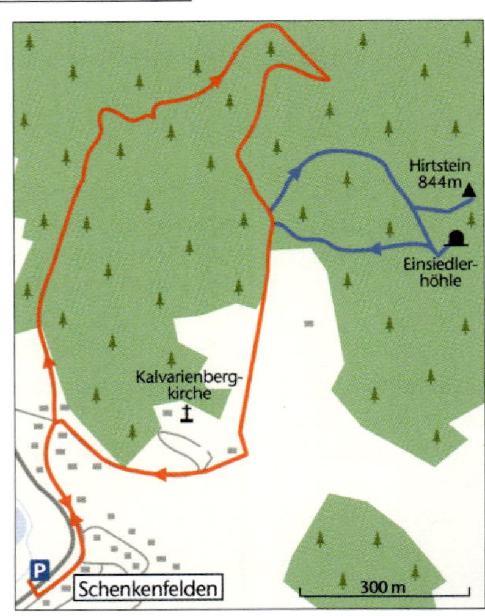

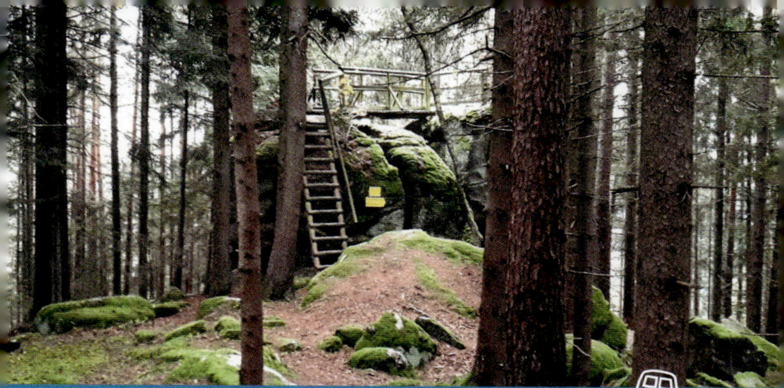

48 Opferschalenweg (826 m)

St. Leonhard bei Freistadt: geheimnisvolle Steine

sk

In der Gemeinde St. Leonhard bei Freistadt gibt es angeblich mehr als hundert Schalensteine oder Opferschalen. Es wird angenommen, dass diese Steine den Kelten als Kultstätten gedient haben. Sicher ist das aber nicht und so sind und bleiben sie ein Geheimnis. Zwischen kleinen und großen Felsen gelangt man auf schmalen Waldpfaden zu den Opferschalen am Wimberg und Mühlberg, welche leicht zu erklimmen sind. Ein richtiges Kraxeleldorado. Oben auf den Schalensteinen auf die Kinder aber Acht geben, da es hier keine Absicherungen gibt. Ungefähr bei der Hälfte des Weges quert ein Bach mit kleinem Wasserrad. Zusätzliche Attraktionen sind ein Fragen- und Antwortspiel und bei Schönwetter ein super Blick auf den Herzogreitherfelsen (siehe Zusatztipps Kap. 1, Gipfeltouren). Trotz Bach zum Pritscheln haben wir diesen Rundweg dem Regenkapitel zugeordnet, weil er auch bei nassem und trüben Wetter durch die großen, von dunkelgrünem Moos überwucherten Felsformationen und dem schönen Wald eine märchenhafte und abwechslungsreiche Wanderung ist. Bei Schönwetter wiederkommen!

Wetter:  Anforderung:  Gesamtdauer: 2 h

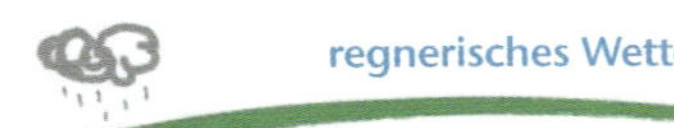

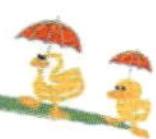

Anforderung: Leicht; 260 Hm; leichte bis mittlere Steigung; großteils Waldwege und schmale Waldsteige. Vor allem bei nassem Wetter auf festes Schuhwerk achten.

Dauer: RW: 2 h; 4,4 km.

Wetter: Für jedes Wanderwetter geeignet, auch bei leichtem Regen, da größtenteils im Wald. Die ersten 10 und letzten 15 Minuten führen über offenes Gelände.

Kindergarten-kinder:	Sehr gut geeignet. Der Weg ist nicht zu steil und zu lang. Für kleinere Kinder Kraxe mitnehmen.
Volksschulkinder:	Sehr gut geeignet.
Ab 10 Jahren:	Sehr gut geeignet.

Navi: 4292 St. Leonhard bei Freistadt, Mühlbergstraße 8, gegenüber Lagerhaus.

Anfahrt: A1/A7, auf B124 weiter in Richtung St. Leonhard bei Freistadt. Bei der Kirche nach links in Richtung Parkplatz abbiegen. Von Wien kommend auf der S5 und B38 über Liebenau nach St. Leonhard bei Freistadt.

Bus/Bahn: Hst. St. Leonhard b. Freistadt Ortsmitte. Von der Haltestelle auf der Hauptstraße weiter in Richtung Ortszentrum, am Marktplatz und der Kirche vorbei, bis kurz nach der Volksschule links der Wanderweg abzweigt.

Ausgangspunkt/P: Öffentlicher Parkplatz.

Infos/Gaststätten: *Marktgemeinde St. Leonhard bei Freistadt, Tel. 07952 8255250, www.stleonhard.at. *Eventuell Proviant mitnehmen, da es entlang des Rundweges keine Gasthöfe gibt, sondern nur zu Beginn und am Ende des Weges im Ort.

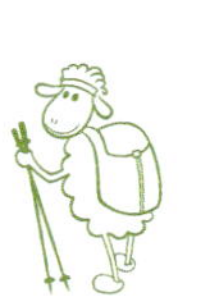
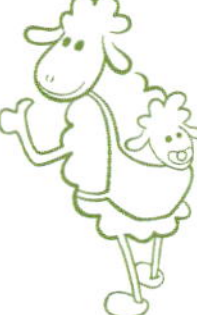

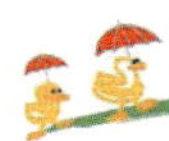

Wegbeschreibung: Vom Parkplatz nach links die Mühlbergstraße bergauf gehen und auf der Hauptstraße nach links weiter. Kurz nach der Volksschule bei der Kreuzung Hauptstraße/Am Wimberg nach links und den Wegweisern folgen. Der Rundweg ist super beschildert. Den gelben Pfeilen mit der Aufschrift „02 Opferschalenweg" folgen. Nach ca. 10 Minuten Gehzeit befindet man sich im Wald, wo schon bald ein schmaler beschilderter Pfad nach links zur ersten Opferschale abzweigt. Über Steinstufen gelangt man zu den schalenförmigen Vertiefungen. Auf einem wunderschönen Waldsteig geht es zunächst geradeaus und dann bergab immer an moosbewachsenen Felsgebilden vorbei bis zu einem breiten Waldweg. Dieser führt direkt zu einem Bach mit Rastbänken und einem kleinen Wasserrad. Ab hier führt der Weg mäßig bergauf an einem weiteren Felsen mit Holzleiter vorbei zum Mühlberg mit einem sehr netten Rastplatz. Gegenüber zweigt über Stufen ein Pfad ab. Nun kommt man zum gespaltenen Stein und ein kurzes Stück weiter zur nächsten Opferschale. Diese erklimmt man über eine längere Holzleiter und eine Holzbrücke. Ab hier verläuft der Weg bergab über den Rastplatz Herzogreitherfelsenblick zurück zum Ausgangspunkt.

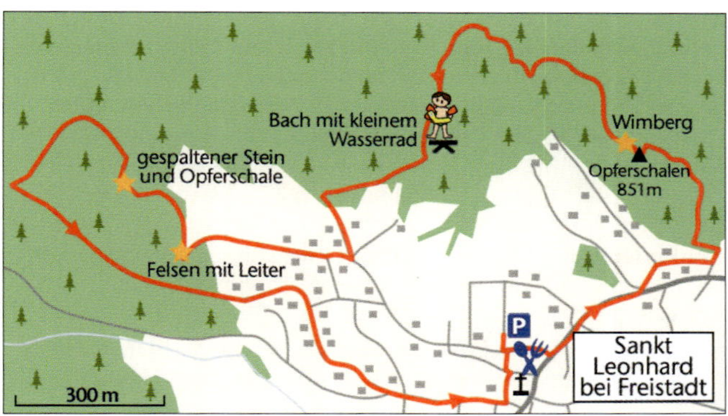

49 Sagenweg

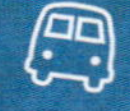

Unterweitersdorf: auf zu den Waldgeistern

sk

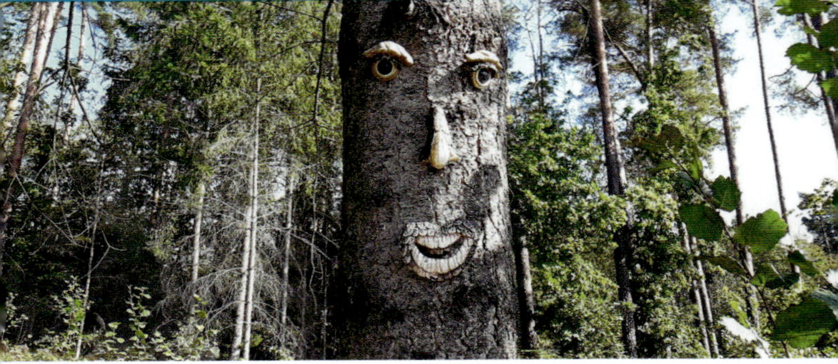

Auf diesem Rundweg werden auf Tafeln neue Sagen und Märchen über Unterweitersdorf und die nähere Umgebung erzählt. Auf den Tafeln sind Bilderrätsel versteckt und es wird eine Rätselfrage über Unterweitersdorf gestellt. Bei jeder Sagenstation sollte man sich gut umsehen. Es könnte sich der ein oder andere Waldgeist in der Nähe herumtreiben. Der Weg führt am sagenumwobenen Teufelssitz vorbei. Ein Abstecher (Gehzeit 5 Min.) zahlt sich auf jeden Fall aus. Zwischen den Sagenstationen sorgen Beerensträucher zum Naschen für zusätzliche Abwechslung. Der Weg eignet sich auch bei Nieselwetter, da er großteils im Wald verläuft. Nur die letzte Viertelstunde geht's über Felder und entlang der Landesstraße zurück zum Ausgangspunkt.

Wetter: 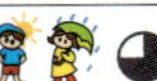 Anforderung:  Gesamtdauer: 2 ½ h

---

Anforderung:	Mittel; 140 Hm; mittlere bis steile Steigung; vorwiegend Wald- und Wiesenwege.
Dauer:	RW: 2 ½ h; 5,5 km.
Wetter:	Jedes Wanderwetter, auch bei leichtem Nieselwetter, die ersten 10 und letzten 15 Minuten führen jedoch über offenes Gelände.

Kindergarten-kinder:	In diesem Alter nur für gehfreudige Kinder geeignet. Für kleinere Kinder Trage mitnehmen.
Volksschulkinder:	Gut geeignet.
Ab 10 Jahren:	Für dieses Alter evtl. schon zu langweilig.

Navi: 4210 Unterweitersdorf, Parkplatz vor dem Haus Untere Dorfstraße 6 (48.367403, 14.467256).

Anfahrt: A1/A7 über Ausfahrt 1 nach Unterweitersdorf. Der Parkplatz befindet sich in der Ortsmitte zwischen der Kirche und dem Gemeindeamt. Vom Parkplatz nach links über die Brücke geradeaus bei der Bushaltestelle vorbei bis zur nächsten Kreuzung. Hier kann man schon die Übersichtstafel an der Hausmauer sehen.

Bus/Bahn: Hst. Unterweitersdorf Ortsmitte.

Ausgangspunkt/P: Übersichtstafel „Sagenweg" beim Haus Gusentalstraße 2.

Infos/Gaststätten: *Entlang des Weges keine Gaststätten, daher Proviant mitnehmen.

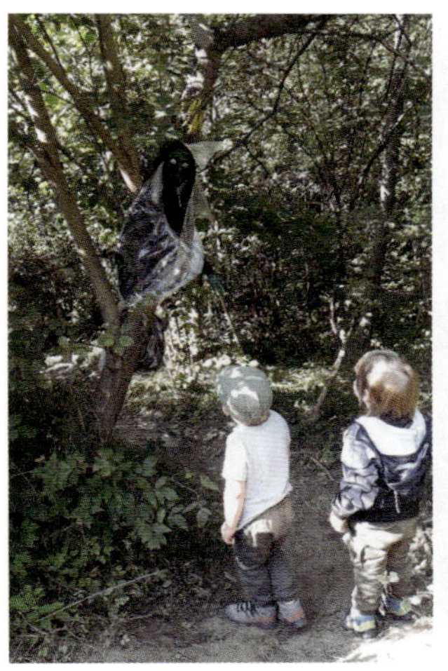

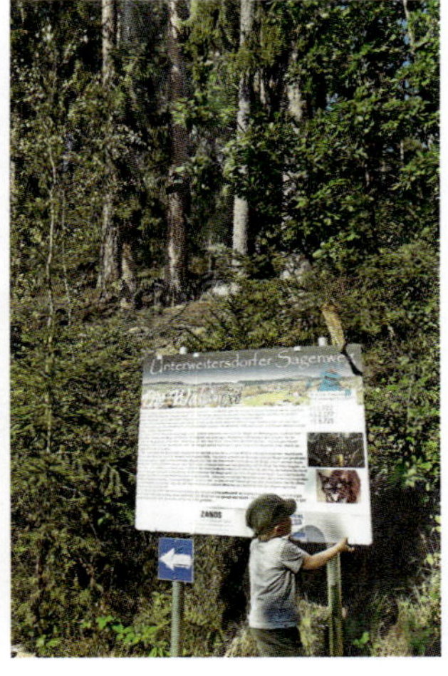

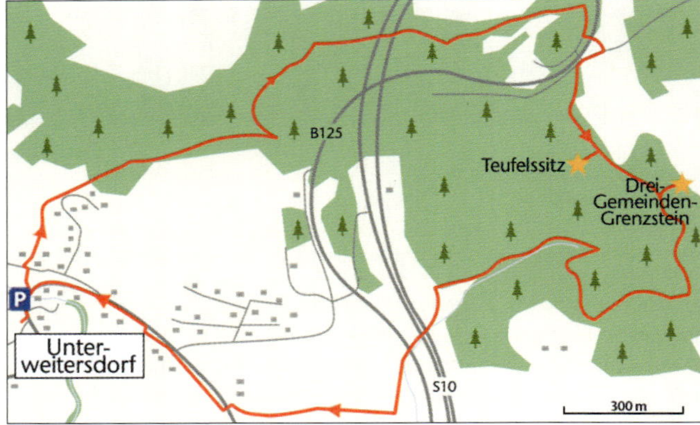

Wegbeschreibung: Der Weg ist sehr gut beschildert. Den Wegweisern mit der Aufschrift „Sagenweg Unterweitersdorf" und den Bäumen mit der blauen Farbmarkierung folgen. Es ist spannend und aufregend zu entdecken, was sich bei den einzelnen Stationen versteckt. Bei einer gibt es den großen Schutzgeist, der kleine Geschenke verteilt, bei einer anderen sitzt eine Hexe im Baum und bei der nächsten lachen kleine Waldgeister von den Bäumen.

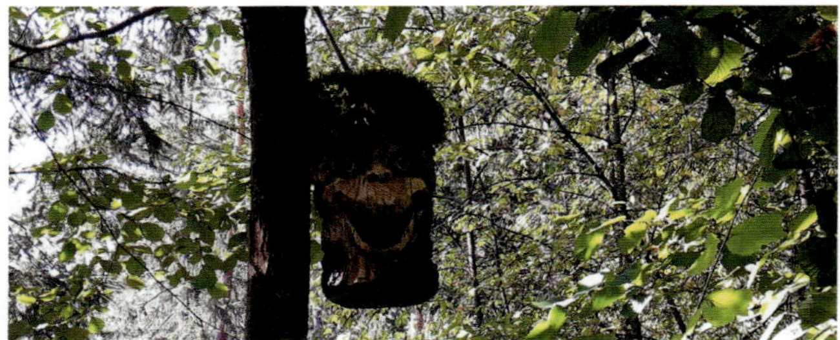

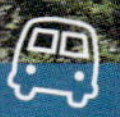

50 Honigschleuderweg

Waldhausen im Strudengau: dem Honig auf der Spur

sk

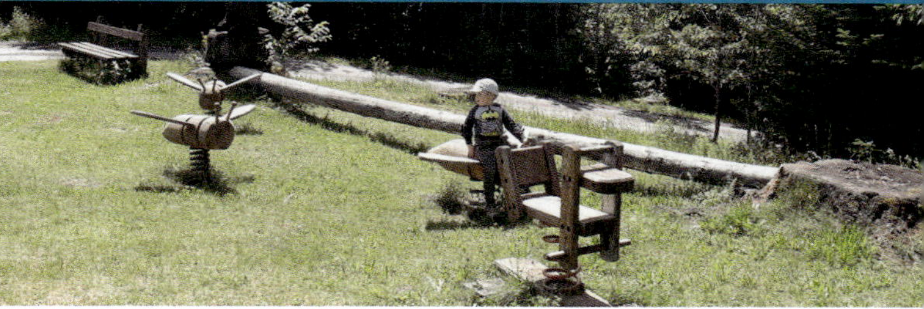

Was macht eine Biene eigentlich den ganzen Tag und was arbeitet sie in ihrem Bienenstock? Auf diese und noch mehr Fragen gibt es hier eine Antwort. Auf den Infotafeln werden Rätselfragen gestellt. Wer die Fragen richtig beantwortet und am Ende des Weges das richtige Lösungswort hat, bekommt eine kleine Überraschung (siehe Infos). Entlang des Weges gibt es Beerensträucher für die kleine Stärkung zwischendurch und einen Spielplatz, wo man auf Bienen reiten kann. Anders als beim Weg „Geheimnisvolle Honigbiene" im Kapitel II, Klassische Wanderungen, oder beim Bienenlehrpfad in Zwettl aus unserem Kinderwagenwanderbuch gibt es hier keine Bacherl zum Plantschen. Für Nieselwetter ist dieser Weg eine nette Alternative, weil er großteils im Wald verläuft, nur die letzte Viertelstunde geht über offenes Gelände. Weitere Pluspunkte für regnerisches Wetter sind die Einkehrmöglichkeit und die Kürze des Weges.

Wetter:   ◑ Anforderung:  Gesamtdauer: 1 ½ h

Anforderung:	Leicht; 75 Hm; leichte bis mittlere Steigung; größtenteils Waldwege. Mit geländegängigem Kinderwagen befahrbar.
Dauer:	RW: 1 ½ h; 3 km.
Wetter:	Jedes Wanderwetter, außer bei Starkregen und Sturm.

Kindergartenkinder:	Sehr gut geeignet.
Volksschulkinder:	Super geeignet.
Ab 10 Jahren:	Rundweg alleine eventuell zu fad, aber in Kombination mit dem Aussichtsturm und der Einsiedlerhöhle (siehe Zusatztipps Kapitel I, Gipfeltouren) oder einem Nachmittag am Badesee durchaus nett.

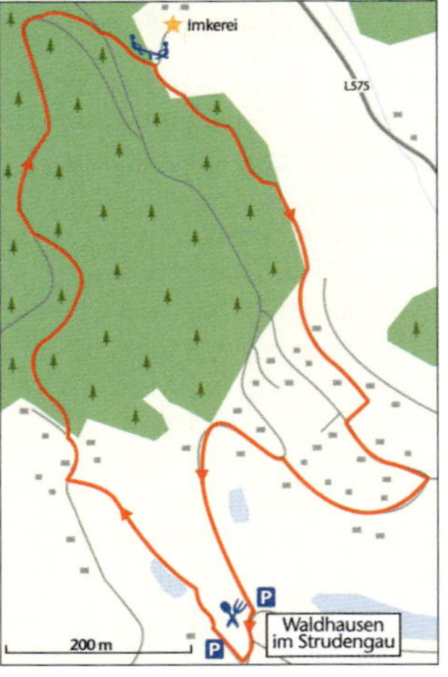

Navi: 4391 Waldhausen im Strudengau, Schloßberg 11.

Anfahrt: A1 über Ausfahrt 123 auf B3 in Richtung Waldhausen im Strudengau. Von Wien kommend von der A1 über die Ausfahrt 100 auf B3 in Richtung Waldhausen im Strudengau.

Bus/Bahn: Hst. Waldhausen im Strudengau Badesee. Gehzeit zum Ausgangspunkt ca. 10 Minuten. Von der Haltestelle noch ein Stück entlang des Sees auf der Sarmingstraße in Richtung Schloßberg. Hier bei der Kreuzung nach links bergauf den Schloßberg entlang zum Gasthaus Reutner.

Ausgangspunkt/P: Wanderwegübersichtstafel vor dem Gasthaus Reutner.

Infos/Gaststätten: *Gasthaus Reutner, Tel. 07260 4224, www.gasthausreutner.at, Ruhetage: Mo, Do. *Imkerei Aigner, Tel. 07260 4425. *Bei richtigem Lösungswort kann man sich eine kleine Überraschung im Gasthaus Reutner abholen.

Wegbeschreibung: Der Rundweg hat die Nummer 9 und ist super gekennzeichnet. Den gelben Wegweisern mit der Aufschrift „Honigschleuderweg 9" einfach folgen. Zwischen den Stationen mit den Infotafeln und Rätselfragen gibt es unter anderem einen großen Honigbären oder Bienen zum Reiten.

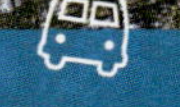

51 Erlebnisweg Bleicherbach

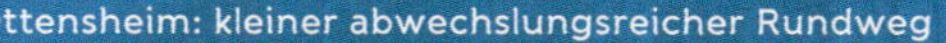

Ottensheim: kleiner abwechslungsreicher Rundweg

br

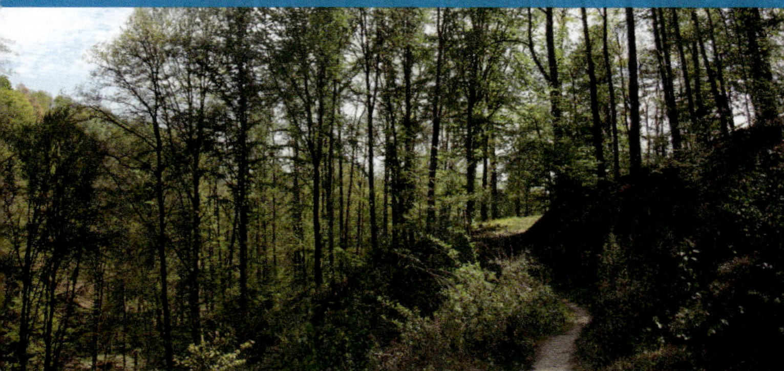

Ganz in der Nähe von Linz ist man hier schnell in der Natur. Die kleine Runde ist auch für gehfaule Kinder oder WanderanfängerInnen gut geeignet und bietet sich für einen kurzen Nachmittagsausflug an. Zugänge zum Bleicherbach laden im Sommer zum Pritscheln ein und am Ende kann man ein echtes Mühlrad bestaunen. Auf der Strecke gibt es zwar auch ein paar Tafeln mit Infos für die Kinder, spannender sind aber sicher der Bach und die verwurzelten Wegerl durch den Wald. Natürlich ist auch dieser Weg, vor allem wegen des Bacherls, bei Sonnenschein netter, aber aufgrund der Kürze und der schützenden Bäume kann man ihn auch bei Nieselwetter gehen.

Wetter:  ◑ Anforderung:  Gesamtdauer: 1 h

---

Anforderung:	Leicht; ca. 60 Hm; bei nassem Untergrund ist die Querung eines Hanges etwas rutschig, ansonsten kleine, großteils ebene Wegerl.
Dauer:	RW: 1 h; 1,8 km.
Wetter:	Jedes Wanderwetter, auch bei Nieselregen möglich, bei der Steigung jedoch rutschig.

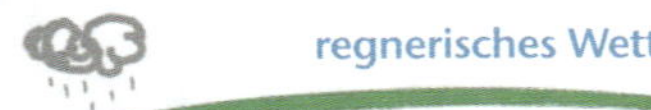

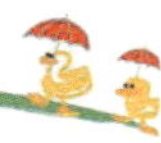

Kindergartenkinder:	Die kurze Runde ist sehr gut für diese Altersgruppe geeignet. In der Mitte der Tour gibt es ein paar Pritschelstellen am Bach. (Wechselkleidung nicht vergessen!)
Volksschulkinder:	Siehe oben.
Ab 10 Jahren:	In diesem Alter vielleicht zu kurz und fad. Möglichkeit zur Verlängerung: siehe Wegbeschreibung.

Navi: 4100 Ottensheim, Siglbauernweg 1.

Anfahrt: B127 Richtung Ottensheim, nach der Tankstelle rechts über die Schienen in die Hambergstraße abbiegen. Erst geradeaus, dann rechts in den Mühlenweg und weiter bis über eine kleine Brücke. An der Straße einen Parkplatz suchen.

Bus/Bahn: Bus Hst. Niederottensheim 400 m, Bhf. Ottensheim 700 m vom AP entfernt.

Ausgangspunkt/P: Nach der Brücke bergauf ist im Siglbauernweg links vor den Garagen an der Straße Platz für ein paar Autos.

Infos/Gaststätten: Keine Gaststätten am Weg, jedoch mehrere Lokale in Ottensheim.

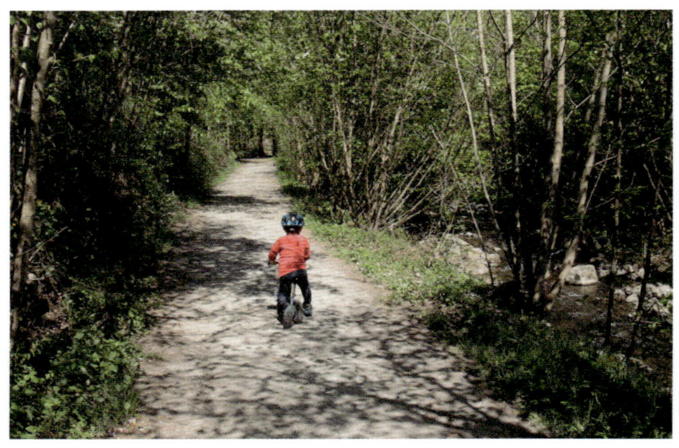

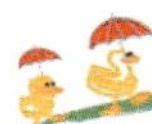

Wegbeschreibung: Vom Parkplatz bergab zurück zur kleinen Brücke. Nach der Brücke zweigt der Weg rechts bachaufwärts ab. Hier kommt bald eine Infotafel. Danach den Schildern „Erlebnisweg Bleicherbach" folgen. Es geht immer weiter den Bach entlang bis zu einem Bankerl, wo der Rundweg scharf links den Berg hinauf abzweigt (Hinweis: Mit größeren Kindern bietet es sich an, hier noch ein Stück weiter geradeaus den Bach zu erkunden). Die Beschilderung führt weiter durch eine kleine Siedlung und nach ca. 250 m wieder links in den Wald hinein. Nach einem steilen Bergabstück (Vorsicht bei Nässe) kommt man zur Mühle, wo der Weg in den Ausgangsweg einmündet. Hier geht es rechts zurück zum Ausgangspunkt.

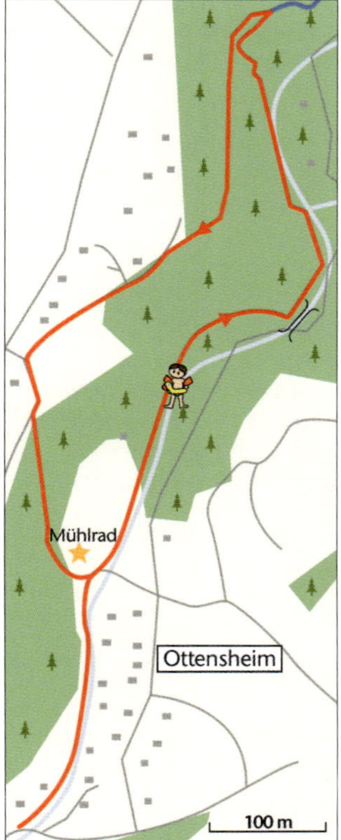

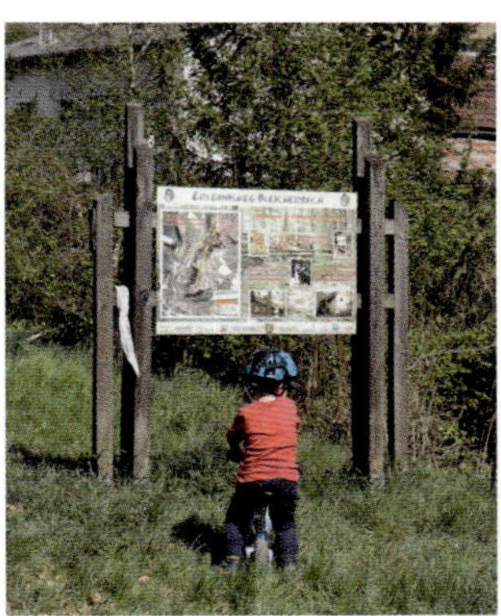

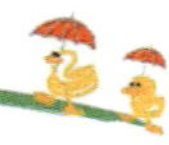

Zusatztipps

.... für nasses Wetter

Wanderungen bei Regen sind so eine Sache. Aber Kinder haben wir halt auch bei wochenlangem Regenwetter, und eine Stunde draußen im geschützen Wald kann selbst die raunzigste Laune in die sprichwörtliche Luft auflösen. Probiert es aus!

Neben den in diesem Kapitel angeführten Wegen eignen sich alle, in der Übersichtstabelle beim Regenmännchen mit einem x gekennzeichneten Wege. Damit seid ihr für die nächste Regenperiode bestens gewappnet.

St. Oswald bei Haslach:

Steilstufenweg (kleine Runde)

2 h, 4,4 km, 120 Hm.
Schöne und abwechslungsreiche Wanderung durch unberührte Natur. Der Weg führt entlang der Steilstufe des Schwarzenbergischen Schwemmkanals bis zum Grenzübergang nach Tschechien und dem alten Zollhaus. Eine Verlängerung der Wanderung auf tschechischer Seite ist möglich (Reisepass nicht vergessen). Ausgangspunkt ist der Parkplatz gegenüber dem Gemeindeamt (gps: 48.619379, 14.031395), der Weg ist gut beschildert.

Auberg:

Traumweg

2 ½ h, 5,5 km, 120 Hm
Entlang des Rundweges gibt es Stationen, die Träume wahr werden lassen sollen. Wie z. B. den Wunschbaum oder einen Frosch, der

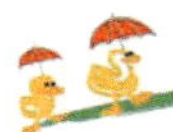

geküsst werden muss. Ausgangspunkt dieser Wanderung ist am Parkplatz bei der Kläranlage in Iglbach (gps: 48.518169, 14.033635), ab hier einfach den Schildern folgen.

Altenfelden:

Baumenergieweg Panholz

1 h; 2 km; 30 Hm.

Auf diesem Rundweg lernt man unsere heimischen Bäume hautnah kennen. Zusätzlich zu den allgemeinen Infos wird erklärt, wie sich die Bäume auf unser Wohlbefinden auswirken. Ausgangspunkt ist der Parkplatz beim kleinen Teich zwischen Altenfelden und Atzesberg (gps: 48.477407, 13.961098), der Weg ist gut beschildert.

Waldburg:

Spechtweg und Naturerlebnis Wimberg

½ h; 1 km; 60 Hm.

Neben Infotafeln über die Natur gibt es einen Fitnessparcours, eine Dachshöhle und noch vieles mehr. Beim Parkplatz befindet sich ein großer Spielplatz. Ausgangspunkt ist beim Sportplatz Waldburg (gps: 48.511758, 14.436789), einfach den Schildern folgen.

Mitterkirchen:

Freilichtmuseum Keltendorf Mitterkirchen

Eine komplett nachgebaute keltische Siedlung aus der Hallstattzeit. Hier werden regelmäßig spezielle Angebote und Veranstaltungen für Kinder und Familien wie z. B. Brot backen, töpfern und Familiennachmittage angeboten. Mehr Infos dazu und zu den Eintrittspreisen auf www.keltendorf-mitterkirchen.at.

Überblick Ennstal, Steyrtal, Kalkalpen

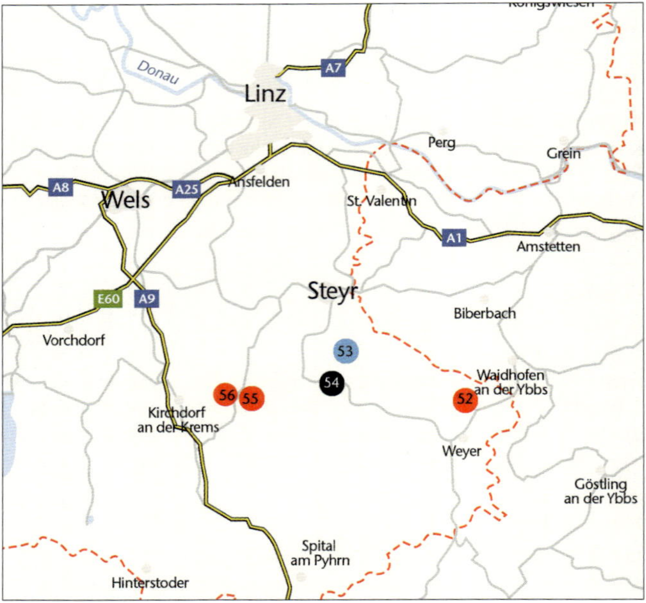

Donau
Linz
A7
Perg
Grein
A8
Wels
A25
Ansfelden
St. Valentin
A1
Amstetten
Steyr
Biberbach
E60
A9
Vorchdorf
53
54
Waidhofen an der Ybbs
56
55
52
Kirchdorf an der Krems
Weyer
Göstling an der Ybbs
Spital am Pyhrn
Hinterstoder

kinderwagen-geeignet · leicht bis mittel · mittel · anspruchsvoll

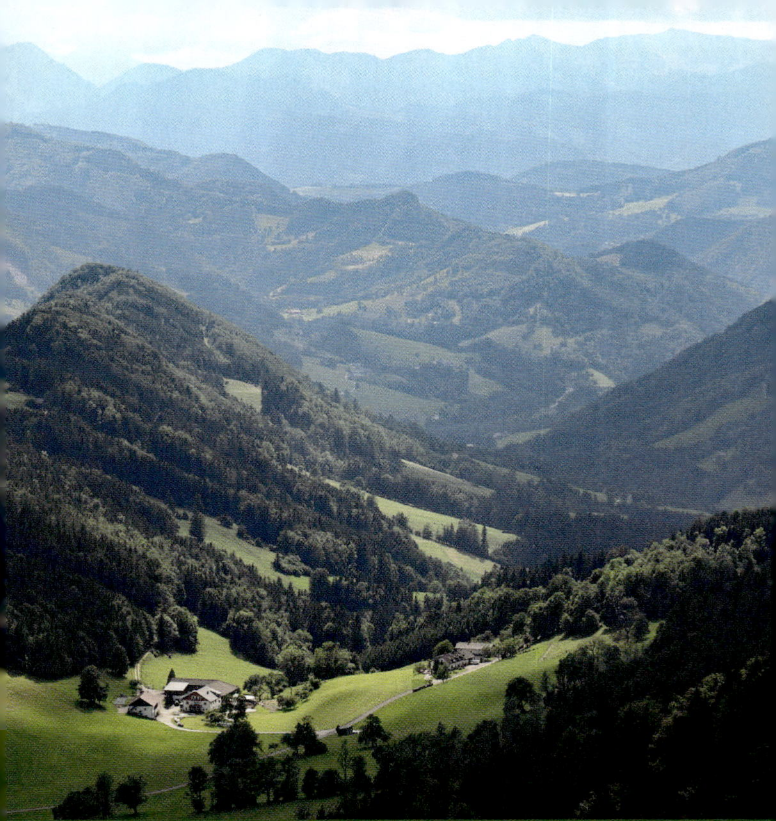

VII. Ennstal, Steyrtal und Nationalpark Kalkalpen

Besuche uns auf Facebook: **wandaverlag**

52 Lindaumauer (1103 m)

Maria Neustift: Aussichtsberg mit Höhle

br

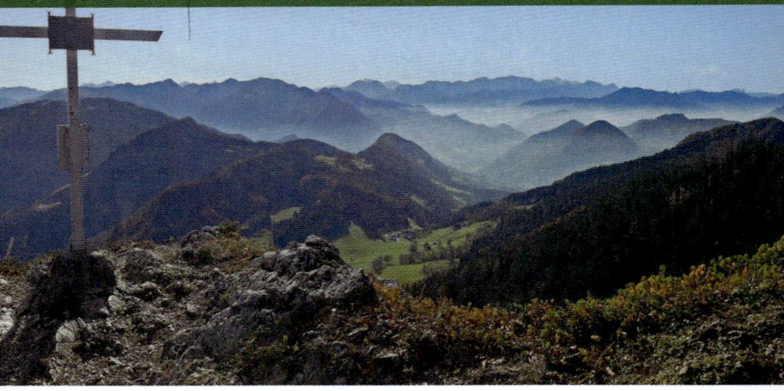

Die Lindaumauer ist eine unserer Lieblingstouren. Sie hat alles, was wir uns von einer gelungenen Wanderung wünschen: ein felsiger Gipfel mit Gipfelkreuz, gemütlichem Bankerl und wunderschöner Aussicht, eine spannende Höhle – ideal für mutige ForscherInnen, die sich tief in den Berg hineinwagen – und eine Alternativroute mit Kraxelstellen für größere Kinder. Der Aufstieg ist kurz und auch von kleinen Kindern schon gut zu bewältigen. Nach der Wanderung kann man sich dann am Biobauernhof Hochramskogler mit Brettljause und selbstgemachten lokalen Spezialitäten verwöhnen lassen.

Wetter:  ◑ Anforderung:  Gesamtdauer: 2 h

Anforderung: Mittel; 237 Hm; Wald- und Wiesenwege, kleine Kraxeleien. Vorsicht im Gipfelbereich, Kinder gut beaufsichtigen und/oder an der Hand führen.

Dauer: Aufstieg: 1¼ h, 1,5 km; Abstieg etwas schneller.

Wetter: Klassisches Wanderwetter.

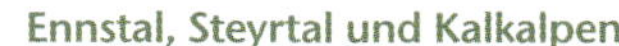

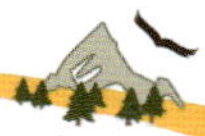

Kindergarten-kinder:	Aufgrund der Kürze für geschickte und trittsichere Kinder gut geeignet. Am Gipfel heißt es aber aufpassen: Absturzgefahr!
Volksschulkinder:	Gut geeignet, Taschenlampe für die Höhle nicht vergessen!
Ab 10 Jahren:	Als kurzer Nachmittags- oder Abend-Ausflug gut geeignet. Geschickte KraxlerInnen probieren die Klettervariante rechts von der Höhle zum Gipfel.

Navi: 4443 Maria Neustift, Moosgraben 54.

Anfahrt: Von Steyr die Straße Richtung Kleinraming nehmen und weiter bis nach Maria Neustift fahren. Durch den Ort durch und auf der Straße weiter bergab fahren. Bei der großen Kreuzung im Tal nach links abbiegen und bis zur Abzweigung Richtung Weyer / Gaflenz der Straße folgen. Hier nach rechts und bei der nächsten Kreuzung geradeaus (rechts von der Verkehrsinsel) den Berg hinauf bis zur Jausenstation Hochramskogler (Schild: Fam. Zöttl; am Ziel einige wenige Parkmöglichkeiten).

Bus/Bahn: Keine öffentliche Verbindung.

Ausgangspunkt/P: Jausenstation Hochramskogler.

Infos/Gaststätten: *Biobauernhof und Jausenstation Hochramskogler, kleiner Spielplatz mit Schaukel und Rutsche, freilaufende Tiere (Hendln, Katzen), Tel. 07353 493, April bis Oktober: So und Feiertag geöff., wochentags nach telefon. Voranmeldung; unbedingt die preisgekrönten Schaf- und Kräuterkäsespezialitäten kosten!

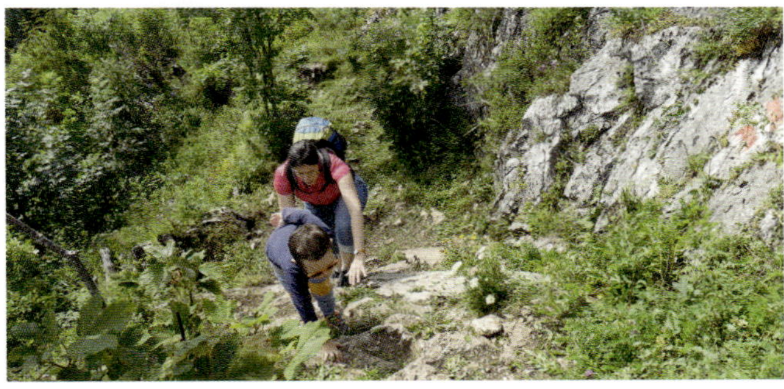

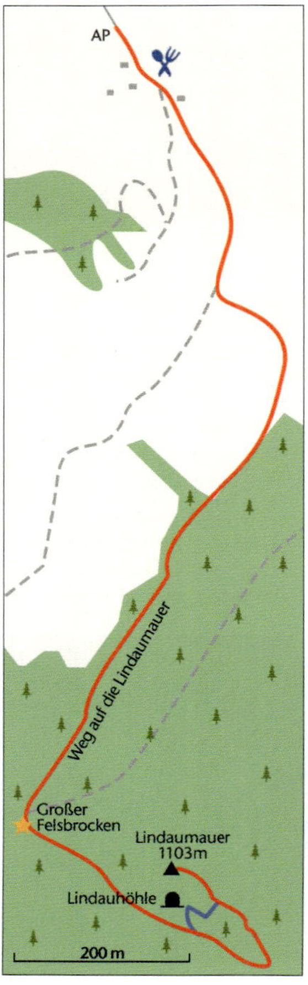

Wegbeschreibung: Von der Jausenstation Hochramskogler geradeaus (nicht bergab!) weiter den Schotterweg entlang gehen. Beim Wegweiser „Lindaumauer" links abzweigen und dem Weg über die Wiese hinauf folgen. Er führt erst am Waldrand entlang und dann weiter in den Wald, überquert eine Forststraße und geht dann weiter in Richtung des rot-weißen Pfeils auf einem großen Felsblock. Kurz nach Ende des Waldes zweigt links ein steiles Wegerl den Berg hinauf zur Höhle ab (Gehzeit ca. 5 Minuten). Geradeaus geht es direkt weiter zum Gipfel. Gleicher Rück- wie Hinweg.

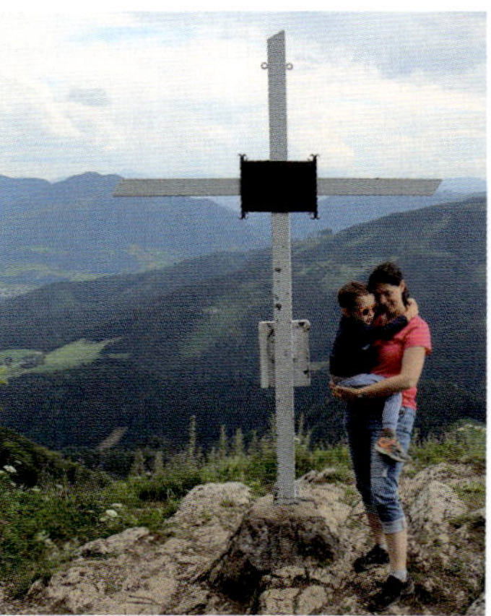

53 Sonnberg (777 m)

Laussa: über den Wolken

br

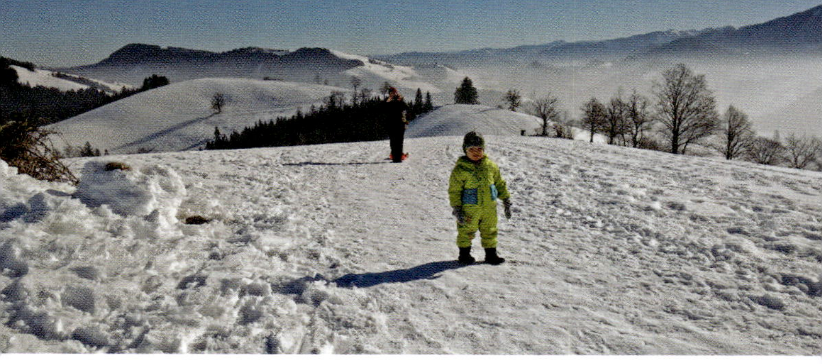

Der Sonnberg ist eine wunderbare Herbst- und Wintertour. Wenn im Tal der Hochnebel hängt und alles grau und grauslich ist, fahren wir hier herauf, um Sonne zu tanken, unsere Akkus wieder aufzuladen und den Ausblick über das Wolkenmeer zu genießen. Oft liegt hier im Winter auch Schnee: Dann empfiehlt es sich, Rodel oder Bob mitzunehmen, um die verschiedenen Hänge unsicher zu machen. Aber auch bei trockenem, sonnigen Wetter gibt's hier einiges zu entdecken: ein paar gemütliche Bankerl und Liegen am Sonnberggipfel, ein Stück weiter einen Rastplatz mit kleinem Klettergerüst und für die ganz Mutigen eine Himmelsschaukel am Fuchsenberg. Tipp: Im Kinderwagen-Wanderbuch gibt es weitere Touren oberhalb der Nebelgrenze.

Wetter:  Anforderung:  Gesamtdauer: 2 h

Anforderung:	Leicht; 53 Hm; Wiesenwege.
Dauer:	Eine Strecke: 1 h; 1,6 km.
Wetter:	Trockenes, nicht zu heißes Wetter: kein Schatten oder Windschutz auf dem Weg; im Winter (wenn nicht zu viel Schnee liegt) gut geeignet.

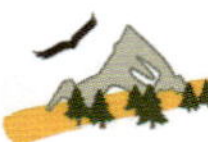

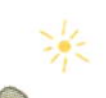

Kindergarten-kinder:	Kurze, leichte Wanderung, sehr gut geeignet. Klettergerüst kurz nach dem Sonnberg.
Volksschulkinder:	Gut geeignet, siehe oben. Nach dem Fuchsenberggipfel gibt's noch eine Himmelsschaukel mit 14 m langen Seilen, um hoch hinaus zu schaukeln.
Ab 10 Jahren:	Gut geeignet, siehe oben.

Navi: 4461 Laussa, Sonnberg 14.

Anfahrt: Ab Steyr auf der B115 Richtung Weyer ins Ennstal fahren. Nach einer scharfen Kurve auf der Linksabbiegespur links in den Güterweg Oberdambach abbiegen. Der kurvigen Straße folgen (bei Kindern mit empfindlichem Magen vorsichtig fahren) und nach der Feuerwehr Oberdambach rechts abbiegen. Weiter auf der Straße bleiben. Am Ende eines kleinen Waldes links abbiegen (kleines grünes Schild „Sonnberg") und kurz nach dem Ferienhof Schneiderweg dem Schild „P 120m" nach links folgen. Vor dem großen weißen Haus (Sonnberg 14) scharf links abbiegen. Kurz darauf ist auf der linken Seite ein Wandererparkplatz.

Bus/Bahn: keine öffentliche Verbindung.

Ausgangspunkt/P: Wandererparkplatz nahe Sonnberg 14 (gps: 47.965854, 14.465364).

Infos/Gaststätten: *TVB Steyr & Nationalpark Kalkalpen Region: Tel. 07252 53229-40, www.nationalparkregion.com.

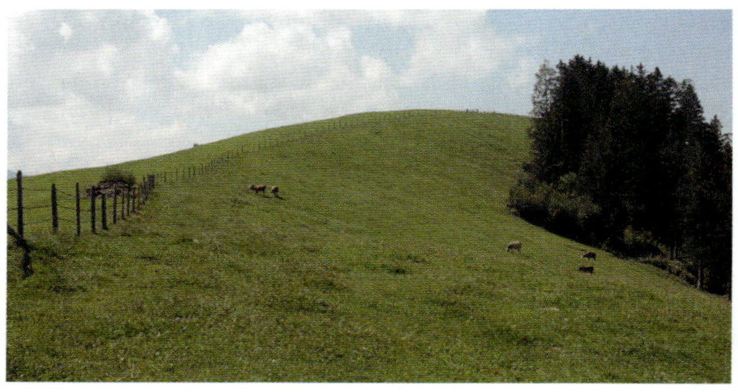

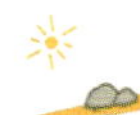

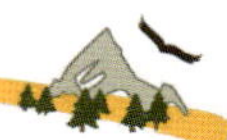

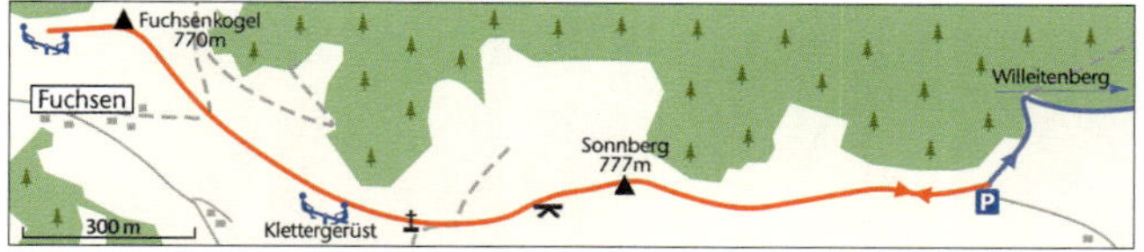

Wegbeschreibung: Vom Parkplatz durch den Durchlass im Weidezaun auf dem Weg geradeaus erst am Waldrand und dann rechts vom Weidezaun entlang halten. Ab hier immer weiter am Kamm gehen und die Aussicht genießen. Der Weg durchquert unterwegs mehrere Kuhweiden. Die elektrischen Drähte zum Öffnen des Zauns am isolierten Griff nehmen und bitte nicht vergessen sie auch wieder zu schließen. Am Gipfel des Sonnbergs stehen eine kleine Hütte, mehrere Jausenbänke und Holzliegen. Danach geht es geradeaus immer am Kamm weiter bis zum Klettergerüst und dann zur nächsten Erhebung, dem „Fuchsenkogel" (770 m). Wer mag, kann die Tour in beiden Richtungen weiter verlängern (jeweils weniger als 1 km bis zum nächsten kleinen Gipfel).

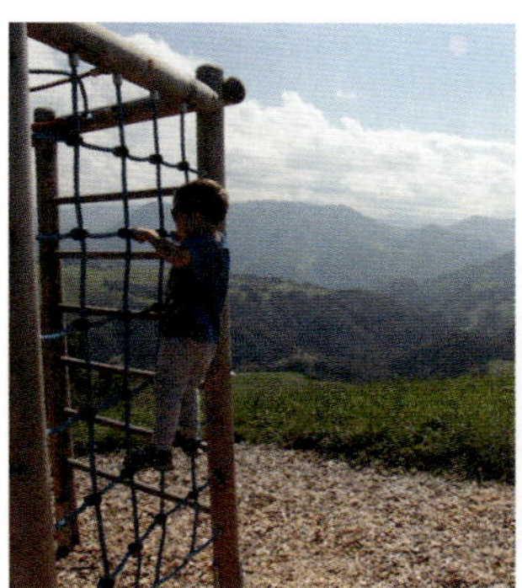

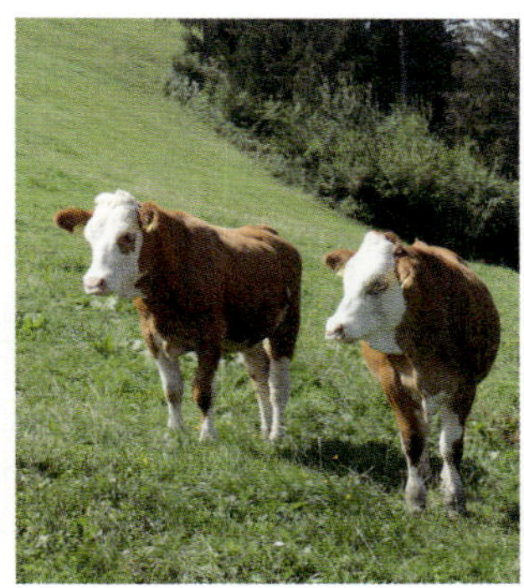

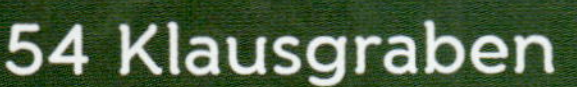

54 Klausgraben

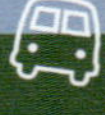

Losenstein: wilde Natur am Schluchtbach

br

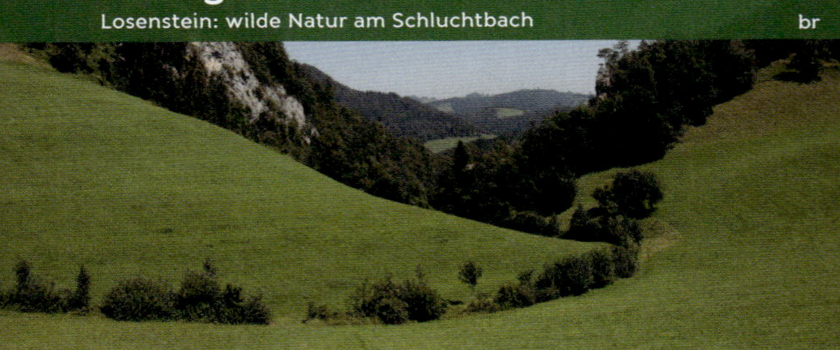

Nahezu unbekannt, wild und naturbelassen ist der Klausgraben in Losenstein. Hier hat sich der Bach eine tiefe Schlucht durch den Berg gegraben. Das Wasser stürzt meterweit herab, brodelt und rauscht zwischen den Felsen. Der Weg geht schmal am steilen Hang entlang, dann wieder über eine Brücke oder auch einmal direkt auf Steinen durch das Wasser, mit Möglichkeiten, den Bach spielerisch zu erkunden. Naturfreunde und EntdeckerInnen werden hier ihre Freude haben. Geschicklichkeit und Trittsicherheit sind aber immer wieder notwendig und für kleinere Kinder ist der Weg sicher zu schwierig. Der Hinweg zur Schlucht geht 1,5 km über eine Asphaltstraße mit wenig Schatten. Wer diese schneller zurücklegen will, nimmt dafür den Roller oder das Fahrrad mit und sucht sich am Schluchteingang einen Platz zum Abstellen.

Wetter:   Anforderung:  Gesamtdauer: 3 h

Anforderung: Schwierig; gute Trittsicherheit erforderlich; 185 Hm; schmale, teils ausgesetzte Wege durch die Schlucht sowie Bachquerungen. Vorsicht: nach Regen rutschig!

Dauer: Eine Strecke: 2 h; 2,4 km.

Wetter: Wanderwetter.

Kindergarten-kinder:	Nicht geeignet.
Volksschulkinder:	Nur für sehr trittsichere, bergerfahrene und zuverlässige Kinder. Die schmalen Steigerl, Brücken und Bachquerungen in der Schlucht fühlen sich an wie eine kleine Expedition.
Ab 10 Jahren:	Für trittsichere Kinder und Jugendliche sehr gut geeignet. Siehe oben.

Navi: 4460 Losenstein, Bahnhofstraße 3.

Anfahrt: Ab Steyr auf der B115 Richtung Weyer ins Ennstal bis Losenstein fahren und hier kurz vor dem Tunnel rechts Richtung Zentrum abbiegen. Nach einer großen Tordurchfahrt rechts abbiegen und über die Ennsbrücke (Richtung „Gasthof Blasl") fahren. Nach der Brücke wieder rechts fahren und beim Gasthof Blasl oder dahinter beim Bahnhof parken. Mit etwas Glück findet man auch entlang des Goldgrubwegs Parkmöglichkeiten, um den Weg zum Schluchteingang abzukürzen. Es gibt aber nur sehr wenige.

Bus/Bahn: Bahnhof Losenstein direkt beim Familiengasthof Blasl.

Ausgangspunkt/P: Parkplatz am Bahnhof Losenstein.

Infos/Gaststätten: *Familiengasthof Blasl, kleiner Gastgarten mit Kinderspielplatz, Übernachtungsmöglichkeiten, Tel. 07255 6215, www.gasthof-blasl.at.

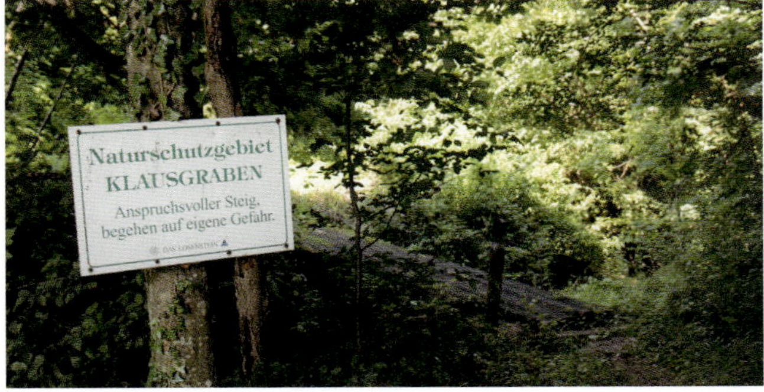

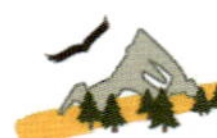

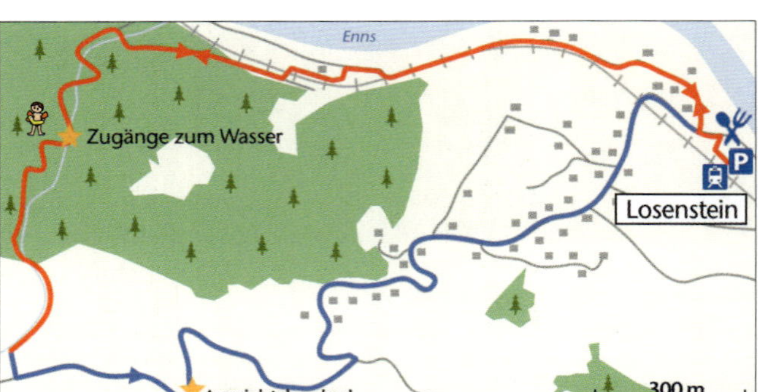

Wegbeschreibung: Vom Bahnhof Losenstein am Gasthof Blasl vorbei links in die Dirnstraße und kurz danach rechts in den Goldgrubweg abbiegen. Am Sägewerk vorbei und entlang der Eisenbahn auf der Straße weiterfahren. Dem gelben Wandererschild „Klausgraben" nach links folgen und nach der Brücke über die Eisenbahn gleich wieder rechts abbiegen. Die Straße entlang weitergehen bis zu einem markanten Holzkreuz. Hier links in den Klausgraben hineingehen, rechts die Holzstufen hinauf und von nun an dem Weg durch die Schlucht folgen (rot-weiß-rote Markierung). Nach der letzten Holzbrücke und dem Schild „Naturschutzgebiet Klausgraben" ist der spannende Weg zu Ende. Zurück kann man entweder wieder durch den Klausgraben gehen oder weiter hinauf zur Asphaltstraße und dort links dem Straßenverlauf folgend bergab mit schöner Aussicht über's Ennstal zurück zum Bahnhof Losenstein gehen.

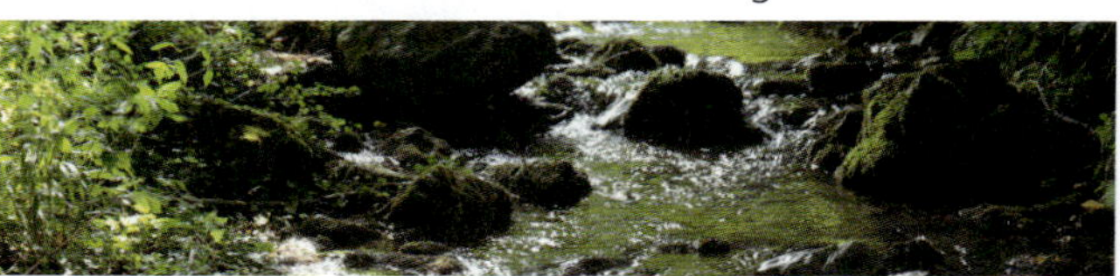

55 Rinnende Mauer

Molln: Naturdenkmal in der Steyrschlucht

br

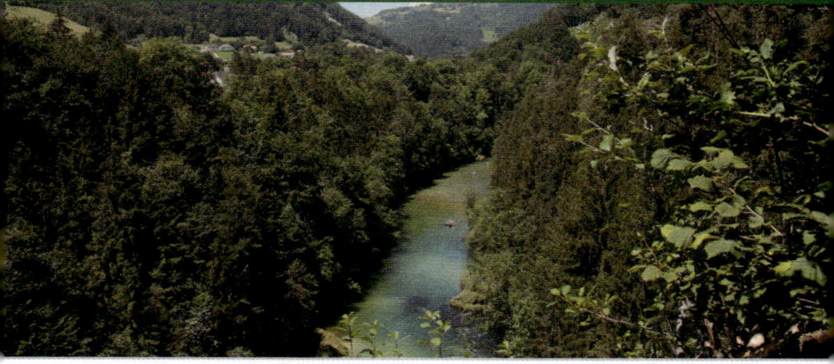

Wild rauschender Fluss, tief eingeschnitten in den Felsen, atemberaubende Tiefblicke und eine verwunschene moosbewachsene Wand, über die aus einer breiten Quelle das Wasser rieselt: Die Rinnende Mauer ist ein ganz besonderes Ziel. Wir beschreiben hier zwei Möglichkeiten, ans Ziel zu gelangen: Unsere Variante 1 ist die gesamte Tour. Sie führt zuerst auf schmalen Wegerln am Fluss entlang durch die Schlucht und dann an der Oberkante der Schlucht weiter bis zur berühmten Karstquelle. Variante 2 ist kürzer, steigt in der Hälfte der Strecke ein, und ist auch schon für kleinere Kinder geeignet.

Wetter:   Anforderung:  Gesamtdauer: 2–3 h

Anforderung: Mittel, ca. 45 Hm, großteils eben, Waldwege; an der Schluchtoberkante aufpassen und kleinere Kinder gut beaufsichtigen; zwei kurze, steile Passagen beim Aufstieg aus der bzw. Abstieg in die Schlucht erfordern etwas Geschicklichkeit.

Gesamtdauer: Variante 1: Eine Strecke: 1 ½ h, 3,4 km,
Variante 2: Eine Strecke: 1 h, 2,5 km.

Wetter: Schönes, auch warmes Wanderwetter.

Kindergarten-kinder:	Variante 2 ist für gehfreudige, zuverlässige Kinder gut geeignet. Die Rinnende Mauer lädt zum Pritscheln ein. Gegen Ende der Tour liegt rechts hinter ein paar großen Felsblöcken die Zentrale einer großen Baufirma. Kleine Baufahrzeugfans können hier mit etwas Glück Bagger o.Ä. beobachten. Geheimtipp: Ganz am Ende der Rinnenden Mauer findet man eine durch einen Wasserschleier von der Umgebung abgetrennte „Höhle", in die die Kinder hineinschlüpfen können (Wechselkleidung nicht vergessen).
Volksschulkinder:	Sehr gut geeignet. Je nach Motivation Variante 1 oder 2 wählen. siehe oben.
Ab 10 Jahren:	Sehr gut geeignet. Variante 1 kommt bei der Einmündung der Krummen Steyrling in die Steyr an zwei Schotterbänken vorbei, die zum Rasten und Spielen einladen. Hier aber gut auf die Kinder aufpassen: Die Flüsse sind tief und reißend.

Navi: Variante 1: 4591 Molln, Buseckerstraße 2; Variante 2: 4591 Molln, Gradau 1.

Anfahrt: A9 Abfahrt Klaus, auf die B138 nach rechts abbiegen und nach der langgezogenen Linkskurve gleich wieder rechts auf die B140 Richtung Steyr fahren. Abzweigung nach Molln nehmen. Variante 1: Parkplatz beim Ghf. Stefaniebrücke gleich nach der großen Steyrbrücke rechts. Variante 2: Nach der Steyrbrücke auf der Hauptstraße weiterfahren. Nach einer kleineren Brücke und ein paar scharfen Kurven kommt links der etwas unscheinbar markierte Wandererparkplatz Rinnende Mauer.

Bus/Bahn: Variante 1: Bus Nr. 433 (Steyr-Molln), Hst. Molln Stefaniebrücke. Variante 2: keine öffentliche Anbindung.

Ausgangspunkt/P: Variante 1: Wandererparkplatz beim Ghf. Stefaniebrücke. Variante 2: Wandererparkplatz Rinnende Mauer und Steyrschlucht.

Infos/Gaststätten: *Ghf. Stefaniebrücke, Tel. 0676 6204410, www.stefaniebruecke.at. *Nationalpark-Zentrum Molln, Nationalpark Allee 1: Tel. 07584 3651, Sa, So & Feiertag meist geschlossen. *TVB Steyr & Nationalpark Kalkalpen Region: Tel. 07252 53229-40, www.nationalparkregion.com.

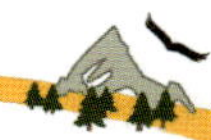

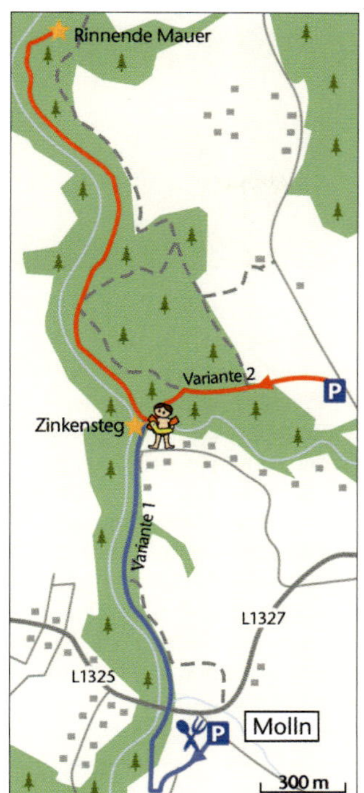

Wegbeschreibung:

Variante 1: Vom Ghf. Stefaniebrücke ausgehend folgt man der Straße Zimeck und geht bei der ersten Gelegenheit rechts, dann erst geradeaus und anschließend in einer scharfen Kurve hinunter zur Steyr. Weiter flussabwärts und unter der Brücke durch gehen. Ab hier führen nette Wegerln die Steyr entlang bis zum „Zinkensteg", der die Krumme Steyrling kurz vor der Einmündung in die Steyr quert. Kurz danach geht es steil nach oben an die Oberkante der Schlucht. Hier immer weiter flussabwärts an der Schluchtoberkante entlang gehen. Kurz nach einem alten Seilbahnhäuschen führt der Weg links wieder hinunter in die Steyrschlucht (Vorsicht: steil!) und dann rechts weiter zur Rinnenden Mauer. Gleicher Rück- wie Hinweg.

Variante 2: Vom Parkplatz ausgehend auf der Schotterstraße den Schildern „Rinnende Mauer" und „Schluchtblick" über's Feld folgen. Am Waldrand geradeaus weiter (Schild „Rinnende Mauer, entlang Schluchtoberkante") und nach einer Stromleitungsschneise links in den Wald gehen. Kurz darauf erreicht man das Bankerl „Schluchtblick". Hier knickt der Weg nach rechts ab, mündet in den in Variante 1 beschriebenen Weg ein und führt flussabwärts zur Rinnenden Mauer. Gleicher Rück- wie Hinweg.

56 Rinnerberger Klamm (596 m)

Leonstein: wild rauschender Bach und Wasserfall

br

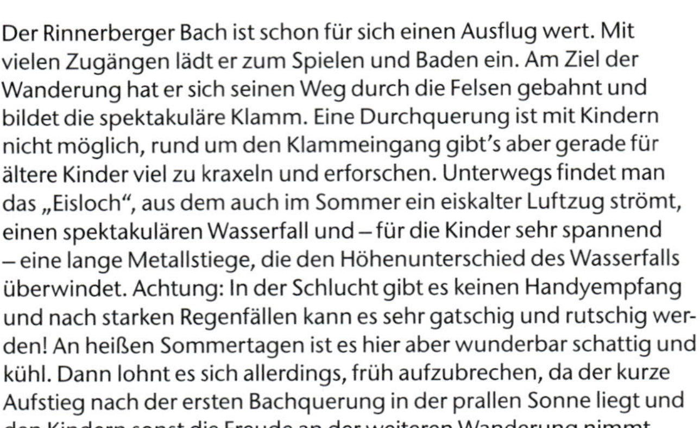

Der Rinnerberger Bach ist schon für sich einen Ausflug wert. Mit vielen Zugängen lädt er zum Spielen und Baden ein. Am Ziel der Wanderung hat er sich seinen Weg durch die Felsen gebahnt und bildet die spektakuläre Klamm. Eine Durchquerung ist mit Kindern nicht möglich, rund um den Klammeingang gibt's aber gerade für ältere Kinder viel zu kraxeln und erforschen. Unterwegs findet man das „Eisloch", aus dem auch im Sommer ein eiskalter Luftzug strömt, einen spektakulären Wasserfall und – für die Kinder sehr spannend – eine lange Metallstiege, die den Höhenunterschied des Wasserfalls überwindet. Achtung: In der Schlucht gibt es keinen Handyempfang und nach starken Regenfällen kann es sehr gatschig und rutschig werden! An heißen Sommertagen ist es hier aber wunderbar schattig und kühl. Dann lohnt es sich allerdings, früh aufzubrechen, da der kurze Aufstieg nach der ersten Bachquerung in der prallen Sonne liegt und den Kindern sonst die Freude an der weiteren Wanderung nimmt.

Wetter:   Anforderung:  Gesamtdauer: 1 ½ h

Anforderung:	Mittel bis schwierig; 167 Hm; schmale, teils steile und steinige Waldwege mit alpinem Charakter.
Gesamtdauer:	Aufstieg: 1 h; 1,6 km; (Abstieg schneller).
Wetter:	Schönes Wanderwetter, bei heißem Badewetter früh starten.

Kindergarten-kinder:	Nur für geschickte, bergerfahrene Kinder.
Volksschulkinder:	Sehr gut geeignet. Der abwechslungsreiche Weg lockt immer weiter. Es gibt viele Zugänge zum Bach, einen tosenden Wasserfall, und am Ziel kann man die Umgebung des Klammeingangs kraxelnd erforschen.
Ab 10 Jahren:	Sehr gut geeignet. Siehe oben.

Navi: Wandererparkplatz nahe 4592 Pernzell, Pernzeller Straße 1 (gps: 47.916765, 14.212781)

Anfahrt: A9 Abfahrt Klaus, rechts in die B138 einbiegen und nach der langgezogenen Linkskurve gleich wieder rechts auf die B140 Richtung Steyr. Nach der Ortsdurchfahrt von Leonstein am Anfang der Rechtskurve links abbiegen, dieser Straße ca. 2 km folgen bis zur Abzweigung Güterweg Haindlmühle / Güterweg Pernzell.

Bus/Bahn: keine öffentliche Verbindung.

Ausgangspunkt/P: Parkplatz und Info-Tafel gleich links nach der Abzweigung im Güterweg Haindlmühle.

Infos/Gaststätten: *TVB Steyr & Nationalpark Kalkalpen Region: Tel. 07252 53229-40, www.nationalparkregion.com. *Freilichtmuseum Schmiedleithen, Sensenschmiedmuseum und Hammerherrenhäuser, Tel. 0650 2206094, www.schmiedleithen.at, Mai–Okt geöff. So & Feiertag 10–17 h; In unserem Kinderwagen- und Tragetourenbuch „Oberösterreich: Großraum Linz" ist eine nette Rundwanderung durch das Freilichtmuseum beschrieben.

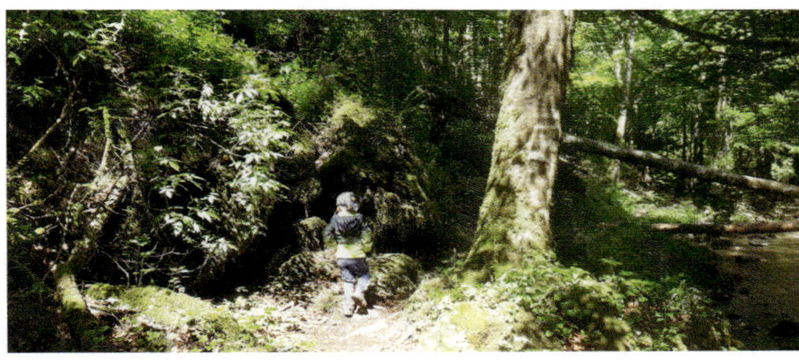

Wegbeschreibung: Den Güterweg Haindlmühle bergauf, bis der Wanderweg Nr. 25 (Rinnerberger Wasserfall bzw. Rinnerberger Klamm) links in den Wald abzweigt. Nach dem Wald mündet der Weg in eine Forststraße. Dieser rechts folgen. In einer Kehre zweigt der Weg wieder rechts ab. Kurz danach geht es rechts bergab über eine kleine Brücke und weiter geradeaus (links geht es zu einem netten Zugang zum Bach) dem Schild folgend den Hang hinauf. Hier ist Trittsicherheit gefragt, denn der Weg ist steinig und steil. Nach dem Anstieg befindet sich ein Bankerl und daneben das Eisloch. Von nun an geht es weiter den Weg entlang. Es kommt erst ein kleiner Wasserfall und später der große. Kurz danach über die Eisenstiege in das romantische Tal und dem Weg bis zur Klamm folgen. Gleicher Rück- wie Hinweg.

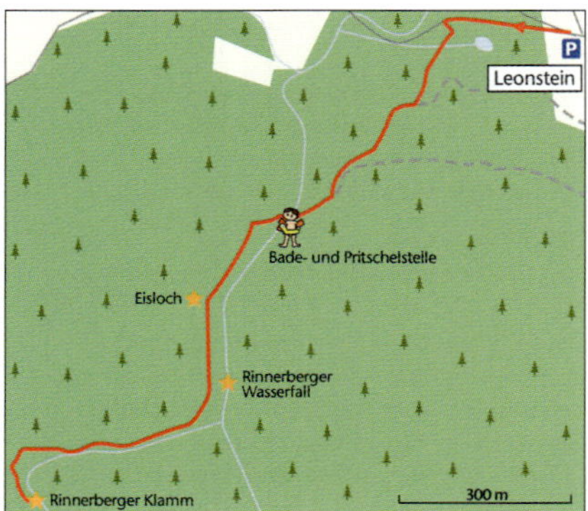

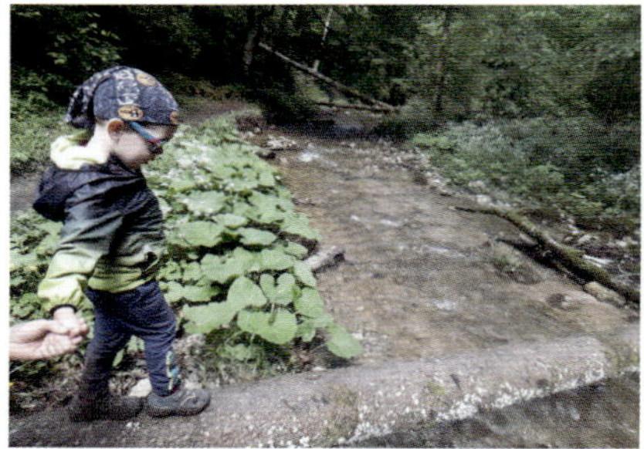

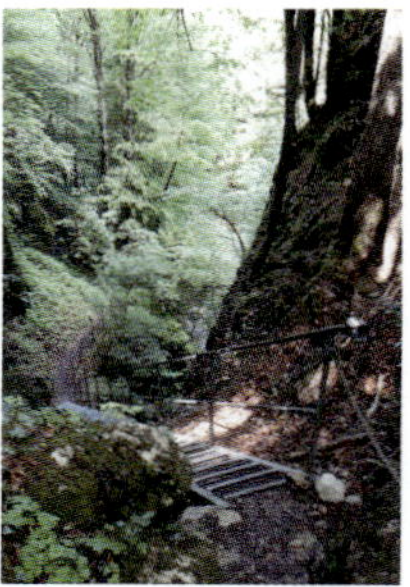

Zusatztipps

.... die es noch zu entdecken gibt.

Losenstein:

Ruine Losenstein

Die Losensteiner waren ein einflussreiches Adelsgeschlecht und dementsprechend beeindruckend ist ihre Stammburg in Losenstein. Die große Wiese in der Burg und die vielen Ecken und Winkel laden zum Spielen ein. Eine Burg-App erklärt vor Ort die verschiedenen Teile der Burg. Sehr empfehlenswert ist aber auch die Homepage der Burg mit vielen Informationen und Spielideen für die Kinder (http://www.burglosenstein.at). Als Besonderheit gibt es mehrere Feuerstellen und Holz zur freien Entnahme für ein spannendes Lagerfeuer.
Ausgangspunkt: Burgparkplatz direkt vor der Burg, bei der ÖAV- Jugendherberge

Wolfern:

Wolfener Märchenweg

30 min, 1 km

Eine kleine, mit Liebe gestaltete Runde mit vielen Stationen und Tafeln zu Märchen rund um das Thema „Wolf“ und die Gemeinde Wolfern. Der Weg startet am Kirchenplatz und geht den Berg hinunter zu einem Damhirschgehege mit sehr neugierigen Hirschen (bitte nicht füttern!). Auf dem folgenden Weg wurden Naschbeeren gepflanzt und Bankerl aufgestellt. Die Märchen kann man entweder selber lesen oder den QR-Code scannen und vorlesen lassen. Tipp: Zwischen Kirche und Kindergarten führt ein Wegerl hinunter zum Spielplatz.

Überblick Almtal, Pyhrn-Priel-Region

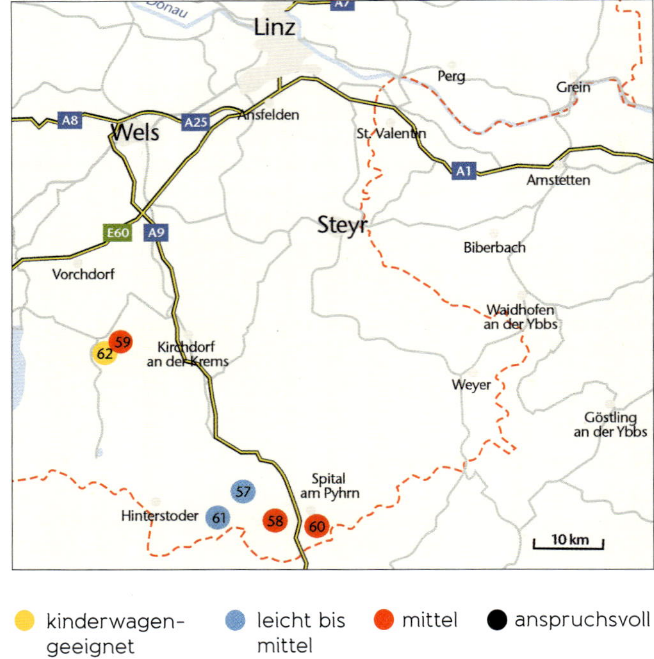

kinderwagen-geeignet · leicht bis mittel · mittel · anspruchsvoll

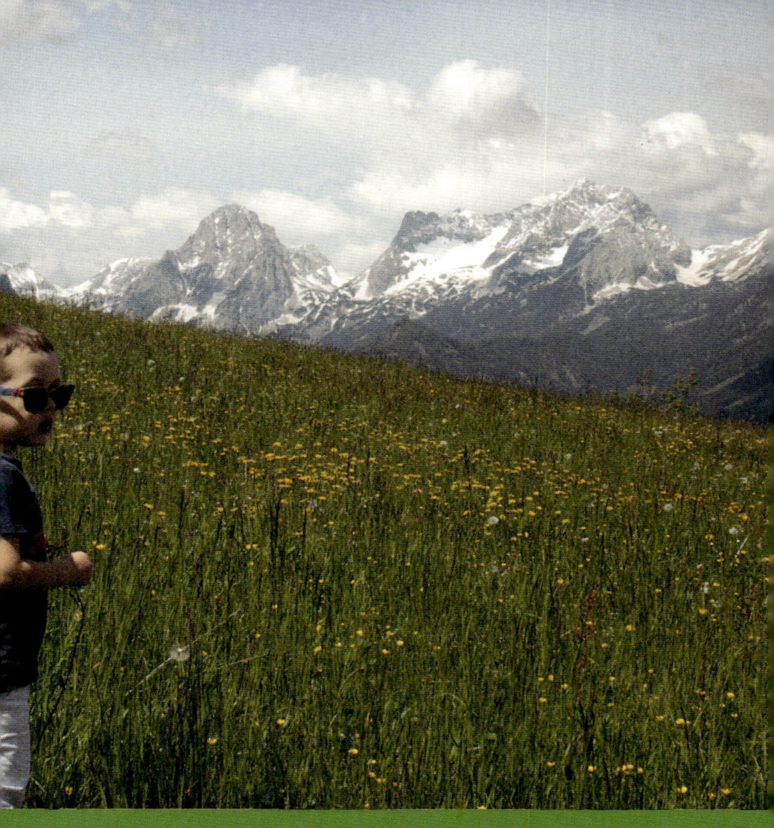

VIII. Almtal und Pyhrn-Priel-Region

57 Steyrsberger Reith (1193 m)

Voderstoder: Almwiesen und traumhaftes Bergpanorama

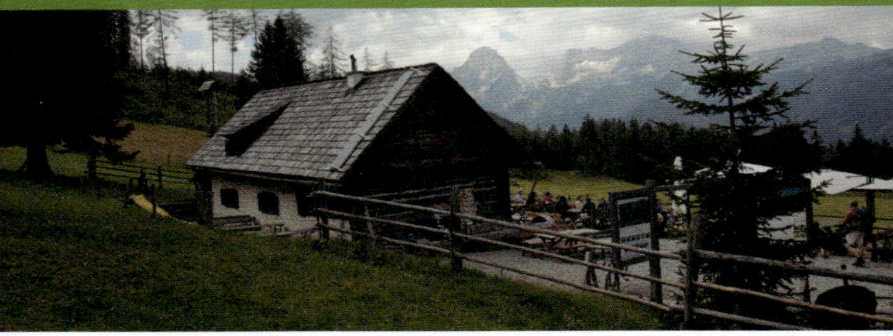

Das Steyrsberger Reith ist eine super einladende Almhütte mit wunderschönem Bergpanorama, gemütlichem Gastgarten und kleinem Spielplatz. Vom gleichen Ausgangspunkt erreicht man auch den „Stoderer Weitblick“, eine Aussichtsplattform mit Blick von den markanten Gipfeln des Toten Gebirges über den Nationalpark Kalkalpen bis zum Gesäuse. Größere Kinder schaffen vielleicht sogar beide Touren an einem Tag. Die hier beschriebene Tour verläuft auf dem letzten Stück des ausgeschilderten Wildererwegs (www.wildererweg.at). Der von uns ausgewählte Abschnitt ist der für Kinder spannendste. Er enthält mehrere nette Spiel- und Entdeckungsstationen, von denen uns vor allem der Zapfen-Schießstand mit seinen Gummischleudern und Tiersilhouetten begeistert hat. Wer am Ende des Tages noch Kraft hat, sollte unbedingt einen Besuch am weitläufigen Abenteuerspielplatz SWUWIZ direkt an der Zufahrtsstraße (s. Zusatztipps) einplanen.

Wetter: 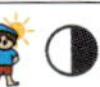 Anforderung:  Gesamtdauer: 2–3 h

Anforderung: Var. 1, Almhütte: Mittel, 231 Hm, schmale und breite Waldwege, ein kleines Stück Forststraße mit schönen Ausblicken. Var. 2, Aussichtsplattform: Mittel, ca. 225 Hm (Var. 1+2: 310 Hm)

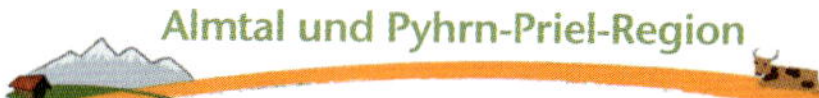

Dauer:	Var. 1, Almhütte, eine Strecke: 1 h, 2,1 km. Var. 2, Aussichtsplattform, eine Strecke: 1 h, 1,6 km. Die Angaben sind reine Gehzeiten, am besten jedoch doppelt so viel Zeit zum Spielen, Schauen und Erkunden einplanen.
Wetter:	Schönes Wanderwetter, am besten mit guter Fernsicht.

Kindergarten-kinder:	Mit Kindergartenkindern besser nur entweder zur Hütte oder zur Aussichtsplattform gehen. Bei den Spielstationen unterwegs (vor allem bei der Zapfenschießanlage) ist Spaß garantiert. Der Spielplatz bei der Hütte ist auch für kleine Kinder schon gut geeignet.
Volksschulkinder:	Sehr gut geeignet.
Ab 10 Jahren:	Sehr gut geeignet. Siehe oben.

Navi: 4574 Vorderstoder, Vorderstoder 19 (auf manchen Navis: Güterweg Hutterer-seite 19).

Anfahrt: A9 Autobahnausfahrt St. Pankraz, links Richtung Vorderstoder (B138) und bei der nächsten Kreuzung links Richtung Hinterstoder abbiegen. Kurz nach Beginn des Ortsgebiets von Hinterstoder links Richtung Vorderstoder fahren. Nach dem Schild „Pyhrn-Priel-Region / Willkommen in Vorderstoder" rechts abbiegen Richtung Baumschlagerberg. Der kurvigen Straße bergauf folgen bis zum Wandererparkplatz kurz vor dem Almresort am Ende der Straße.

Bus/Bahn: -

Ausgangspunkt/P: Wandererparkplatz an der Straße kurz vor dem Almresort Baumschlagerberg.

Infos/Gaststätten: *Steyrsberger Reith, bewirtschaftete Almhütte mit Kinderspielplatz, typische Almjause und Getränke, Produkte aus eigener Landwirtschaft, Tel. 07564 5032, steyrsbergerreith.at, ab Pfingsten am WE 10–17 h, in den OÖ Sommerferien tgl geöff. *Wildererweg, Outdoor-Schnitzeljagd mit Handy-App (**6,5** km/350 Hm), www.wildererweg.at. *TVB Pyhrn-Priel, Tel. 07564 8255, vorderstoder@pyhrn-priel.net.

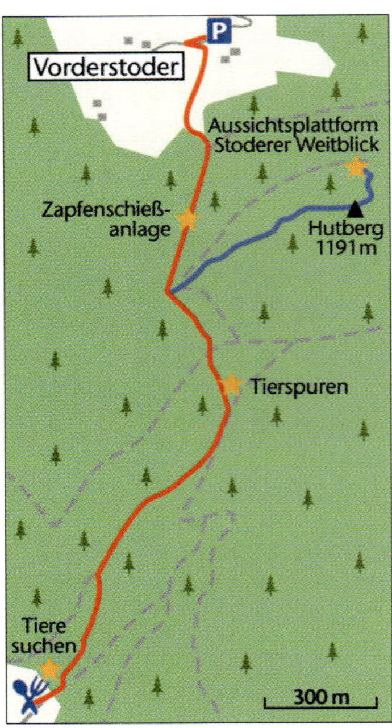

Wegbeschreibung: Vom Wandererparkplatz dem Schild „Hutberg-Aussichts-plattform" steil bergauf über die Wiese folgen. Bei der Holzliege weiter links bergauf in den Wald gehen und bei der nächsten Abzweigung rechts abbiegen. Das Wegerl geht nun am Hang entlang durch den Wald. Bald kommt man zum Schießstand. Danach weiter bergauf gehen. Bei der nächsten Abzweigung geht es links zur Aussichtsplattform „Stoderer Weitblick" und geradeaus zum Steyrsberger Reith.

<u>Var. 1 Almhütte Steyrsberger Reith:</u> Geradeaus weiter, die erste Forststraße überqueren und auf der zweiten rechts weitergehen. Bei der nächsten Abzweigung auf der rechten Forststraße weitergehen (Schild „Steyrsberger Reith über Waldweg") und dann nach ca. 500 m links in den Wald auf ein schmales Wegerl abbiegen (Weg Nr. 11, „Steyrsberger Reith 5 min"). Kurz vor der Hütte mündet dieses wieder in eine Forststraße, auf der man rechts weitergeht. Wenig später ist schon die Hütte zu sehen. Gleicher Rück- wie Hinweg.

<u>Variante 2, Stoderer Weitblick:</u> Bei der oben angeführten Abzweigung links abbiegen und die Forststraße queren. Danach geht es weiter bis zum Gipfel mit vielen Bankerln und Tischen. 50 m weiter führt links ein kleines Wegerl zur Aussichtsplattform hinunter.

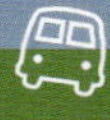

58 Stubwieswipfel (1786 m)

Spital am Pyhrn: Gipfelsieg mit weiter Aussicht

br

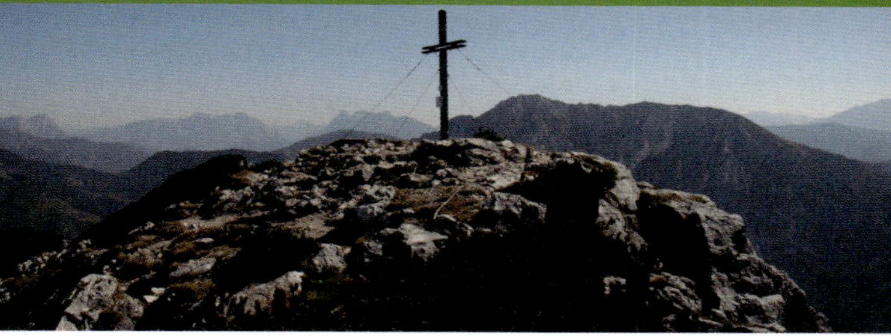

Ein markanter Gipfel mit weiter Fernsicht und traumhaften Ausblicken will erobert werden. Die 432 Höhenmeter sind mit Kindern aber nicht zu unterschätzen. Wer es gemütlicher mag: Der Themen-Rundwanderweg auf der Wurzeralm ist schön eben und auch in unserem Kinderwagen-Wanderbuch Salzkammergut/Pyhrn-Priel beschrieben. Zum Stubwieswipfel geht es zuerst über die Hochfläche des Teichlbodens und durch lichten Bergwald, später über Kuhweiden, immer steiler hinauf, bis am Ende das Kreuz aus den Latschen hervorschaut. Der Gipfel ist recht ausgesetzt. Es ist zwar genug Platz für eine Jause, aber man sollte unbedingt gut auf die Kinder aufpassen. Im Hochsommer möglichst früh starten, aber trotzdem eine Jacke mitnehmen: Am Berg ist es deutlich kühler als im Tal.

Wetter:  Anforderung:  Gesamtdauer: 4 h

Anforderung: Mittelschwierig bis schwierig, 432 Hm; teils steile Wegerl mit einfachen Kraxelstellen, an einer Stelle kurz seilversichert zum Festhalten. Schuhwerk mit gutem Profil wichtig und am Gipfel ist Schwindelfreiheit notwendig.

Dauer: Aufstieg: 2 ½ h, 3,1 km; Abstieg etwas schneller.

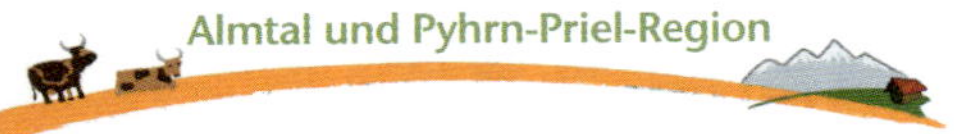

Wetter: Sicheres Bergwetter, fast kein Schatten, daher Sonnenschutz und warme Kleidung sowie ausreichend Getränke und – wie immer am Berg – Jause mitnehmen.

Kindergartenkinder:	Nicht geeignet. In diesem Alter ist der Themen-Rundweg empfehlenswert.
Volksschulkinder:	Spannende Gipfeltour, Fahrt mit Standseilbahn.
Ab 10 Jahren:	Sehr gut geeignet.

Navi: 4582 Spital am Pyhrn, Pyhrn 33.

Anfahrt: A9 Ausfahrt Spital am Pyhrn, gleich rechts in die B138 Richtung Wurzeralm. Nach knapp 3 km ist auf der rechten Seite der Parkplatz der Wurzeralm Standseilbahn.

Bus/Bahn: Regionalbus 911, Hst. Pyhrnpass **Wurzeralmseilbahn** (Bundesstraße).

Ausgangspunkt/P: Bergstation der Wurzeralm Standseilbahn.

Infos/Gaststätten: *Wurzeralm Standseilbahn, Tel. 07564 5500, Betriebszeiten und Preise: skisport.com/Wurzeralm, Richtpreis Berg- und Talfahrt Erw. € 19, Kinder (6–15 J.) € 12. *Pyhrn-Priel Card ermöglicht kostenlose Bergfahrt, Richtpreis Saisonkarte Erw. € 67, Kinder (6–15 J.) € 44 oder gratis bei Übernachtung in vielen Unterkünften der Pyhrn-Priel-Region, www.urlaubsregion-pyhrn-priel.at/card.html. *Bergrestaurant Wurzeralm, Restaurant mit Sonnenterrasse direkt in der Bergstation, Tel. 07564 5275 705. *Wiederlechner Hütte, Berghütte neben der Bergstation mit umzäuntem Gastgarten und kl. Kinderspielplatz, Tel. 0650 9822405. *Berghotel Sonnalm, durchgehend warme Küche, Tel. 0699 17106019. *Linzerhaus, bodenständige Hüttenkost, Tel. 7563 237. *Tourismusbüro Spital am Pyhrn, Tel. 07563 249.

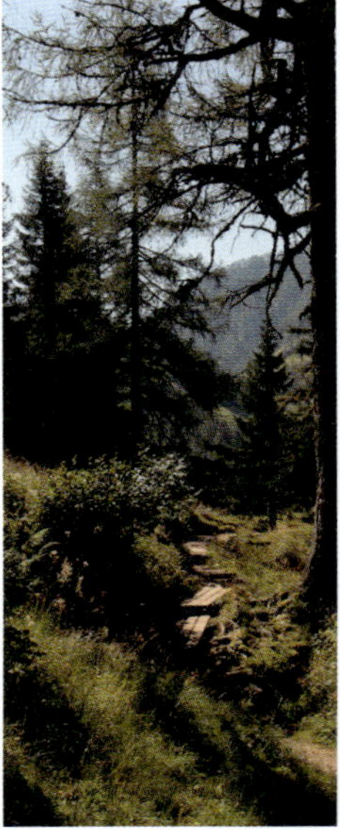

Wegbeschreibung: Der Weg ist gut beschildert mit „Stubwieswipfel“ (Weg Nr. 218/15). Ausgehend von der Standseilbahn-Bergstation geht's den Berg hinunter und unter den Stützen der Standseilbahn durch. Vorbei an der Wiederlechnerhütte und vor dem Berghaus Sonn'Alm links abbiegen. Weiter der Forststraße folgen, bis vor ein paar Hütten der Weg nach rechts (gelb beschildert) bergauf abzweigt. Der rot-weiß-roten Markierung folgend geht es auf kleinen Wegerln durch den lichten Wald über eine kleine Brücke und dann auf der Forststraße rechts weiter. In einer Linkskurve weist ein Schild mit „Stubwieswipfel 1h“ auf das Wegerl rechts. Ab hier dem Weg stetig bergauf bis zum Gipfel folgen. Gleicher Rück- wie Hinweg.

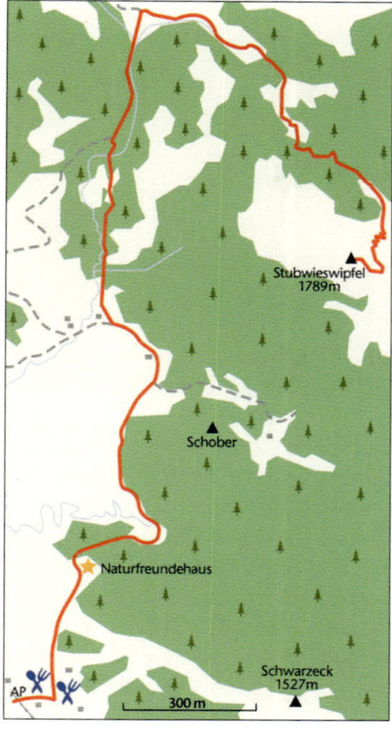

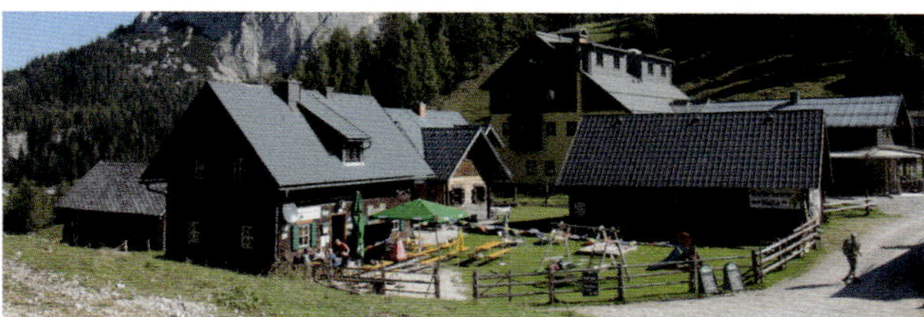

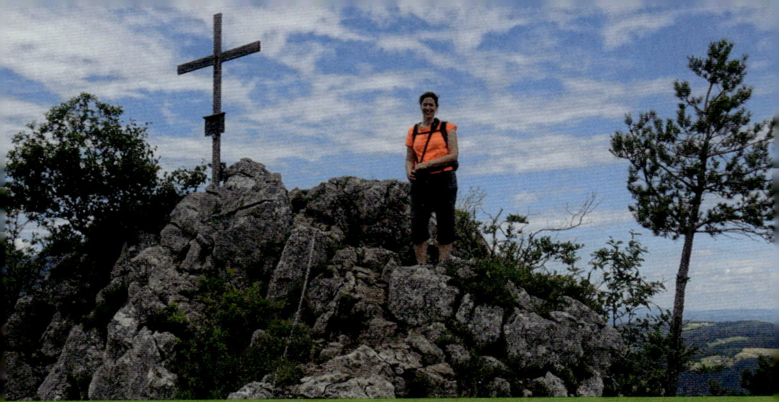

59 Maisenkögerl (945 m)

Scharnstein: kleiner Kraxelberg

br

Das Maisenkögerl ist ein kleiner Voralpengipfel im Almtal. Die Wanderung führt großteils auf kleinen Wegerln durch den Wald. Kurz vor dem Ziel wird es dann spannend: Kleine KraxlerInnen freuen sich über einen Gipfel, der am Grat entlang über die Felsen führt. Auf die Erwachsenen wartet eine schöne Aussicht über das Almtal, ein kleines Bankerl neben dem Gipfelkreuz lädt zur Rast ein. Neben der kleinen Kletterei zeichnet sich das Maisenkögerl auch dadurch aus, dass es recht leicht zu erreichen ist. Man kann weit mit dem Auto hinauffahren, wodurch der Gipfel auch für nicht so fleißige Wanderer ein gutes Ziel ist.

Wetter:  Anforderung:  Gesamtdauer: 1 ½ h

Anforderung:	Schwierig (für Kinder), 169 Hm, großteils Waldwege, im Gipfelbereich aber unversicherte alpine Kraxelstellen – sehr gute Trittsicherheit und Schwindelfreiheit erforderlich.
Dauer:	Aufstieg: ca. 1 h, 1,5 km (Abstieg schneller).
Wetter:	Schönes und sicheres Bergwetter.

Kindergarten-kinder:	Nicht geeignet.
Volksschulkinder:	Ein nettes Ziel für trittsichere, kletterbegeisterte Kinder.
Ab 10 Jahren:	Die kurze Tour mit den kleinen Kletterstellen eignet sich auch für einen kurzen Nachmittagsausflug. Wer eine längere und wildere Variante sucht, bezwingt das Maisenkögerl von der anderen Seite: Ausgehend vom Parkplatz der Ruine Scharnstein im Tießenbachtal führt der Weg auf schmalen Steigerln und etwas schwierigeren Kletterstellen über die Bräumauer auf den Gipfel (Aufstieg ca. 2 h, 2,3 km / 368 Hm).

Navi: 4644 Scharnstein, Richtung Hamberg 12; großer Wandererparkplatz am Güterweg Hamberg.

Anfahrt: A9 Autobahnausfahrt Ried im Traunkreis, rechts Richtung Grünau im Almtal fahren. In Voitsdorf erst links abbiegen auf die Bundesstraße, dann gleich wieder rechts und dem Straßenverlauf folgen. Ca. 100 m vor der Tafel „Willkommen in Scharnstein", kurz nach einem 80er und Überholverbot, links in den sehr unscheinbaren Güterweg Hamberg einbiegen und bis zum Parkplatz am Ende fahren.

Bus/Bahn: -

Ausgangspunkt/P: Parkplatz am Ende des Güterwegs Hamberg.

Infos/Gaststätten: Keine Gasthäuser am Weg, ausreichend Proviant mitnehmen. Gipfelrast ohne Jause geht gar nicht ;).

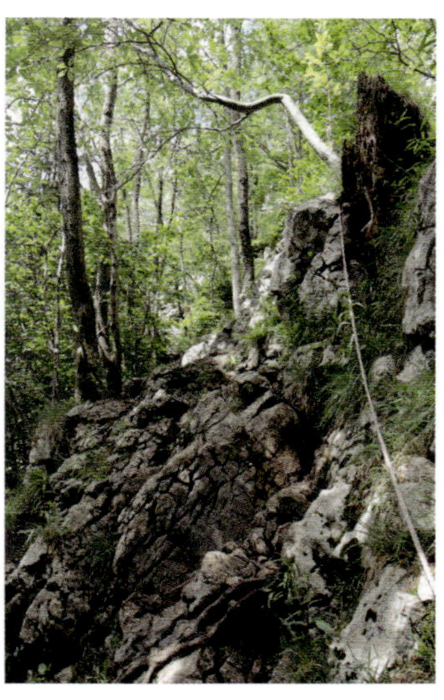

Wegbeschreibung:
Die Tour ist gut markiert und beschildert. Vom Parkplatz Hamberg aus geht es zuerst steil auf einem alten Waldweg (Weg Nr. 8) bergauf, bis dieser in eine Forststraße einmündet. Hier links weitergehen (Weg Nr. 437), bei der nächsten Abzweigung auf der linken Forststraße bleiben, von der kurz danach ein Wegerl (wieder Nr. 8) nach rechts den Hang hinauf abzweigt. Es geht an einer Hütte vorbei, mündet dann in eine Forststraße (links weitergehen), um in der nächsten Kurve gleich wieder links in den Wald abzuzweigen. Von hier an immer weiter der Markierung mit den roten Punkten bis zum Gipfel folgen. Gleicher Rück- wie Hinweg.

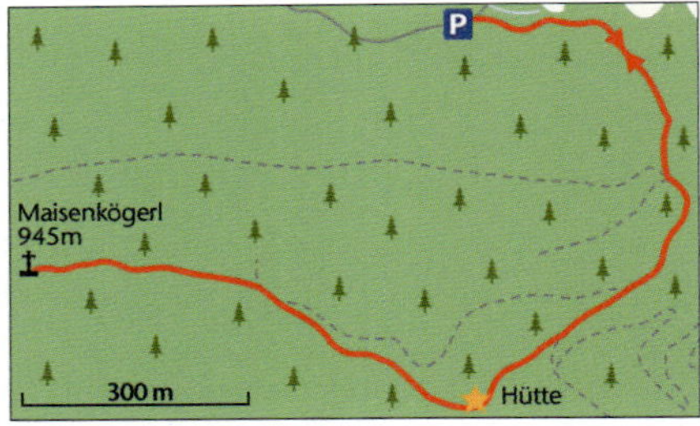

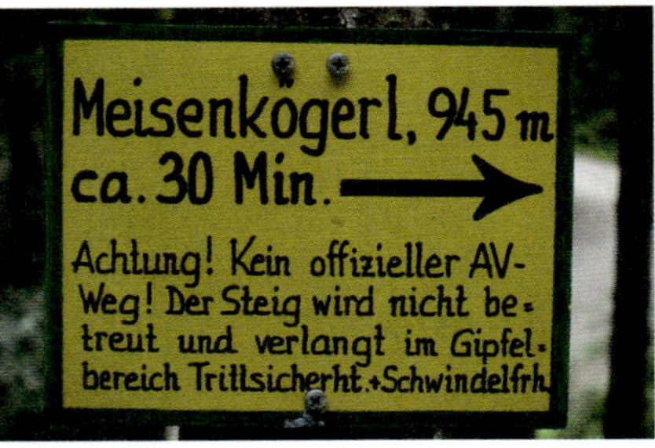

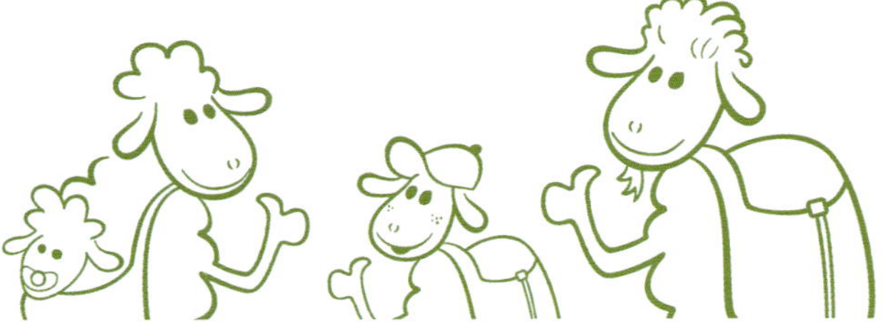

60 Dr. Vogelgesang Klamm (1050 m)

Spital am Pyhrn: auf Brücken und Stegen durch die Schlucht br

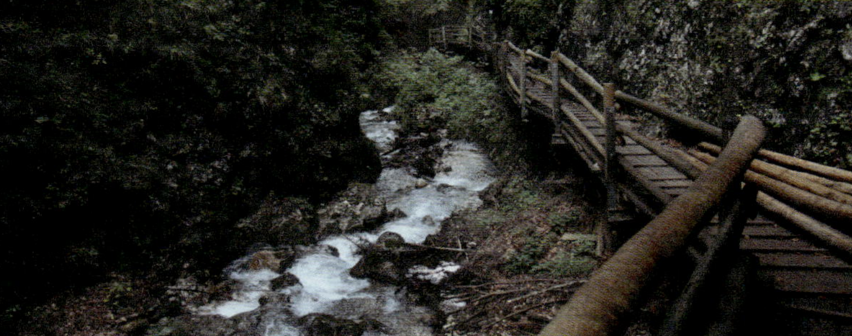

Der Wanderweg durch die Dr. Vogelgesang Klamm wurde bereits 1906 eröffnet und führt über ca. 500 Stufen auf Stegen und Brücken durch die tiefe Schlucht. Der Bach hat sich eng in den Felsen eingeschnitten und rauscht durch Kessel und Wasserfälle. Für die Kinder ist der Weg so spannend, dass es oft schwierig ist, sie zum Stehenbleiben und Schauen zu überreden. Die Wanderung ist sehr bekannt und wird sehr gut besucht. An Wochenenden im Sommer fährt daher ein Shuttlebus von den weiter entfernten Parkplätzen zum Ausgangspunkt. Allein ist man hier jedenfalls selten. Aber dafür wird man mit einem wirklich beeindruckenden Naturschauspiel belohnt. Für die notwendige Stärkung nach dem Abenteuer sorgen nur ein kurzes Stück nach dem Klammausgang die Ochsenwaldalm oder die Bosruckhütte.

Wetter: 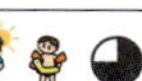 Anforderung:  Gesamtdauer: 3 ½ h

Anforderung: Mittelschwierig, 308 Hm, Anmarsch zur Klamm auf der Forststraße, in der Klamm: über 500 Holz- und Steinstufen. Das Holz ist oft nass und rutschig: auf gutes Schuhwerk achten. Rückweg auf Forststraßen und Waldwegen.

Dauer:	RW: 3 ½ h, 5,7 km.
Wetter:	Schönes, auch heißes Wanderwetter, großteils schattige Tour, in der Klamm ist es kühl.

Kindergarten-kinder:	Aufgrund der Länge ist der Rundweg für kleine Kinder eher nicht geeignet.
Volksschulkinder:	Für gehfreudige Kinder sehr gut geeignet. Viele spannende Stufen durch die Schlucht. Gegen Ende der Klamm gibt es auch einige wenige Zugänge zum Wasser.
Ab 10 Jahren:	Gut geeignet. Siehe oben.

Navi: 4582 Spital am Pyhrn, Parkplätze am Ende der Ortschaft Grünau (gps: 47.653894, 14.353828). Bitte nach der Autobahnabfahrt nicht dem Navi durch das Wohngebiet folgen, sondern wie in der Anfahrtsbeschreibung fahren.

Anfahrt: Auf der A9 die Ausfahrt Spital am Pyhrn nehmen und gleich links abbiegen auf die B138 Richtung Spital am Pyhrn. Nach dem Ortsgebiet von Spital am Pyhrn (kurz vor dem Panorama-Hallenbad) rechts abbiegen in die Sandstraße und dem Bach bis zum Parkplatz folgen. Wenn der Parkplatz am AP voll ist, an einem der vorderen Parkplätze parken und mit dem Shuttlebus zum Schluchteingang fahren.

Bus/Bahn: Bus Nr. 911, Hst. Spital am Pyhrn Hauptplatz, Wegverlängerung: 2 km pro Strecke, an Sa, So und Feiertagen evtl. teilweise mit dem Shuttle-Bus abkürzbar.

Ausgangspunkt/P: Wandererparkplatz Nr. 1 nach der Ortschaft Grünau in Spital am Pyhrn.

Infos/Gaststätten: *Dr. Vogelgesang Klamm, Öffnungszeiten und Preise auf www.vogelgesangklamm.at, Richtpreis: Erw. € 5,70, Kinder (6–15 J.) € 3,80 (mit Familienkarte € 3,20), mit Pyhrn-Priel-Card Eintritt frei. *Pyhrn-Priel Card, Richtpreis Saisonkarte: Erw. € 67, Kinder (6–15 J.) € 44 oder gratis bei Übernachtung in vielen Unterkünften der Pyhrn-Priel-Region, www.urlaubsregion-pyhrn-priel.at/card.html. *Gratis Klamm-Shuttle, Tel. 0664 222 333 4, www.spital-pyhrn.at/Taxi_Johann_Varga. *Ochsenwaldalm, tgl. bew. von Mai bis Okt., eingezäunter Garten, Tel. 07563 70338. *OeAV Bosruckhütte, tgl. bew. von Mai bis Okt. und Ende Dez bis Ostermontag, Tel. 07563 666, www.bosruckhuette.eu. *Tourismusbüro Spital am Pyhrn, Tel. 07563 249.

Wegbeschreibung: Vom Parkplatz aus taleinwärts dem Bach auf der Forststraße folgen. Nach kurzer Zeit geht's durch das Eingangstor der Klamm und wenig später zum Kassenhäuschen. Der Weg führt nun auf Stiegen und Stegen durch die imposante Schlucht, bis er am Ende in eine Straße mündet (Klammausgang). Rechts geht es hier in ca. 10 Min. zur Ochsenwaldalm und nur wenig weiter zur Bosruckhütte. Zurück geht es über die Brücke beim Klammausgang auf dem Wanderweg Nr. 10 Richtung Klammparkplatz. Dieser Weg ist sehr gut beschildert und rot-weiß-rot markiert: Er führt erst auf der Forststraße über eine Wiese und dann weiter in den Wald. Bei den Abzweigungen immer den Schildern Richtung „Parkplatz Klamm" folgen, zuerst auf die rechte Straße und dann rechts in ein Wegerl durch den Wald abbiegen. Später mündet der Weg noch einmal kurz in eine Forststraße (rechts gehen), um gleich danach wieder rechts in den Wald abzuzweigen, wo es steil bergab zurück zu der Forststraße geht, die wir vom Einstieg in die Klamm kennen. Dieser links zurück zum AP folgen.

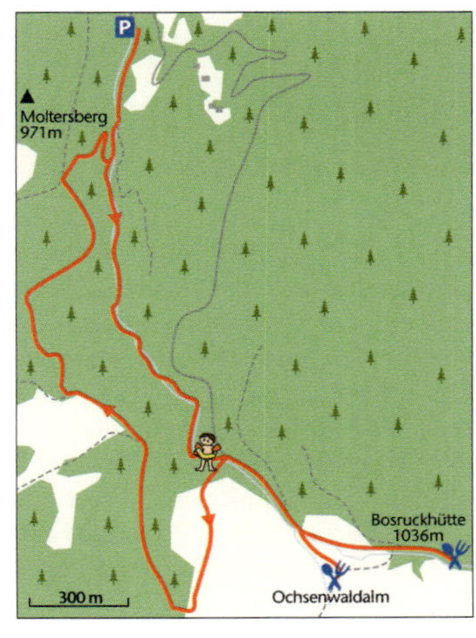

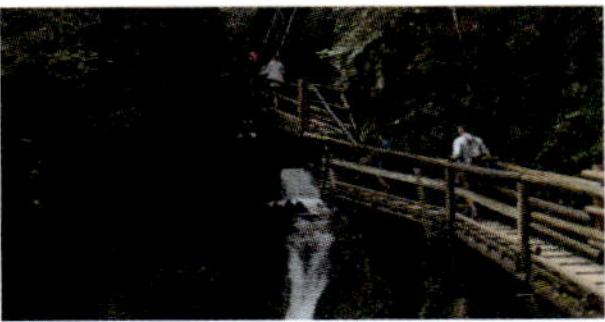

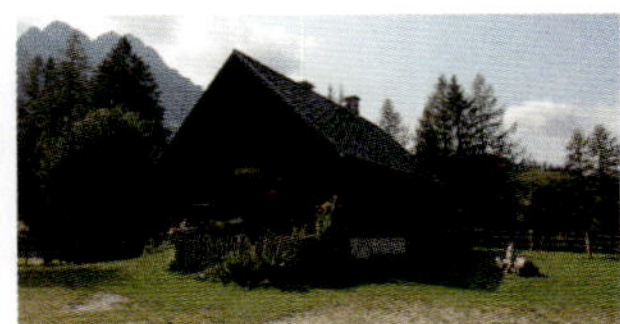

61 Höss-Alpin-Runde (1999 m)

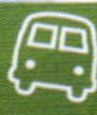

Hinterstoder: hochalpin

br

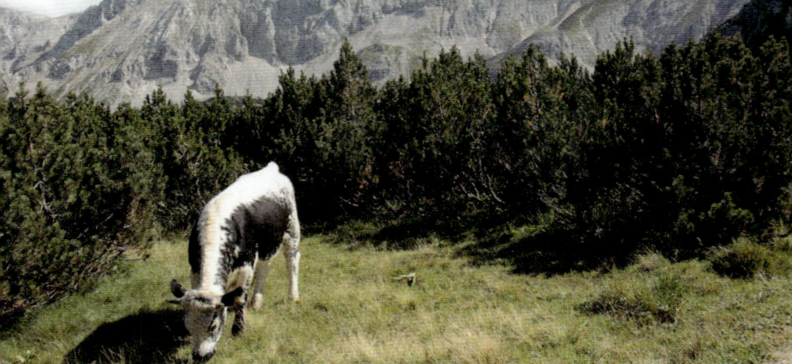

Bei dieser Tour geht's hoch hinaus. Es gibt nicht viele Möglichkeiten, mit kleinen Kindern ins hochalpine Gelände zu kommen, aber mit Gondel und Sessellift klappt's. Die vielbegangene Runde führt auf kleineren und größeren Wegerln über Bergwiesen und zwischen Latschen zum Schafkogel auf fast 2000 Meter Seehöhe. Am Rückweg besticht der künstlich angelegte Schafkogelsee mit einem wunderschönen Blick auf Großen Priel und Spitzmauer. Kurz danach belohnt der Berggasthof für die Mühen und die Kinder können sich auf dem kleinen Spielplatz und mit den vom Gasthof zur Verfügung gestellten Fahrzeugen austoben. (Bitte mit den Gokarts nicht allzu weit von der Hütte wegfahren und sie unbedingt wieder zurückbringen!)

Wetter:   Anforderung:  Gesamtdauer: 2 ½ h

Anforderung: Leicht bis mittel, 185 Hm, gepflegte Wanderwege, teilw. steil.

Dauer: RW: 2 ½ h, 4,2 km.

Wetter: Sicheres, nicht zu kühles, Bergwetter: Auf knapp 2000m ist es um fast 10°C kälter als im Tal.

Kindergarten-kinder:	Aufgrund der Länge ist der gesamte Rundweg für kleine Kinder eher nicht geeignet. Die Fahrt mit Gondel und Sessellift ist aber super spannend. Spielplatz und Gokarts locken zur Berghütte und die Eltern haben gleichzeitig die Möglichkeit, ein wenig Bergluft zu schnuppern, auch wenn sich vielleicht nur ein Teil der Runde ausgeht. Wechselgewand vorsorglich mitnehmen.
Volksschulkinder:	Sehr gut geeignet, s.o.
Ab 10 Jahren:	Sehr gut geeignet. Erfahrene BergsteigerInnen können die Tour ausgehend vom Schafkogel am Weg Nr. 217 bis zum Schrocken ausdehnen. (Gipfel: 2281 m, schwieriger Steig, teilweise ausgesetzt und mit seilversicherten Kletterstellen, eine Strecke zusätzlich 1,5 km / 282 Hm)

Navi: 4573 Hinterstoder, Freizeitpark 4.

Anfahrt: A9 Autobahnausfahrt St. Pankraz, links Richtung Vorderstoder (B138) und bei der nächsten Kreuzung links Richtung Hinterstoder. Kurz vor der Unterführung rechts in den großen Schifahrerparkplatz einbiegen und dann zu Fuß durch den Ort zur Talstation der Gondelbahn.

Bus/Bahn: Bus 431, HSt. Freizeitpark, Hinterstoder.

Ausgangspunkt/P: Bergstation Sechsersessellift „Höss-Express".

Infos/Gaststätten: *Höss Bergbahnen Hinterstoder, Tel. 07564 5500, Betriebszeiten und Preise: skisport.com/Hinterstoder, Berg- und Talfahrt Gondel und Sessellift: Erw. € 35,50, Kinder (6–15 J.) € 22. *Pyhrn-Priel Card (bei ÜN gratis), www.urlaubsregion-pyhrn-priel.at/card.html, Richtpreis Saisonkarte: Erw. € 67, Kinder (6–15 J.) € 44 *Berggasthof Hutterer Höss, Berghütte bei der Bergstation des 6er-Sessellifts mit Sonnenterrasse, Spielplatz und Gokarts zum Ausborgen, Tel. 07564 20188, Öffnungszeiten wie Bergbahnen. *Tourismusbüro Hinterstoder, Tel. 07564 5263.

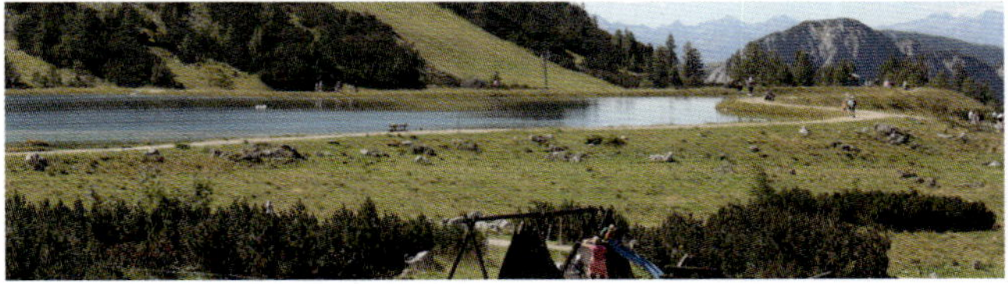

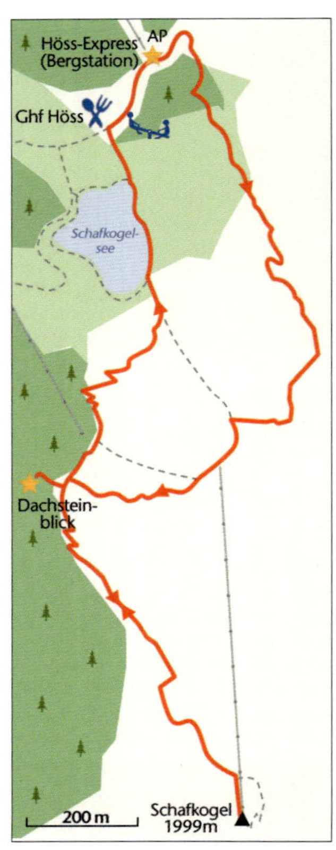

Wegbeschreibung: Vom Ausstieg des Sechsersessellifts links am Doppelsessellift (nur im Winter in Betrieb) vorbei und dann rechts durch die Latschen ein kleines Stück bergab zu einem Almboden mit schönen Ausblicken auf die Berge gehen. Dem Weg teils über Wiesen, teils zwischen Latschen folgen bis zur nächsten Kreuzung. Hier links abzweigen, an der Talstation eines Schlepplifts vorbei und weiter den gegenüberliegenden Hang hinauf. Dort erreicht man den Weg zum Schafkogel-Gipfel. Wer nicht mehr mag, kann auch gleich rechts den Weg zurück zum Berggasthof und zur Bergstation nehmen. Geradeaus führt ein Stichweg ca. 30 m weit zu einer Aussichtsplattform und links geht‘s weiter zum Schafkogel. Der Weg ist gut markiert und führt stetig teils steil bergauf zu einer weiteren Aussichtsplattform beim Schafkogel-Gipfel. Zurück auf dem gleichen Weg bergab bis zur ersten Aussichtsplattform. Dann aber geradeaus weitergehen, um auf Serpentinen zum Speichersee zu gelangen. Die Bergkulisse bietet sich als wunderschönes Fotomotiv an. Rechts (kürzer) oder links am See vorbei führt der Weg zurück zum Berggasthof. Von dort aus geht es rechts kurz und steil bergauf wieder zurück zur Sessellift-Bergstation.

62 Ruine Scharnstein (705 m)

Scharnstein: Burgerlebnis

br

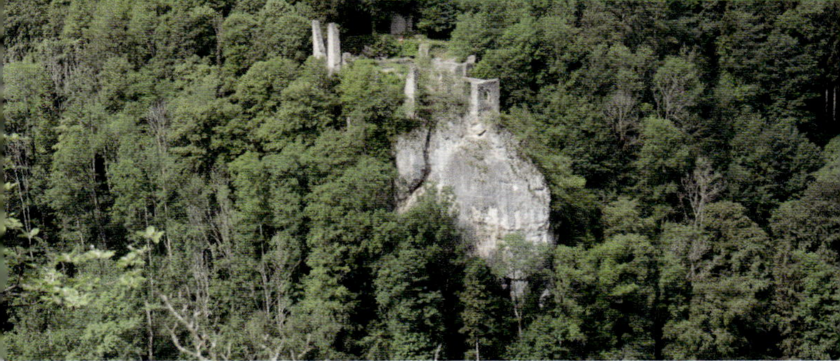

Ruinen haben wir eigentlich im Kapitel Ruinen zusammengefasst, aber diese hier liegt geografisch im Sonderkapitel Almtal. Aufgrund der Kürze der Wanderung zahlt sich eine lange Anfahrt nicht aus, aber wer in der Gegend ist, sollte sie unbedingt mitnehmen. Die kleine Burg thront auf einem Felsvorsprung hoch über Scharnstein und ist in zwei Teile geteilt: die untere Hauptburg und der obere Teil mit Aussichtsplatz und kleinem Turm. Für kleinere Kinder oder auch bei Gatschwetter gibt's alternativ den Kinderwagenweg auf der Forststraße. An Wochenenden oder Feiertagen kann's hier durchaus mal „wurln", aber auch bei nicht so schönem Wetter ist die Burg ein super Ausflugsziel.

Wetter: 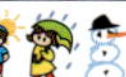  Anforderung:  Gesamtdauer: 1 ½ h

Anforderung:	Mittel, 150 Hm, steiles Wegerl mit vielen Stufen durch den Wald, kinderwagentaugliche Alternative mit etwas weniger Hm möglich.
Dauer:	Eine Strecke: ¾ h, 0,8 km. Kinderwagenweg: 1,2 km.
Wetter:	Jedes Ausflugswetter, bei Nässe oder Schnee lieber auf der Forststraße gehen.

Kindergarten-kinder:	Mit kleinen Kindern empfiehlt sich statt der steilen Stiegen durch den Wald die Kinderwagenalternative. Wer die Augen offen hält, findet im Frühsommer an der Forststraße Walderdbeeren und immer wieder gibt's kleine Bacherl zum Steine schmeißen oder Pritscheln.
Volksschulkinder:	Sehr gut geeignet. Die Burg lädt zum Spielen und Erkunden ein.
Ab 10 Jahren:	Für einen Nachmittagsausflug mit Burgbesichtigung sehr gut geeignet.

Navi: 4644 Scharnstein, Tießenbach 43.

Anfahrt: A9 Autobahnausfahrt Ried im Traunkreis, rechts Richtung Grünau im Almtal. In Voitsdorf erst links auf die Bundesstraße, dann gleich wieder rechts und dem Straßenverlauf bis Scharnstein folgen. Kurz nach der Ortstafel von Scharnstein beim Trafo scharf rechts abbiegen Richtung Tießenbachtal. Unter der Brücke durch, am Ende des Sensenmuseums Geyerhammer (langgezogener gelber Bau auf der rechten Seite) links ins Tießenbachtal. Die Straße entlangfahren bis zum Burgparkplatz am Ende der Siedlung (großes Schild mit Burgbeschreibung rechts). Für die Kinderwagenroute weiterfahren, am Ende der Asphaltstraße rechts fahren, am Schranken parken.

Bus/Bahn: -

Ausgangspunkt/P: Burgparkplatz mit großem Schild mit Burgbeschreibung.

Infos/Gaststätten: Keine Gasthäuser am Weg. *TVB Traunsee-Almtal, Tel. 07612 74451.

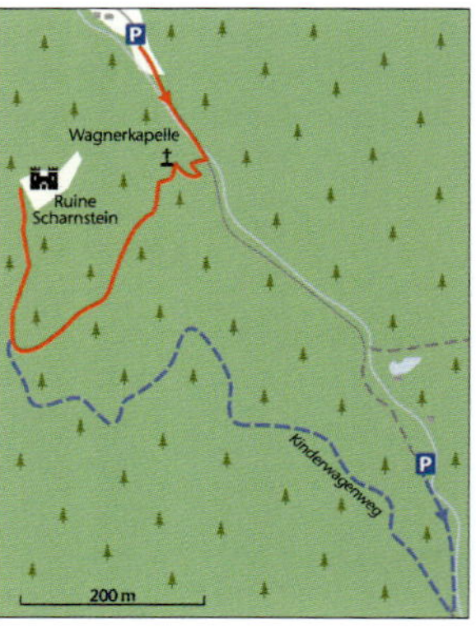

Wegbeschreibung: Vom Parkplatz aus an der Straße weiter taleinwärts entlanggehen. Nach der Brücke zweigt rechts der Stiegenaufgang zur Burg ab.

Kinderwagenroute: Weiter hinten im Tal beim Schranken parken und nach dem Schranken geradeaus weitergehen. Nach kurzer Zeit rechts abbiegen und der Straße bis zur Ruine folgen.

Zusatztipps

.... die es noch zu entdecken gibt.

Vorderstoder:

SWUWIZ

Mit Wasserspielplatz, Brücken über das Bacherl, einer riesigen Rutsche, Trampolin, Balancierstrecke, Klettergeräten, Seilrutsche und Sandkiste bietet der große Abenteuerspielplatz Spaß für Kinder aller Altersgruppen. Er ist teilweise auf einer Wiese, teilweise im Wald angelegt und damit für alle Wetterlagen und Jahreszeiten bestens geeignet. Ausgangspunkt: SWUWIZ-Parkplatz (gps: 47.709699, 14.220580).

Minigolfwanderweg

2 h, 3,5 km, kinderwagentauglich

Gut beschilderte Rundwanderung mit Minigolfstationen entlang der Strecke. Holzschläger und Bälle gibts's für € 5,- von Mai bis Oktober im Gemeindeamt oder beim Landhotel Stocker.

Roßleithen:

Windhagersee

3 h, 2 km, 220 Hm

Der Windhager See liegt gut versteckt in einer kleinen Mulde unterhalb der mächtigen Warscheneckgruppe. Ausgehend von der Forststraße Pörleitner Schachner geht es durch den dichten Wald stetig bergan bis zum See (zuerst Wanderweg Nr. 290, rot-weiß-rot markiert, später Nr. 4 bis zum See). Im See ist Baden leider verboten. Ausgangspunkt: Parken an der Straße in der Nähe von gps: 47.697660, 14.261387; evtl. Zettel mit Handynr. im Auto hinterlassen.

Hinterstoder:

Am Flötzersteig zur Stromboding

1 h, 1,6 km, 35 Hm
Ausgehend von der Kneipp-Anlage Hinterstoder, die im Sommer auch super zum Pritscheln geeignet ist, führt der Flötzersteig zum Stromboding-Wasserfall, der tosend in einen Wasserkessel stürzt. Unterwegs kommt man an einer verfallenen Mühle und der Kreideluckn, einer großen Karsthöhle, vorbei. (Besichtigung im Rahmen von geführten Touren ist möglich.) Ausgangspunkt: hinterste linke Ecke Höss-Parkplatz (gps: 47.703397, 14.156401
Wegbeschreibung: an der Steyr entlang rechts flussabwärts halten. Über die erste Brücke gelangt man zur Kneippanlage. Am gegenüberliegenden Waldrand Weg Nr. 209 folgen. Kurz nach der Tafel mit der Sage zur Höhle geht's rechts den schmaleren Weg hinunter und weiter bis zum „Stromboding-Wasserfall".

Pettenbach:

Ruine Seisenburg

4 h, 4,4 km, 228 Hm
Rundweg zum verfallenen Renaissanceschloss: Vom Parkplatz (Seisenburgstr. 50, gps: 47.933949, 14.033385) den Schildern Richtung Ruine Seisenburg auf der Straße folgen. Nach einer kleinen Brücke weiter auf der Schotterstraße und bei der Stützmauer aus großen Felsbrocken links abbiegen (geradeaus kommt man zum gut beschilderten Ritterweg). Weiter bergauf gehen, dann scharf nach rechts abbiegen (sehr kleines, rot-weiß-rotes Schild: Ruine Seisenburg) und dann wieder rechts in den Jägersteig abbiegen (rot-weiß-roter Pfeil auf einem Baum). Bei der Forststraße rechts gehen und am Ende der Straße weiter auf dem Steig bis zur Ruine. Für den Rückweg die Forststraße an der Burg entlang bergab nehmen und den Schildern „Ritterweg (Steig)" folgen.

Quelle: http://dailyshotofcoffee.com/wp-content/uploads/2012/04/Fair-Trade-Coffee.jpg

Was ist FAIRTRADE?

FAIRTRADE ist ein Verein zur Förderung des FAIREN Handels mit dem Süden. Nur wer sich an die strengen Auflagen hält, darf das FAIRTRADE-Siegel verwenden. Mitglieder des Vereins sind u.a.: Caritas, Katholische Jugendschaft, Evangelische Jugend, Grüne Bildungswerkstatt, Österr. Hochschülerschaft, PfadfinderInnen Österreichs, WWF-World Wide Fund for Nature und viele mehr.

WOFÜR STEHT DIESES FAIRTRADE-SIEGEL?

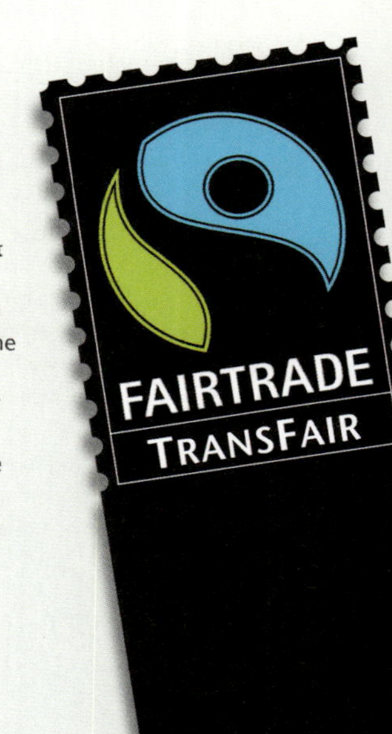

- Direkter Handel mit den ProduzentInnen und KleinbäuerInnen unter Ausschaltung der lokalen ZwischenhändlerInnen
- Dadurch FAIRE Preise für die ProduzentInnen & kontrollierter Warenfluss nach Europa
- Prämie für soziale & ökologische Entwicklung
- Gesetzliche Mindestlöhne & arbeitsrechtliche Mindeststandards
- Verbot von Kinderarbeit und sklavenähnlicher Zwangsarbeit
- Naturnahe & nachhaltige Anbaumethoden sowie Schutz des Regenwaldes
- Schutz natürlicher Gewässer & des Trinkwassers

Fairtrade
W.: www.fairtrade.net
W.: www.fairtrade.de
W.: www.fairtrade.at

Erläuterungen zum Gebrauch des Wanderführers

Dieses Wanderbuch wurde für Kinder von ca. 4—14 Jahren geschrieben. Die kurzen Touren sind – je nach Gehfreude – auch für kleinere Kinder geeignet. Ab ca. 10 Jahren sind vor allem die Gipfeltouren interessant, für die Jüngeren eignen sich speziell Wanderungen entlang von seichten Bächen oder das Kapitel „Ruinen".

Anforderung:
Hier wird angegeben, wie die Steigung und Beschaffenheit des Weges ist und ob Trittsicherheit notwendig ist. Die Einteilung weicht manchmal von jener auf den Wegschildern ab, denn wir haben versucht, aus der Perspektive von Kindern zu bewerten.

Bei den Höhenmetern (Hm) geben wir die aufwärts zu bewältigenden Höhenmeter an.

- **Gelb** = kinderwagengeeignet und zu Fuß leicht.
- **Blau** = leicht bis mittel.
- **Rot** = mittel, bezieht sich auf Wege oder Fußpfade mit mittleren Steigungen. Die Kinder sollten schon etwas geübt und verlässlich sein (also nicht vom Weg abweichen) und im abschüssigen Gelände gesichert werden, siehe unter Sicherung.
- **Schwarz** = anspruchsvoll, über kurze oder mittellange Strecken ausgesetzt. Begleitpersonen und Kinder müssen trittsicher, schwindelfrei und geübt sein. Eine einfache Ausrüstung wird vorausgesetzt.

Geocaches:
Genaue Beschreibungen zu den Geocaches sind auf www.geocaching.com zu finden.

Sicherung:
Bitte sichert kleinere und/oder nicht trittsichere und steigunerfahrene Kinder. Entweder an der Hand führen oder evtl. sogar mit Klettergurt/ Bandschlinge. Infos dazu gibt es bei den alpinen Vereinen und im Bergsporthandel. Wenn die Kinder beim Ziel spielen, IMMER den Spielbereich abschreiten und beurteilen, ob eine Absturzgefahr besteht. Mit den Kindern vereinbaren, in welchem Radius sie spielen dürfen.

Dauer: Die Dauer bezieht sich immer auf die reine Gehzeit.

Wetter: Hier wird jeweils angegeben, bei welcher Witterung die Wanderung geeignet ist. Mit der Angabe „geeignet für jedes Wetter" ist schönes, bewölktes oder leichtes Nieselwetter gemeint. Bei Stürmen und Regenschauern ist von jeder Wanderung abzuraten.

	Klassisches Wanderwetter: Moderate Temperaturen, nicht zu heiß und nicht zu kalt. Im Sommer nicht in der Mittagszeit gehen.
	Nieselwetter: Manche Wege, vor allem jene im Wald, sind auch bei bewölktem Wetter oder leichtem Regen gut möglich. Gute Regenbekleidung ist trotzdem wichtig.
	Winter: Die Tour ist auch im Winter bei Schneelage geeignet.
	Plantschmöglichkeiten: Wird angeführt, wenn es die Möglichkeiten zum Plantschen in einem kleinen Bach o. Ä. gibt.

Bus/Bahn:
Hier ist die nächstgelegene Haltestelle angeführt, wenn eine Anreise mit öffentlichen Verkehrsmitteln sinnvoll erscheint. Fahrpläne für Oberösterreich sind auf folgender Seite abrufbar: www.ooevv.at oder über die App Scotty der ÖBB. Bitte beachten, dass die Haltestelle vom Ausgangspunkt weiter entfernt sein kann und dass einige Linien saisonal eingeschränkt verkehren.

AP (Ausgangspunkt)/P (Parkmöglichkeit):
Von hier aus startet die Beschreibung der Wanderung.

Wegbeschreibung:
Wir haben versucht, so knapp wie möglich zu formulieren. Sollten Beschreibungen unklar sein, sind wir sehr dankbar, wenn wir darauf hingewiesen werden.

Skizzen/Kartografie:
Die Skizzen sollen einer groben Orientierung dienen. Sie sind keine millimetergenaue Abbildung der Realität. Wir haben nur jene Straßen, Wege und markanten Punkte eingezeichnet, die uns für die Wegfindung wichtig erschienen.

Ausrüstung

Es ist wichtig, die Ausrüstung an den Schwierigkeitsgrad und die Dauer anzupassen. Wir würden kleineren Kindern entweder keinen Rucksack zum Tragen geben oder – wenn sie möchten – nur mit minimalem Inhalt (z.B. Schokoriegel).

1. Bekleidung/Schuhe:
Gute Wanderschuhe mit ordentlichem Profil sind bei allen „roten“ und „schwarzen“ Wegen unerlässlich. Für die „gelben“ und „blauen“ Routen genügen normale Halb- oder Turnschuhe. Warme Jacken und vor allem auch bei den längeren Touren Regenbekleidung mitnehmen und Wechselkleidung für Touren bei denen es Plantschmöglichkeiten gibt.

2. Verpflegung:
Immer ausreichend zu trinken und Jause mitnehmen. In diesem Buch sind – anders als im ersten Buch „Kinderwagen- & Tragetouren Oberösterreich” – viele Wanderungen angeführt, bei denen keine Gaststätte am Ende winkt. Aber auch wenn es eine gibt, nicht darauf verlassen, dass sie offen hat (siehe unter Infos/Gaststätten). In den Sonderkapiteln sind die Almen witterungsabhängig und meistens von Mitte Mai bis Anfang September

geöffnet. Die meisten Kinder genießen es in diesem Alter ohnehin schon – vor allem in der warmen Jahreszeit – sich ein Platzerl am Wegrand zu suchen, zu jausnen und zu rasten. Und ein Schokostückerl für den Zuckerhaushalt schadet auch nicht für 's Weitergehen.

3. Pflege/Schutz (je nach Jahreszeit):

- Verbandszeug, Sonnencreme, Kapperl etc.

4. Sonstiges:

- Taschenmesser (zum Apfel-Schälen, Pflaster-Abschneiden, Rindenschiffle-Schnitzen etc.), Sitzunterlage etc.
- Bei uns immer wichtig: Wasser zum Hände abwaschen, Wunden ausspülen, Gesicht waschen, dreckig gewordenes Essen sauber machen, ...

Abkürzungen

AP	Ausgangspunkt
Bhf.	Bahnhof
bew.	bewirtschaftet
ganzj.	ganzjährig
geöff.	geöffnet
geschl.	geschlossen
Ghf.	Gasthof
Hst.	Haltestelle
P	Parkplatz
RW	Rundweg
tgl.	täglich
Mo ... So	Montag ... Sonntag

Abbildungsverzeichnis:

Porträt Susanne Kaiser, S. 4, Viktoria Fleischanderl Fotografie;
Melanie Schöller, S. 124; Georg Rammer, S. 181, 184;
Christine Rammer, S. 182, 183; Franz Rammer, S. 185, 206.

Mit Kindern wandern:
Durch den Ehrgeiz, ein Ziel zu erreichen, wird oftmals das Gegenteil des Erhofften bewirkt. Deshalb lieber kurze Strecken wählen, evtl. nur bis zum ersten Bachzugang gehen und die Natur als Abenteuer sehen. Der Zeitplan der Kinder wird immer stärker durchgetaktet und nach einem Ziel ausgerichtet. Wandern kann einen guten Gegensatz dazu bilden, einen Freiraum ohne gegenseitiges Messen und Bewerten.

In der Natur geben keine Geräte die Bewegung vor, die Phantasie wird angeregt, etwas selbst zu gestalten, das unebene Gelände schult unbemerkt die Koordination, der Wald wirkt beruhigend auf das Nervensystem u.v.m.

Je jünger die Kinder sind, desto kürzer sollten die Wege sein. Das ist jedoch nur eine grobe Richtlinie, denn es hängt von der Tagesverfassung, Kondition und Erfahrung ab, welche Touren ihr bevorzugt – manche 4-Jährige gehen Klettersteige und manche 14-Jährige sind bei Almtouren überfordert.

Gepäck für Kinder: Hier gehen die Meinungen auseinander, die Fachliteratur spricht von 10 % des Körpergewichts. Am besten ist es, dem Kind gar keinen Rucksack umzuhängen, oder wenn es einen möchte, es selbst entscheiden zu lassen, was hineinkommen soll.

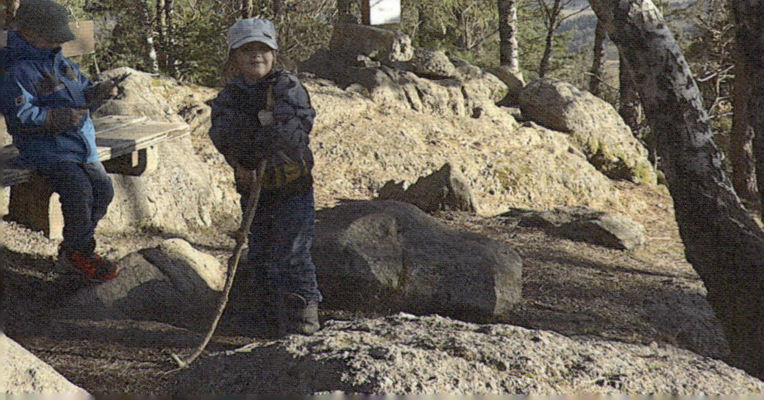

Alphabetisches Register

Schau doch mal auf unsere Homepage unter Wandasurium!

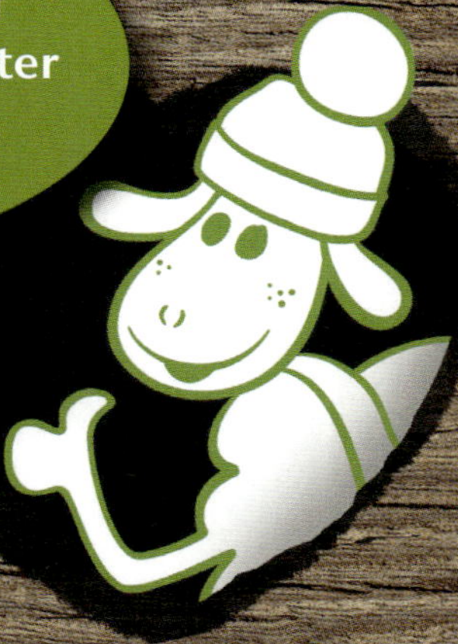

Dort findest du jede Menge
- Tipps
- Packlisten
- Sicherheit
- Ausrüstung
- Wandertricks
- und unseren Wandapass

- uvm.

Unser Verlag auf Social Media:

Instagram: wandaverlagtoptouren

Facebook: Wandaverlag

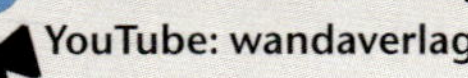
YouTube: wandaverlag

Weitere Tipps und herrliche Wanderungen warten auf euch!

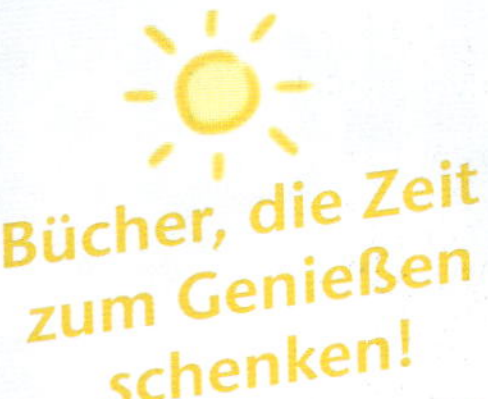
Bücher, die Zeit
zum Genießen
schenken!

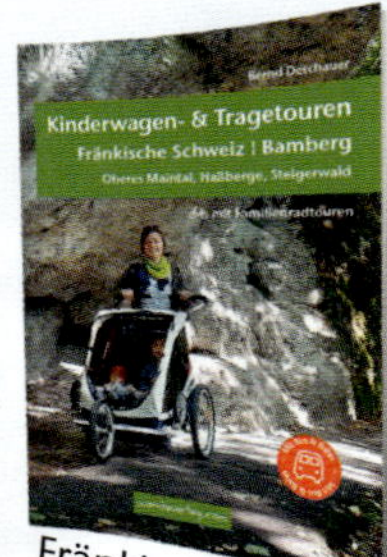

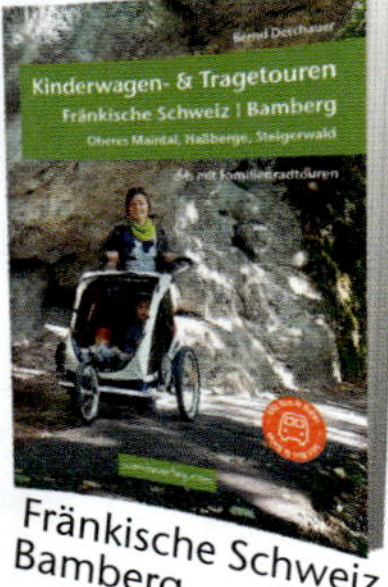
Bernd Deschauer
Kinderwagen- & Tragetouren
Fränkische Schweiz | Bamberg
Oberes Maintal, Haßberge, Steigerwald
Fränkische Schweiz
Bamberg

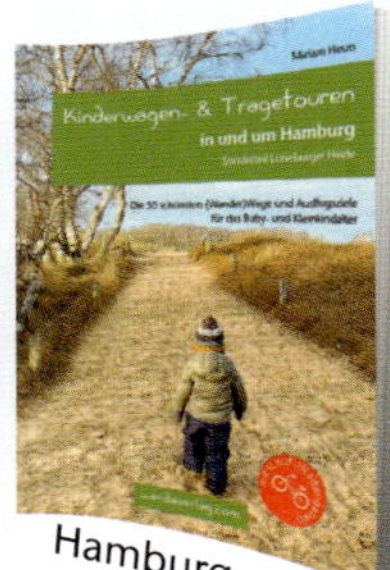
Miriam Heun
Kinderwagen- & Tragetouren
in und um Hamburg
Hamburg

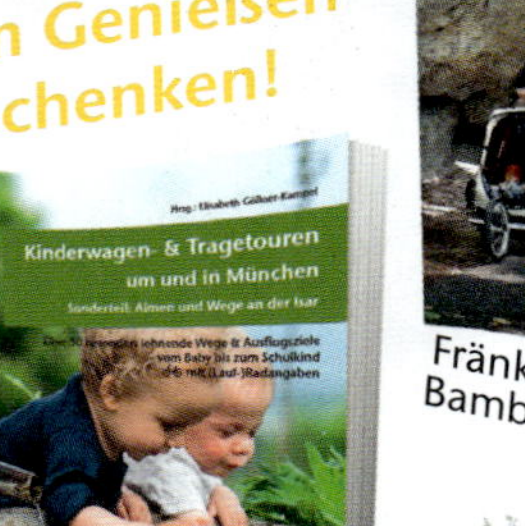
Hrsg.: Elisabeth Gölsser-Kampel
Kinderwagen- & Tragetouren
um und in München
Sonderteil: Almen und Wege an der Isar
München

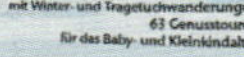

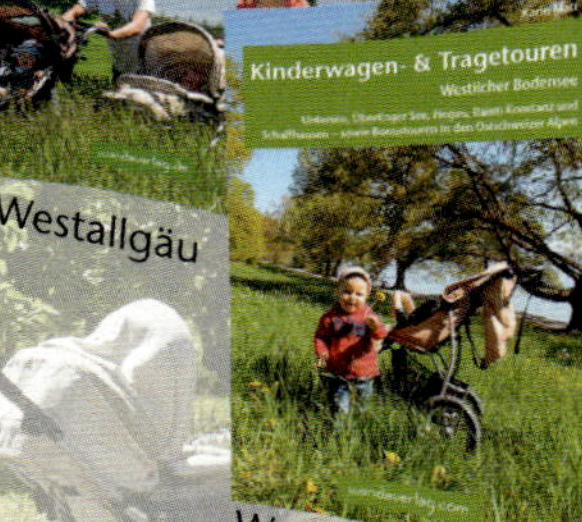
Daniela Lurz
Jennifer Kortländer
Kinderwagen-Wanderungen
im Westallgäu
zwischen Alpsee und Bodensee
mit Winter- und Tragetuchwanderungen
63 Genusstouren
für das Baby- und Kleinkindalter
Westallgäu

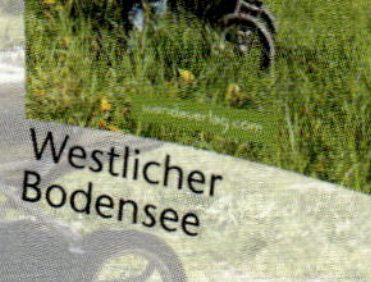
Kinderwagen- & Tragetouren
Westlicher Bodensee
Westlicher
Bodensee

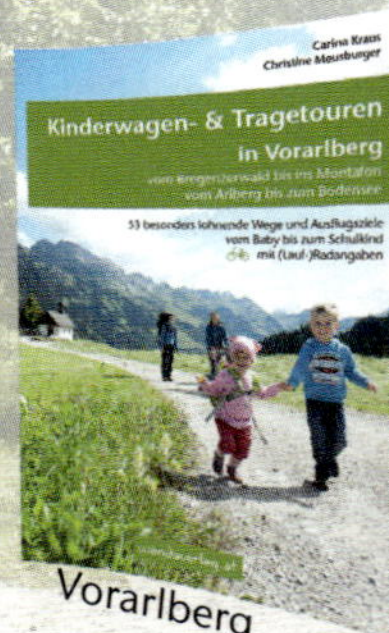
Carina Kraus
Christine Mausburger
Kinderwagen- & Tragetouren
in Vorarlberg
vom Arlberg bis zum Bodensee
53 besonders lohnende Wege und Ausflugsziele
vom Baby bis zum Schulkind
mit (Lauf-)Radangaben
Vorarlberg

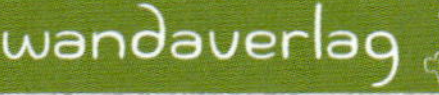
wandaverlag

Unsere Kinderwagen- & Tragebuch-Reihe im Überblick

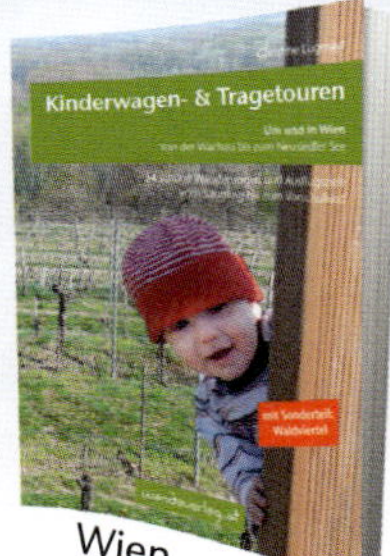

Wien

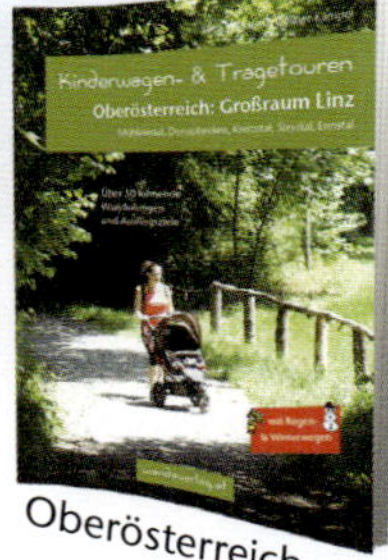

Oberösterreich

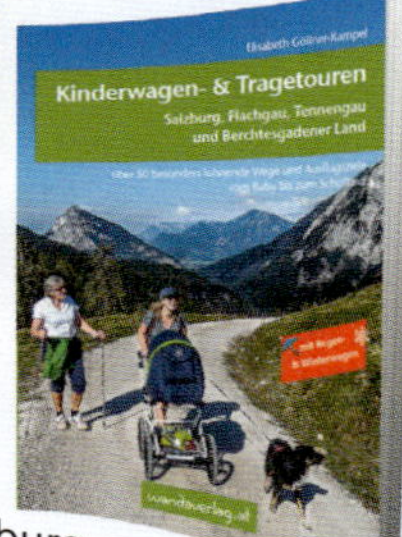

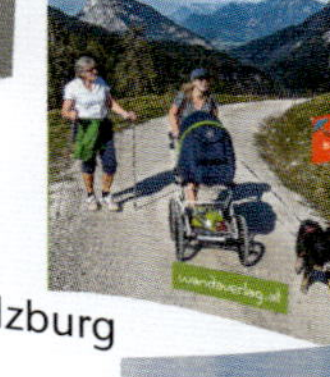

Salzburg

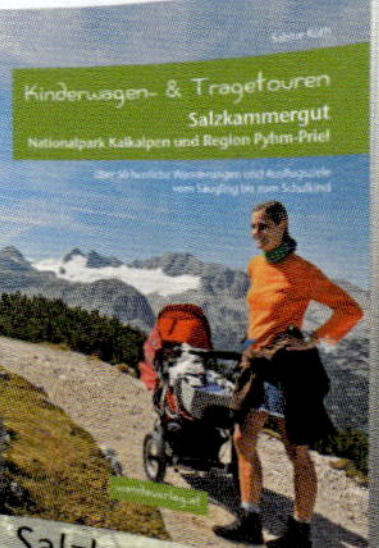

Salzkammergut Almtal

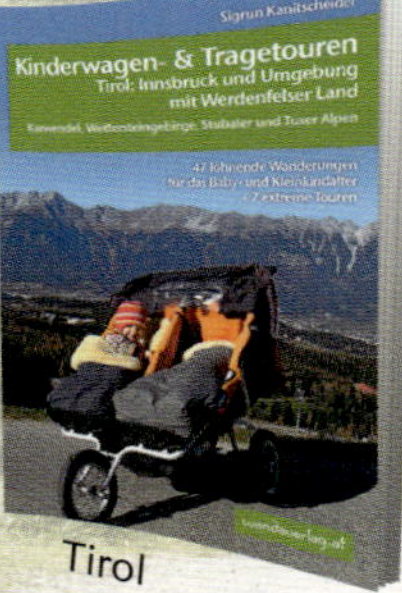

Tirol

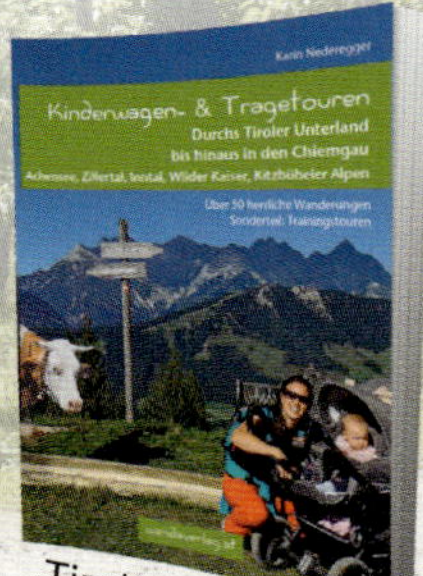

Tiroler Unterland

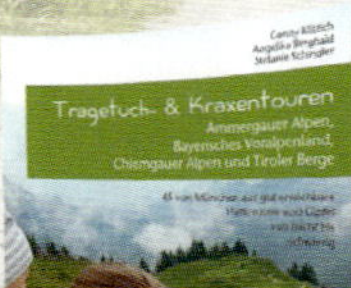

TRAGE- & KRAXENTOUREN

Münchener Süden

Notizen, Stempel, ...